国家社科基金青年项目资助（12CZZ050）
山东大学青年学者未来计划资助
山东大学政治学与公共管理学院学科高峰计划资助

我国慈善组织政府监管改革

黄春蕾 等◎著

上海人民出版社

序　言

黄春蕾教授供职于山东大学公共管理学院，近日在其国家社科基金青年项目研究基础上，完成一部20多万字的著作，书名叫《我国慈善组织政府监管改革》，让我写序，“敬”情难却，从命捉笔，写些读后感。

慈善或者公益组织及其活动是普通人实现个体生命及其社会价值增值的重要载体，它们通过自主配置社会资源的方式生产和递送政府和市场之外的服务产品，致力于解决社会问题和帮助社会困难群体，形成特有的第三次分配机制，利莫大矣！

然而，正如大家所公认的那样，受人的逐利天性的影响，由人来经营和运作的任何组织都有被利用和发生行为扭曲的潜在风险。市场企业如此，如弗朗西斯·M.巴托所言；公共权力如此，如萨缪尔森所言；作为第三部门的社会组织也不例外，如莱斯特·M.萨拉蒙所言。无疑，对任何组织自我标榜的神圣崇高的信任和幻想都存在让社会大众失望的可能，规制或管制因此而生。可是让监管者纠结难解的是公益和慈善“监管”的尴尬处境。

改革开放40余年给我国社会组织创造了难得的成长机遇，2008年汶川地震又刺激了我国公益慈善事业的发展，越来越多民众借助慈善组织平台，开始在社会服务中发挥独特的作用与优势。然而在公益慈善行业能力不断提升的同时，公益组织存在的问题也更为公众关注，政府监管的必要也日益凸显。我国慈善事业发展所处的特定环境、特殊阶段均决定了政府监管的特殊性和复杂性。如何对公益慈善组织进行科学恰当规制，如何合理界定政府监管的底线和边界，如何实现政府监管和社会公益自律的衔接等，都成为建构公益慈善监管的关键。对于非营利组织尤其是公益组织施行规制的挑战，主要是找到一个既管不死又放不乱的“有效监督”点。黄春蕾教授从国家社科基金竞争到这个研究课题，在系统深入研究的基础上试图作一个满意回答。

通读全书，黄春蕾教授围绕以政府为主对公益慈善组织及其活动的监管研究，主要有以下几个突出特色和理论建树。

第一是提出并坚持科学的监管理念。我本人一直主张对待公益慈善组织都要避免极端心态和超常管理措施，尽管公益慈善组织具有为公共福利配置使用自有资源的崇高特征，但其管理者毕竟不是完美的，所以也会出现问题，不可能十全十美。不切实际的期望除了扭曲权力主体形象外，还会扼杀公益慈善主体的活力，费力不讨好。监管应有类别区分和事项限度。监管的根本目的是确保慈善组织行为与其章程宗旨的一致性，与社会公共利益的一致性，与慈善组织健康和繁荣的一致性。作者以此为立场，明确提出监管目标是为公益慈善发展营造和维护良好环境，在全面评估基础上移除带有偏见性的极端和绝对的认识与做法，重塑这个特殊行业的监管思维与做法，努力实现培育与监管、规制与活力、干预与自治之间的平衡。作者认为，如果离开此“有效性”而盲目追求监管的加强或放松，不仅不可取，而且存在政社关系方面的风险。作者的理念认识值得在监管实践中加以重视。

第二是在监管理论上有所创新。作者对慈善监管的相关文献作了极为全面的研究，并提炼归纳了“慈善脆弱论”“公共利益论”“监管失灵论”“监管成本论”“监管博弈论”和“监管治理论”等，使现有零散理论得以集中而比较全面地呈现，有助于同行对现有理论的广角抓取和把握。以此为基础，作者提出“有效监管”概念并进行了理论框架的构建。一方面提出和阐述有效监管的内涵和目标价值，为慈善组织监管改革实践提供参考；另一方面归纳总结有效监管的基本原则，为制定慈善组织监管改革策略提供思考。与市场领域的监管改革相比，社会管理尤其是慈善组织监管的理论创新远远滞后于实践的发展。难能可贵的是，本书努力在理论创新上有所体现，作者立足于公益慈善组织的属性特征，借鉴吸收市场监管和社会组织领域的最新理论成果，融合经济学、政治学、社会学、法学等领域监管理论的前沿思想，从监管有效、低效和有效监管实现机制等三个维度构建慈善组织监管的理论基础，力求为改革实践提供有力的理论支持。

第三是按照过程逻辑对监管实践作了专题研究。本书基于历史回顾，根据自己的认识判断，将1949年后政府对公益慈善组织的监管划分了三个阶段，客观评价了工作成效及面临的突出问题，从整体上明确了进一步改革的方向、目标和重点。从入口监管（慈善组织登记认定）、过程监管（慈善组织信息公开）、结果监管（第三方评估和绩效评价）三个层面，对监管体系的关键环节作了专题研究；同时对慈善与市场、慈善与互联网、慈善与社会企业等热点和难点问题予以回应，提出了具有针对性的独特见解，丰富了当下对公益慈善领域一些争议性问题的讨论，在澄清模糊认识、达致社会共识上面体现了一个学者的责任感和积极态度。

本书还显示了知识和思想生产者应有的良好学风。主要体现在，这部著作的文献基础丰富扎实，思维细腻周严，数据可信性支撑性强，文字阐述准确流畅自然。作品的规范性、客观性、创新性都反映出本书作者质朴笃实的研究个性、严谨求是的治学精神、正派无邪的学术品格，以及为公益为慈善伦理立言的责任意识。

限于篇幅作者尚有未尽之言。如公益慈善类组织与普通社会组织的差异性监管和差异性激励的设计，如何借鉴有益的国际经验，有效降低公益慈善规制成本的讨论等，都是广为关注和急需答案的监管难题。但无论如何，在当下公益慈善跨界融合和各类创新层出不穷的活跃环境中，这部著作对于公益慈善秩序的建设，对于政府监管的释疑解惑，对于公共职能部门工作理念的提升，对于公益慈善监管制度的优化设计，对于监管投入产出的效率提升以及对于以监管促保公益慈善事业健康发展等，都作出了系统全面和积极回应，其理论与实践价值值得肯定，是一部值得公益慈善领域的从业者、理论研究工作者和党政职能部门的政策制定与执行者一读的力作。

马庆钰

2019 年 12 月 9 日于北京

前　言

近十年来，我国慈善事业进入了一个快速发展时期，社会捐赠规模不断攀升，慈善组织数量快速增加，活动领域持续扩大，社会影响显著增强。然而，我国慈善组织快速发展中还潜藏着诸多矛盾与问题，尤其是慈善丑闻和过度商业化等现象时有发生，社会自治能力弱，强化政府监管刻不容缓。同时，当前我国慈善组织尚处于成长期，需要更加宽松和有利的发展环境和政策支持。因此，以严控为导向、以双重管理为核心的传统慈善组织监管体系亟须改革。2013年社会组织直接登记制度的确立标志着慈善组织监管改革已经起步，《中华人民共和国慈善法》及相关配套制度虽陆续出台，但改革的系统性和协调性有待进一步提升，实际效果有待观察。本书从促进我国慈善事业健康发展的现实需求入手，回顾分析监管改革已有的成效及困境，以实现“有效监管”为根本理念，以放权、监管和服务的协调和统一为整体目标，以健全现代慈善组织监管制度体系为重点，系统研究深化我国慈善组织政府监管改革的路径和政策建议。

除导论外，全书共分理论分析、改革总论和改革分论三部分，其基本内容如下：（1）慈善组织有效监管的理论分析。充分借鉴吸收市场监管和社会组织领域的最新理论成果，紧密结合慈善组织自身的属性和特征，构建慈善组织有效监管的理论基础，着力解答“为什么要对慈善组织实施监管”“对慈善组织应监管什么”“如何才能实现有效监管”等核心问题，对改革实践提供有力的理论支撑。(2)梳理我国慈善组织政府监管改革历程，总结评价改革成果与不足，提出未来监管改革的战略重点。以社会组织直接登记制度试点、社会组织管理体制改革启动、《中华人民共和国慈善法》颁布等一些重要历史事件为分界点，将我国慈善组织政府监管改革历程大致分为三个阶段：试点探索阶段(2005—2013年)、起步阶段(2013—2016年)和制度创新阶段(2016年之后)。同时，从监管理念、监管体制、监管制度等方面，总结改革的阶段性成效，指出改革的局限性，提出未来改革的目标和战略重点。(3)从入口监管、过程监管和结果监管等环节，对我国慈善组织政府监管改革的重点领域进行专题研究。(4)着眼近年来慈善创新热点(包括慈善商业化、网络募捐、社会企业等)，研讨相关政府监管改革前沿问题。

我国慈善组织政府监管改革是在全面深化改革和构建现代社会治理体系的时代背景下，顺应国内慈善事业从传统向现代转型发展的现实需求，借鉴吸收国际上慈善组织监管新理念和制度改革经验而实施的。本书系统、深入地研究我国慈善组织政府监管改革，具有重要的现实意义和理论价值。首先，将为加快我国慈善组织政府监管改革进程，实现目标明确、职责清晰、制度健全、执行有力的政府监管，提供科学的决策指引。其次，有助于推动实现社会自治与政府监管的良性互动，为我国现代慈善事业的健康发展奠定坚实基础。第三，有助于推进我国社会组织管理体制改革和管理方式创新，促进政府社会管理职能的有效履行。最后，进一步丰富和深化国家—社会关系理论、有效监管和监管治理等基础理论的研究。

目录

第一章　导　论

第一节　研究背景与意义

近十年来，我国慈善事业进入一个快速发展时期，现代慈善理念开始传播，慈善组织数量快速增加，慈善募捐规模不断攀升，活动领域持续扩大，在扶贫济困、灾害救助以及社会事业等领域日益活跃，社会影响力不断增强，慈善与互联网、慈善与商业、慈善与金融等跨界融合初露端倪。我国慈善事业已经进入从社会救助型的传统慈善向以慈善组织为主要载体的现代慈善的转型时期，这是我国政府改革、经济发展和社会发育成果的重要体现。

然而，我国慈善组织快速发展中还潜藏着诸多矛盾与问题。**首先，慈善领域乱象不断，慈善丑闻不断曝光，强化政府监管力度刻不容缓**。从"胡曼丽事件"到"郭美美事件""宋基会放贷事件"等慈善丑闻频发，不断冲击和侵蚀着慈善的公信力。"慈善"一词在经济社会生活出现的频率越来越高，让人眼花缭乱，真假难辨。有的机构或个人借人们的同情心，搞非法集资和非法放贷；有的人挪用慈善款物谋取私利；有的机构假借慈善名义从事商业活动谋取私利、偷逃税款等。这些现象都折射出政府监管的缺失和乏力。**其次，我国现代慈善组织尚处于成长期，需要更加宽松和有利的发展环境和政策支持。**如何改革政府监管，使慈善组织有一个宽松的环境是各方面的基本诉求。①当前我国正在实施以“简政放权、放管结合、优化服务”为主要内容的行政体制改革，构建有效的慈善组织监管体制正是慈善组织管理体制改革的重要一环。2013 年 3 月《国务院机构改革和职能转变方案》首次明确提出实行慈善组织“直接登记”，这既是鼓励慈善组织发展的重要改革举措，也是慈善组织监管改革的起点。“直接登记”如何落地、如何实现“宽进严管”、如何将加强监管与优化服务有机统一起来，这些是慈善组织监管改革亟待解决的问题。**第三，我国慈善组织内部日益多元和分化，政府监管既要进一步严守底线，也要增加监管手段的多样性、针对性和灵活性，提高监管的有效性。**近年来，网络募捐、公益创投、社会企业、社区慈善等现代慈善形态纷纷出现，公益与商业、政府的跨界合作形式不断出现，它们在给慈善行业发展注入新动力的同时，也难免影响慈善文化、价值观与慈善精神，降低对公益使命的关注，导致过度商业化、各种利益输送和内部交易等不良行为，干扰甚至损害慈善的公益属性和社会形象。面对我国慈善组织形态复杂多变和日益分化的特点，如何有针对性地调整政府监管的目标，创新监管方式方法，并建立起与行业自律、慈善组织自治及社会监督的协同和互动，保护慈善精神和价值观，维护慈善公信力，成为政府监管改革面对的新挑战。

随着改革开放的不断深入，我国政府的社会管理职能日益突出，改革的重点领域已经从经济领域逐步向社会领域延伸，如何

① 刘培峰:《非营利组织监管体制的几点思考》，陈金罗，刘培峰主编:《转型社会中的非营利组织监管》，社会科学文献出版社 2010 年版，第 73 页。

有效地实现社会管理职能成为一项重要课题。党中央和国务院高度重视慈善事业转型发展中出现的矛盾与问题，**慈善组织相关立法和制度建设的步伐在提速**。2014年11月，国务院印发《关于促进慈善事业健康发展的指导意见》(国发〔2014〕61号，以下简称《意见》)，作为我国慈善领域第一个以国务院名义出台的规范性、纲领性文件，《意见》进一步明确“鼓励支持与强化监管并重”的原则[①]，并就构建政府监管、行业自律和社会监督相结合的慈善事业综合监管体系作出规定。同时，国家加快了慈善立法步伐，2016年3月，全国人大通过了《中华人民共和国慈善法》，这是我国慈善事业发展史上的第一部基础性和综合性的法律。为推动该法的实施，民政部加快了慈善组织行政监管法规体系建设的步伐，先后制定出台了包括直接登记、慈善组织认定、公开募捐资格、互联网公开募捐、公开募捐平台、慈善信托管理、股权捐赠、年度支出和管理费用税收优惠政策、社会组织抽查管理等在内的几十项配套规章文件。2016年8月21日，中共中央办公厅、国务院办公厅印发《关于改革社会组织管理制度促进社会组织健康有序发展的意见》，再次强调“放管结合”，并明确了对社会组织负责人、资金和活动的严格管理与监督。

尽管如此，我国慈善组织政府监管改革仍然面临诸多挑战，**改革系统性和协调性不足，监管效果尚不明显**。一方面，与新的监管法规、监管职能和新的监管制度相比，政府监管体制和监管能力并没有作出相应的转变和提升，政府相关部门内部缺乏有效衔接，政府监管与社会自治缺乏配合，导致监管改革措施难以落地；另一方面，一些新的监管制度和工具仍在探索尝试过程

① 早在1998年11月，国务院召开了全国民间组织管理工作会议，提出了对民间组织实行“培育发展与监督管理并举”的方针。

中，需要不断总结、调整、优化，同时增加不同监管手段间的协调性，以适应我国慈善组织发展的现实需要，提高政府监管的实际效力。因此，我国慈善组织政府监管亟待系统推进。本书将立足我国现阶段慈善事业转型发展的大背景，重点研究探讨我国慈善组织政府监管改革面临的主要矛盾和问题，借鉴国际上现代慈善组织发展和政府监管的先进理念和做法经验，系统研究政府监管理念变革，科学界定政府监管职能范围，不断改革和创新监管制度与方法，实现政府监管职能与监管能力的匹配，提高监管的有效性，进而推动我国慈善组织和现代慈善事业健康和可持续发展。

第二节　研究现状

与市场监管相比，国内社会组织（包括慈善组织）监管，无论是实践还是学术研究，都是落后的。国内对慈善组织的关注起步于20世纪90年代末，而真正对慈善组织开展专门研究则是近十几年。尤其是2011年“郭美美事件”发生之后，学术界掀起了对我国慈善组织政府监管问题的研究热潮，有关的监管理论和监管政策的研究不断兴起。近年来，围绕《中华人民共和国慈善法》的起草，慈善组织政府监管的法律问题也成为学界关注的焦点。

一、慈善组织政府监管的必要性

政府为什么要对慈善组织进行监管？现有研究大多从慈善组织发展所暴露出来的违法违规行为、各类慈善丑闻，甚至由此引发的社会信任危机出发，强调政府监管以及强化监管的必要性。

从国际上看，进入20世纪80年代，福利国家的危机为非营利组织的创新崛起创造了条件，非营利组织出现了数量扩张、类型多元、财政基础的巨变以及商业化等趋势。非营利组织内部的一些问题（如腐败、能力等）及一些深层次的问题（如自主性、与政府的关系以及营利化倾向等）开始暴露出来。进入20世纪90年代以后，美国非营利组织的腐败现象和百万年薪问题引起广泛关注。萨拉蒙（1993）指出非营利组织正面临历史上最严重的危机，有财政危机和经济危机，但最主要的是信任危机。[①] 里贾纳·E. 赫茨琳杰（1996）发现非营利组织的低成效、低效率、中饱私囊和风险过高等问题，已经严重削弱了公众对非营利组织的信任。[②]

学者们在研究第三部门的公共责任问题时发现，与营利组织相比，慈善组织面临明显的治理（包括内部治理和外部治理）缺陷或失灵。里贾纳·E. 赫茨琳杰（1996）敏锐地指出，非营利组织缺少企业所具有的三种治理机制：缺乏个人利益的存在（所有者缺位）、提高效率的竞争机制（顾客没有选择机会）和利润这个显示企业最终业绩的晴雨表（缺乏评价机制）。[③]周志忍、陈庆云（2001）认为，志愿失灵和合约失灵恰恰揭示了公益机构难以负担起公共责任。慈善组织面临资源不足、狭隘性、决策中的家长作风以及业余性等特点和缺陷，影响其工作效率的提高。慈善组织产出的质和量（尤其是最终社会效果）难以测定和度量，服务

---

① 叶常林等：《非政府组织前沿问题研究》，中国科学技术大学出版社2009年版，第119页。

② ［美］里贾纳·E. 赫茨琳杰：《公众对非营利组织和政府的信任可以恢复吗？》，［美］里贾纳·E. 赫茨琳杰等：《非营利组织管理》，中国人民大学出版社2000年版，第4—6页。

③ ［美］里贾纳·E. 赫茨琳杰：《公众对非营利组织和政府的信任可以恢复吗？》，［美］里贾纳·E. 赫茨琳杰等：《非营利组织管理》，中国人民大学出版社2000年版，第6页。

的间接性也导致信息获取和监督困难，慈善组织提供的公益产品缺乏价格信号和消费者的自由选择，缺乏检验和传递质量信息的制度化渠道。① 娜拉（2010）从谁来问责、对谁问责和如何问责等方面，阐述了公益机构的内部治理困境，包括缺乏所有人问责主体、契约（能否完成组织使命）约束更加难以量化、信息不对称、对组织成员的奖励和惩罚弱化。②

在国内，2011 年“郭美美事件”的发生，在社会上引起了轩然大波。康晓强、潘娜（2013）认为，我国慈善组织频频遭遇的公信力危机在很大程度上消解了正在建立但还非常脆弱的社会信任，呼吁强化外部监管与内部管理，重塑社会组织的社会形象，重新获得社会公众的社会信任，促进社会组织的健康良性发展。③ 刘培峰（2010）强调非营利领域往往承担更大的道德责任，非营利领域的腐败现象的影响可能比一般的社会腐败更大，因此政府监管的必要性更大。④ 马庆钰（2016）提醒到，因为“社会组织最容易出问题”而作出对其加强监管的决定是一个错误假设。“这种假设扭曲了管理者的心态，夸大了社会组织的缺点，导致极端性的政策措施。”他指出社会组织与任何其他机构一样可能出现逐利倾向，监管者应客观看待个别社会组织的逐利不轨现象，“形成平常心态和客观管理理念，容错即是其中之一”。⑤ 此外，一些研究还提到，各国慈善组织通常享受税收优惠，获取政府

---

① 周志忍、陈庆云：《自律与他律——第三部门监督机制个案研究》，浙江人民出版社 1999 年版，第 25—32 页。

② 娜拉：《中国草根NGO的问责现状与问题》，卢宪英、韩恒主编：《非营利组织前沿问题研究》，郑州大学出版社 2010 年版，第 176—178 页。

③ 康晓强、潘娜：《当前加强社会组织监管的着力点》，《学习时报》2013年9月23日。

④ 刘培峰：《非营利组织监管体制的几点思考》，陈金罗、刘培峰：《转型社会中的非营利组织监管》，社会科学文献出版社 2010 年版，第 73 页。

⑤ 马庆钰：《改进社会组织监管的初探》，《中国机构改革与管理》2016年第5期。

购买公共服务的财政资金。为了防止慈善组织的免税地位被滥用，维护国家的税收和财政利益，政府有必要对慈善组织进行监管。

二、我国慈善组织政府监管改革的必要性

对此，国内学者开展了大量研究，我国慈善组织政府监管主要存在以下问题亟待改革。

（一）以政府为主导的行政化监管体制

政府现行的监管制度在一定程度上成为制约我国慈善组织发展的核心困境之一。[①] 陈晓春、肖雪（2017）指出我国长期以来实行以政府为主导的行政化监管体制，形成一种自上而下的监管路径，强调对准入阶段的严格控制与审查，以行政区域作为监管范围的划分依据。这种监管制度存在一些局限性，如法律位阶过低，约束力不足；严格的准入制度衍生出大量的“法外”组织；监管部门职责分割、各自为政，监管资源分散，监管能力无法适应现实的监管需求；公私权力边界模糊等。[②]

（二）重“入口”管理，日常监管机制薄弱

学者们普遍认为，以双重管理制度为基础，政府将监管的重心和主要力量都置于准入阶段，致使大量没有获得登记的慈善组织长期游离于政府监管范围之外。而一旦慈善组织获得登记，对慈善组织的日常监管却显得乏力。谢琼（2015）将目前的监管工作方式概括为“事后被动处理”，而非“全程动态检查”，监管工作模式是“运动化整治”，而非“常态化监管”。[③] 李芳（2014）的观察发现，即使在实施直接登记后，这一状况也没有得到根

① 侯春飞：《我国非营利组织监督的困境及其现实选择》，《中国行政管理》2004年第10期。

② 陈晓春、肖雪：《非营利组织的法治化监管》，《上海师范大学学报》2017年第9期。

③ 谢琼：《立体监管：我国慈善事业发展的理性选择》，《国家行政学院学报》2015年第4期。

本改观。民政部门的监管主要是依靠年检和借助举报进行日常监督，除此以外，民政部门对民间公益组织的违法行为无从得知。最为重要的监管措施——年检制度也是流于形式，被人们称为“盖章程序”。[①] 康晓强、潘娜（2013）强调了对慈善组织的资金和人员监管薄弱问题，目前信用信息公开、负责人责任制度等监管机制还未建立起来，未能有效地规避关联交易、谋取私利等风险。[②]

（三）政府对慈善组织行政干预太大导致监管失灵

一方面，在双重管理体制长期的管控之下，政府将慈善组织视作自己的从属部门，从日常事务、活动到人事任免，全面介入慈善组织的管理；另一方面，由于政府与慈善组织间的权力模糊不清，导致监管的难度非常大。孙伟林（2013）指出要查处某个慈善组织，该组织主管部门的领导会介入或干预，这给执法带来很大困难。[③] 康晓强、潘娜（2013）也指出政府部门作为社会组织最重要的监督主体，难以监管与自身在人员构成上密切相关的社会组织。[④] 同时，在慈善资金募集过程中，行政权力对社会慈善资源的垄断也人为地造成慈善市场的不公平竞争。

（四）监管碎片化，缺乏跨部门间协同监管机制

余晖和贺邵奇（2015）[⑤]、潘旦和徐永祥（2015）[⑥] 等学者指出，目前社会组织监管职能分散在业务主管单位（民政）、行业主

① 李芳：《直接登记制后我国民间公益组织的行政监管问题》，《齐鲁学刊》2014年第5期。

②④ 康晓强、潘娜：《当前加强社会组织监管的着力点》，《学习时报》2013年9月23日。

③ 孙伟林：《社会组织管理体制改革势在必行》，《中国非营利评论》2013年第2期。

⑤ 余晖、贺邵奇：《中国社会组织管理制度研究》，马庆钰、廖洪等主编：《中国社会组织发展战略》，社会科学文献出版社2015年版，第182页。

⑥ 潘旦、徐永祥：《国际比较视野下的慈善组织监管机制研究》，《华东理工大学学报（社会科学版）》2015年第1期。

管部门（教育、文化等）和相关综合职能部门（财政、税务、公安等）等多个部门，部门间缺乏协同机制和信息分享机制，难以形成监管协同效应，监管效率低下。

（五）监管主体单一

何增科（2007）①、程昔武（2008）②、王振耀（2014）③、谢琼（2015）④均指出，我国慈善事业的监督管理向来由政府主导，且管理与监督一体，未能够调动社会力量有序参与监管，亦缺乏相应的自律机制。社会监督、组织自律作用弱化，尚未形成政府监管与社会监督的互动机制；对社会公众参与监管问题缺乏有效的制度安排；对慈善组织的监督仍然处于管理层次，尚未上升到治理的高度。

长期以来我国慈善组织监管制度是如何形成的？背后的原因是什么？白景坤（2008）⑤等学者认为，“归口登记、双重负责、分级管理”管理制度反映了国家为追求有效管理而采取的一种现实选择，具有其合理性。王名、孙伟林（2011）⑥从制度变迁的角度，总结出发展型、控制型和规范型三种不同的战略思路，三大战略形成了三种不同的力量（思想的力量、现实的力量和规范的力量），彼此互动和博弈，推进着整个社会组织管理体制的发展

① 何增科：《公民社会与民主治理》，中央编译出版社2007年版，第144、131、139页。

② 程昔武：《非营利组织治理机制研究》，中国人民大学出版社2008年版，第233—236页。

③ 王振耀：《以法促善》，社会科学文献出版社2014年版，第55页。

④ 谢琼：《立体监管：我国慈善事业发展的理性选择》，《国家行政学院学报》2015年第4期。

⑤ 白景坤等：《社会组织管理体制改革研究》，民政部“社会组织能力与建设”部级课题的研究成果，2008年，http://www.chinanpo.gov.cn/700108/92668/newswjindex.html。

⑥ 王名、孙伟林：《社会组织管理体制：内在逻辑与发展趋势》，《中国行政管理》2011年第7期。

演进。未来制度创新将成为主导力量，社会组织管理体制的制度变迁越来越走向以发展社会组织为主旋律的新方向。

三、国外慈善组织政府监管实践及经验

国内较早对国外慈善组织政府监管实践进行介绍和研究的代表性文献如下：苏力等（1999）重点介绍了国外第三部门的法律制度和税收规制的实践。① 周志忍、陈庆云（1999）追溯了早期历史上政府对公益机构的法律约束和监督机制的国际实践，介绍政府规制的主要领域和具体内容、规制主体及其工作方式，总结其发展趋势。② 贾西津（2004）初步比较了国外非营利组织的监督管理模式，如法律框架和管理机构等。③

随着国内慈善组织管理体制改革实践的发展，国内文献偏重从宏观层面对国际经验的考察和借鉴，即重视国际上慈善组织监管理念及监管模式和体制层面。程昔武（2008）④ 从制度供给与法律规制、政府监管、社会监督、同业监督和内部自我监督五个层面，较系统地对一些发达国家非营利组织监督机制进行了考察。他发现，从世界上看政府对非营利组织的支持是政府监管的基础，政府对非营利组织监管没有统一的模式，但在管理体制、税收及财务监督方面存在相似性。褚松燕（2008）⑤ 通过对国外非政府组织的管理体制考察发现，宽进严管、以服务为导向、政

---

① 苏力等：《规制与发展：第三部门的法律环境》，浙江人民出版社1999年版，第225—238页。

② 周志忍、陈庆云：《自律与他律——第三部门监督机制个案研究》，浙江人民出版社1999年版，第38—58页。

③ 贾西津：《国外非营利组织管理体制及其对中国的启示》，《社会科学》2004年第4期。

④ 程昔武：《非营利组织治理机制研究》，中国人民大学出版社2008年版，第222—233页。

⑤ 褚松燕：《中外非政府组织管理体制比较》，国家行政学院出版社2008年版，第236—237页。

府监管与行业自律、社会监督相结合是非政府组织管理体制相对成熟国家的普遍制度选择。

随着国内慈善立法的呼声日益高涨，国内学术界对国外相关法律规制的研究明显增多，这些研究大多是从微观层面研究和介绍成熟国家慈善组织具体监管制度、监管内容等。比如，杨道波和尹兆君（2009）[①]、刘亚莉（2013）[②]分别考察和借鉴了国外非营利组织信息公开法律和财务信息监管制度。高鉴国（2010）专门研究了美国慈善捐赠的外部监督机制。[③]廖鸿、石国亮、朱晓红（2011）重点考察了国际上合作治理视野下政府对非营利组织的监管手段、报告制度和审计制度、违规行为及其处罚等方面的制度创新。[④]董蕾红、李宝军（2015）总结考察了对慈善组织在设立、运作和终止阶段政府监管的国际经验。[⑤]

国别研究是此领域研究不断深入的一种表现。王世强（2012）[⑥]、俞祖成（2017）[⑦]等对日本非营利组织法律特别是公益认定制度进行了介绍和借鉴。褚蓥等（2015）翻译介绍了欧亚三十二国基金会法律精义，主要包括各国基金会设立条件、

① 杨道波、尹兆君：《国外非营利组织信息公开法律制度考评》，《聊城大学学报（社会科学版）》2009年第3期。

② 刘亚莉：《慈善组织财务信息披露质量研究》，化学工业出版社2013年版，第111—124页。

③ 高鉴国：《美国慈善捐赠的外部监督机制对中国的启示》，《探索与争鸣》2010年第7期。

④ 廖鸿、石国亮、朱晓红：《国外非营利组织管理创新与启示》，中国言实出版社2011年版，第149—162页。

⑤ 董蕾红、李宝军：《论慈善组织的政府监管》，《山东大学学报（哲学社会科学版）》2015年第6期。

⑥ 王世强：《日本非营利组织的法律框架及公益认定》，《学会》2012年第10期。

⑦ 俞祖成：《日本公益法人认定制度及启示》，《清华大学学报（哲学社会科学版）》2017年第6期。

内部治理、报告与问责、经济活动规制、税务规制等。[①]金锦萍（2016）对美国联邦和州对非营利组织的法律与规制及其变迁进行了更加系统和深入的介绍。[②]李德健（2017）对英国慈善法及其政府监管的经验进行了专门研究，揭示了英国慈善法制演变的基本逻辑，即在私法自治和公共利益维护之间维持平衡关系。[③]

四、我国慈善组织政府监管改革的内容

（一）改革政府监管理念

监管理念是指导监管体制制度设计和监管活动的基础和价值观。长期延续的以限制、控制为主的政府监管理念阻碍了慈善组织的成长和发展，必须予以转变。对于我国慈善组织政府监管应坚持什么样的理念，目前学界进行了较为广泛的讨论。

1. 培育服务型监管

谢海定（2005）[④]、谢志平（2011）[⑤]等明确提出慈善组织应走向培育服务型监管。与此类似，顾昕（2005）[⑥]、何增科（2007）[⑦]、陶传进（2008）[⑧]也提出要由一个控制型政府转变为一个"能促型"政府，一方面应加快建立一个规范的社会组织监管体系；另一方面应重点培育社会组织自主发展能力。杨思斌

---

① 褚蓥、吕成刚：《欧亚三十二国基金会法律精义》，知识产权出版社2015年版前言。

② ［美］玛丽恩·R.弗莱蒙特-史密斯：金锦萍译，《非营利组织的治理：联邦与州的法律与规制》，社会科学文献出版社2016年版，第352—400页。

③ 李德健：《英国慈善法研究》，法律出版社2017年版，第203页。

④ 谢海定：《中国民间组织的合法性困境》，《中国法学》2004年第2期。

⑤ 谢志平：《关系、限度、制度：转型中国的政府与慈善组织》，北京师范大学出版社2011年版，第237页。

⑥ 顾昕：《能促型国家的角色：事业单位的改革与非营利部门的转型》，《河北学刊》2005年第1期。

⑦ 何增科：《公民社会与民主治理》，中央编译出版社2007年版，第123页。

⑧ 陶传进：《控制与支持：国家与社会间的两种独立关系研究——中国农村社会里的情形》，《管理世界》2008年第2期。

（2014）认为慈善立法应以权利保障作为其基本价值，立法观念要从过去的限制转变为对公民从事慈善事业的保护与促进。①余晖、贺邵奇（2015）认为监管的目标是通过改善和提升社会组织治理水平，提高社会组织自我管理、自我发展的自生能力。②李德健（2017）提出当代慈善组织监管已经脱离了单纯的监督和管理这一传统意义，监管者同时还担当着慈善事业的促进者、支持者、协调者、保护者等多元角色，更为妥当地促进慈善事业的长久发展和健康运行。③

2. 法治监管

陈晓春、肖雪（2017）主张打破行政化监管思路，树立法治监管的基本理念。坚持社会本位、公私法分治和分类监管原则，以法制为基础，依托大数据等信息技术，形成多元主体联动监督机制，强化对慈善组织法律责任的追究，建立司法救济机制，促进慈善组织的依法自治。④

3. 综合或立体监管

谢琼（2015）从各种治理失灵、多中心主义和系统论等方面阐述了慈善监管的治理基础。⑤陆明远（2010）认为我国社会组织管理模式应从主导性控制向合作型管理过渡。在政府的引导下，更多的社会组织参与公共利益的实现过程，以相互合作的

---

① 杨思斌：《慈善事业立法的基本理念与重点问题》，《北京行政学院学报》2014年第4期。

② 余晖、贺邵奇：《中国社会组织管理制度建设研究》，马庆钰、廖鸿：《中国社会组织发展战略》，社会科学文献出版社2015年版，第164—165页。

③ 李德健：《英国慈善法研究》，法律出版社2017年版，第226—256页。

④ 陈晓春、肖雪：《非营利组织的法治化监管》，《上海师范大学学报》2017年第9期。

⑤ 谢琼：《立体监管：我国慈善事业发展的理性选择》，《国家行政学院学报》2015年第4期。

方式，取长补短、通力协作来解决问题。杨思斌（2014）①、谢琼（2015）②等提出我国慈善立法应该建立立体化的监管体系，由政府监管、内部治理、社会监督和行业自律等几个层面构成，将国家权力、社会权力和公民权利相结合，外部监督和内部监督相衔接的多管齐下的开放监管体系。李芳（2016）强调了慈善组织监督主体的广泛性，尤其是第三方（专业）机构，可以在相当程度上弥补行政监督的高成本和非专业性。监督的社会化和专业化是一种必然选择。③

4. 有限监管

王振耀（2014）提出应减少行政的不当干预，向社会组织放权，加强注册后组织运营的监管；适度向地方放权，减少中央对微观事务的管理，加强和改善宏观管理，加强事后监管。④李芳（2016）认为慈善组织行政监管有限性理念包括行政监管机关不能直接介入慈善组织的内部管理，同时明确划分民政与相关职能部门间的监管职能，避免因为职能重叠或不清相互推诿，影响监管的有效性。⑤马庆钰（2016）将有限监管理念阐释为“最小限度”和“最简限度”。⑥余晖、贺邵奇（2015）认为政府管理社会组织应同时做好“减法”和“加法”，“减法”即将不该管的放开、放到位；“加法”是将管理重心从事前向事中和事后转移，加强事

① 杨思斌：《慈善事业立法的基本理念与重点问题》，《北京行政学院学报》2014年第4期。

② 谢琼：《立体监管：我国慈善事业发展的理性选择》，《国家行政学院学报》2015年第4期。

③ 王振耀主编：《中华人民共和国慈善法评述与慈善政策展望》，法律出版社2016年版，第193—194页。

④ 王振耀：《以法促善》，社会科学文献出版社2014年版，第57页。

⑤ 王振耀主编：《中华人民共和国慈善法评述与慈善政策展望》，法律出版社2016年版，第193页。

⑥ 马庆钰：《改进社会组织监管的初探》，《中国机构改革与管理》2016年第5期。

中监管和事后执法。[①]

5. 分类监管

朱恒顺(2016)在总结国际经验和反思我国慈善组织发展困境的基础上，揭示了我国由于缺乏科学分类而导致的慈善管理难题。为实现促进慈善事业发展和提高监管效益两个基本目标，他进一步提出了实施分类监管的理念、基本原则及思路。[②]

(二)改革我国慈善组织管理体制

陆明远(2010)将社会组织管理体制界定为针对社会组织的管理机构设置、权限划分、权力运行机制等方面制度的总称，是国家与社会关系的制度性载体和具体表现形式，是社会组织发展的决定性因素。[③]殷昭举(2014)认为社会组织管理体制改革的终极目标是维护社会公平正义，提供优质公共服务，其理想状态是实现社会管理与社会自治的有机统一，实现社会和谐稳定运行。[④]《中共中央关于制定国民经济和社会发展第十二个五年规划的建议》明确提出，“改革社会组织管理，建立健全统一登记、各司其职、协调配合、分级负责、依法监管的社会组织管理体制”。王名、孙伟林(2010)以及邓正来、丁轶(2012)等对改革开放30多年来我国社会组织管理体制的演进路线进行了梳理，揭示了从分散管理到归口管理、再从归口管理和双重管理到分类

① 余晖、贺邵奇:《中国社会组织管理制度建设研究》，马庆钰、廖鸿:《中国社会组织发展战略》，社会科学文献出版社2015年版，第164—165页。

② 朱恒顺:《慈善组织分类规制的基本思路——兼论慈善法相关配套法规的修改完善》，《中国行政管理》2016年第10期。

③ 陆明远:《培育与规制——中国政府的社会组织管理模式研究》，天津人民出版社2010年版，第5页。

④ 殷昭举:《社会治理学》，广东高等教育出版社2014年版，总序，2。

管理，管理重心从中央向地方转移的变迁过程。①何增科（2013）提出随着改革开放进程的推进，对于社会组织的管理应当秉承"宽进严管、分类管理、综合监管、多方扶持"，日渐形成社会组织管理体制新格局。②童潇（2013）重点分析了直接登记注册制度实施后面临的新问题，即国家联系社会组织的中介缺失与党政的社会基础再造、民政部门管理压力增大及管理力量不够、社会组织数量激增与无序竞争出现等。他建议借力枢纽型社会组织和人民团体转型发展，大力发展第三方社会组织评估机构，构建起"以枢育非，以民管社，以评引创"的社会组织监督管理新机制。③

（三）我国慈善组织政府监管制度改革

从整体上看，我国慈善组织政府监管制度改革的综合性和系统性研究文献还比较少。陆明远（2010）认为应当调整社会组织的管理，引入权变观，即打破管理上的僵化，依据环境自变数和管理思想及管理技术因变数之间的函数关系来确定对当时当地最有效的方法。④王振耀（2014）对我国慈善税收、公益信托、财务收入、社会企业认定、募捐管理等监管制度进行了专题研究。⑤谢琼（2015）指出我国慈善组织监管应把握四大重点环节，即登记、公募资格、税收减免和违法违规行为。⑥我国市场监管制度

① 王名、孙伟林：《社会组织管理体制：内在逻辑与发展趋势》，《中国行政管理》2011 年第 7 期。邓正来、丁轶：《监护型控制逻辑下的有效治理——对近三十年国家社团管理政策演变的考察》，《学术界》2012 年第 3 期。

② 何增科等：《中国社会管理体制改革研究》，法律出版社 2013 年版，第 114—115 页。

③ 童潇：《直接注册时期社会组织管理模式创新——社会组织管理体制改革面临的新问题及应对》，《探索》2013 年第 5 期。

④ 陆明远：《培育与规制——中国政府的社会组织管理模式研究》，天津人民出版社 2010 年版，第 14 页。

⑤ 王振耀：《以法促善》，社会科学文献出版社 2014 年版，第 55 页。

⑥ 谢琼：《立体监管：我国慈善事业发展的理性选择》，《国家行政学院学报》2015 年第 4 期。

改革发展相对较快，相关的改革经验有哪些经验值得借鉴？宋瑞琛、刘鹤影、胡仙芝（2017）专门讨论了商事制度监管改革中重视法律建设、探索权责清单、加强信息公开共享等做法对社会组织监管的借鉴意义。①

我国慈善组织政府监管制度改革涉及面广、内容多。结合本书的研究重点，现就慈善组织认定制度、慈善组织信息公开制度和慈善组织评估制度的现有相关研究文献梳理如下：

1. 慈善组织认定制度

作为慈善组织准入监管的一项重要制度，慈善组织认定是指由认定机关对慈善组织的慈善性质加以确认，并被赋予相应法律地位的行政行为。2016 年 3 月颁布的《中华人民共和国慈善法》最终确立同时建立慈善组织登记制度和认定制度。目前，国内对于慈善组织认定问题的研究和关注仍然非常有限。学者们普遍认为对非营利组织进行分类管理非常必要而且重要。王世强（2013）提出应借鉴国际上公共利益组织和一般非营利组织的划分方式，明确界定公共利益和公共利益资格，建立非营利组织分类管理模式和建立差别化的扶持和监管模式。② 金锦萍（2014）认为，赋予非营利组织税收优惠之前应对其分类，非营利组织如果享受了税收优惠的公共资源就要接受更多和更严格的监管。③曹婉莉（2017）研究了英国慈善认定标准的发展和演变，指出英国通过控制慈善认定标准，实现国家对慈善事业发展方向的规

① 宋瑞琛、刘鹤影、胡仙芝：《社会组织监管：商事制度改革的经验与启示》，《新视野》2017 年第 3 期。

② 王世强：《政府对非营利组织的分类管理研究》，《行政论坛》2013 年第 3 期。

③ 金锦萍：《对非营利组织进行分类甄别是税收优惠制度的前提》，《中国社会组织》2014 年第 15 期。

划，并把慈善逐步纳入社会保障的制度框架。①

然而，如何建立我国的慈善组织认定制度、如何将其与相应的税收优惠政策相衔接、与相关监管制度相匹配，这方面的专门研究还很少。张振龙、郭锐（2013）认为公益认定是公益制度的重要内容，涉及成立、监管和终止各个环节。他们结合国际上的不同做法，专门探讨了我国公益性体育社团的认定主体、认定标准和认定程序的制度选择。② 李芳（2015）提出我国慈善组织认定制度的基本构想，即采取法人登记与慈善认定相分离的做法；慈善认定由民政部门主管，具体工作交由其下设的慈善认定委员会完成；坚持独立性、非营利性、公益性和非政治性的认定准则；同时，研究了我国慈善组织认定办法出台后的一系列法律问题。③ 俞祖成（2017）以深圳市为典型案例，考察和分析了我国新出台的慈善组织认定制度在实际运作中面临的问题，发现主要存在政策落地滞后问题、自由裁量权问题、工作属性认知问题、申请机构权益保障问题以及制度激励不足问题。④

2. *慈善组织信息公开制度*

从国际上看，伴随着现代慈善事业的快速发展，慈善组织信息公开也成为学术研究的热点之一。慈善组织为什么要公开信息？Kathleen Hale（2013）强调指出：首先，透明与问责有关。慈善组织是以维护公众利益为使命的非营利组织，也享有政府提

① 曹婉莉：《论英国慈善认定标准的演变》，《西华师范大学学报（哲学社会科学版）》2017 年第 3 期。

② 张振龙、郭锐：《论公益性体育社团及其认定》，《天津体育学院学报》2013 年第 1 期。

③ 李芳：《我国建立慈善组织认定制度的基本构想》，《山东社会科学》2015 年第 3 期。李芳：《慈善组织认定中的基本法律问题》，《北京航空航天大学学报》2015 年第 5 期。

④ 俞祖成：《慈善组织认定：制度、运作与问题——基于深圳实践的观察》，《浙江工商大学学报》2017 年第 5 期。

供的一系列慈善捐赠免税待遇和组织收入免税优惠，因此它们有义务公开相关信息来证明取自公众的资源被正确使用在了推动公共利益上。其次，透明可以赢得信任和合作。慈善组织应该做到信息公开透明，但多大程度上的透明和多大范围内的透明都是需要进一步研究的问题。① 国外研究发现，信息公开与内部治理机制密切相关。Behn、DeVries 和 Lin（2011）的研究发现慈善组织自愿公开财务会计报告动机的强弱受到组织收入结构、组织规模、组织人员等因素的影响，组织的决策机构及其内部员工的专业水平越高，组织越愿意公开财务报告和项目明细。Yetman（2011）所做的实证研究也发现，慈善组织的内部治理机制越完善，慈善组织财务报告的质量就越高。② 另外，国外研究普遍强调行业自律、第三方监督及利益相关者和社会公众等多元主体积极参与对慈善组织信息公开的监督，在政府监管法规要求的正式渠道公开信息的同时，应增加非正式渠道的信息公开。

与其他国家相比，我国慈善组织的信息公开制度建设还处于起步阶段，慈善组织信息公开面临一系列障碍。孙发峰（2012），李勇、靳婷、李长文（2012）等学者的研究发现，我国慈善组织行政化增加了信息公开的困难；非竞争性使慈善组织缺乏信息公开的外部压力；信息公开的高成本使慈善组织缺乏信息公开的内部动力；政策法规不健全使慈善组织信息公开缺乏制度保障；行业自律监管发育不成熟；有利于慈善组织信息公开的治理结构不

① Kathleen Hale（2013）*Understanding nonprofit transparency: the limits of formal regulation in the American nonprofit sector*, International Review of Public Administration, 18: 3, 31—49.

② Yetman R J, Yetman M H. The effects of governance on the accuracy of charitable expenses reported by nonprofit organizations［EB/OL］. http: // ssrn.com/abstract=590961, 2011. 转引自刘子怡：《公益基金会财务信息披露指标体系研究》，安徽财经大学 2013 年学位论文。

合理；等等。[①]

推进信息公开应成为提高我国慈善组织公信力的突破口。如何才能推进我国慈善组织信息公开？学术界和实践部门都认为慈善组织信息公开是一项综合性的系统工程。王名等（2012）在人大提案中明确提出了完善相关法规、健全慈善组织治理结构、加强自律体系、发展独立第三方支持组织等加强慈善组织信息公开的综合建议。李勇、靳婷、李长文（2012）也建议从信息生产与传播的不同阶段建立一系列综合监管制度。[②]邹世允、吴宝宁（2012）建议形成行政监督、内部监管、捐赠人监督、社会监督及行业自律相互补充、良性互动的监管体系。[③]刘亚莉（2013）提出改革和完善会计准则制度，推广慈善组织信息公开审计制度，建立慈善组织信息公开中介评估机构，建议借鉴上市公司信息公开及监管制度，成立慈善监督委员会，发挥政府监管职能。[④]

沿着慈善组织信息公开的多元综合治理思路，如何理解和定位政府职能？如何形成多监督主体间的有机互动？李芳（2009）结合我国国情，强调了应充分发挥我国行政管理部门（包括税务机关和民政部门等）对信息公开的协调、管理和监督作用。[⑤]陶

---

① 孙发峰：《信息公开：我国慈善组织公信力建设的突破口》，《理论导刊》2012年第9期；李勇、靳婷、李长文：《监管视角下的公益性社会组织信息披露管理》，廖鸿主编：《2011年中国社会组织理论研究文集》，中国社会出版社2012年版，第384—386页。孙发峰：《信息公开：我国慈善组织公信力建设的突破口》，《理论导刊》2012年第9期。

② 李勇、靳婷、李长文：《监管视角下的公益性社会组织信息披露管理》，廖鸿主编：《2011年中国社会组织理论研究文集》，中国社会出版社2012年版，第387—388页。

③ 邹世允、吴宝宁：《扩大我国慈善透明度研究》，《财经问题研究》2012年第2期。

④ 刘亚莉：《慈善组织财务信息披露质量研究》，化学工业出版社2013年版，第132—134页。

⑤ 李芳：《慈善组织信息公开的法理基础》，《东方论坛》2009年第6期。

传进（2011）则指出由政府主导信息公开监督机制的弊端，认为应让社会选择和慈善竞争成为推动慈善组织信息公开的核心机制。①

如何评价慈善组织信息公开质量？哪些因素对慈善组织信息公开质量产生影响？对此，刘亚莉等（2013）实证检验了基金会财务信息披露质量受组织复杂性和管理效率的影响。②刘志明等（2013）以我国基金会为样本，从组织策略、组织能力、组织治理及组织环境四个方面，检验了影响非营利组织在线信息披露质量的主要因素。③舒岳（2015）以全国性基金会为研究样本，探讨慈善组织内部治理机制与信息透明度的关联性。④这些基础性的研究为我国慈善组织信息公开的相关法规建设提供了启示和借鉴。

3. *慈善组织评估*

为什么要评估？评估为了什么？20 世纪 90 年代以来，面对非营利组织信任危机，评估作为提升非营利组织自身和推动非营利组织责信度的重要工具在国际范围内受到广泛重视。1999 年杨团等最早对我国非营利社会服务机构开展了评估案例研究，先后出版了《非营利机构评估——天津鹤童老人院个案研究》（1998）和《非营利机构评估——上海罗山市民会馆个案研究》（2001）。进入 21 世纪后，伴随着我国社会组织的快速发展，国内实践部门和理论界对社会组织评估开始了早期的探索和试点。邓国胜（2001）将评估视为一种新的监管机制，以弥补因政

① 陶传进：《应尽快转变政府主导的公益模式》，《南方都市报》2011 年 7 月 11 日。

② 刘亚莉、王新、魏倩：《慈善组织财务信息披露质量的影响因素与后果研究》，《会计研究》2013 年第 1 期。

③ 刘志明、张兴杰、游艳玲：《非营利组织在线信息披露质量影响因素分析——基于中国基金会的实证研究》，《中国行政管理》2013 年第 11 期。

④ 舒岳：《慈善组织内部治理机制与信息透明度研究》，《商业经济研究》2015 年第 17 期。

府放松管制后社会组织可能出现的管理真空，通过评估保证社会组织的活力与创新性。[①]孙丙耀（2004）、[②]金锦萍（2004）认为评估是非营利组织问责制的具体体现。[③]李勇（2008）认为有效的评估制度是一种管理工具与自律手段，有助于改善社会组织的问责性和决策，提高自身运营效率和社会公信力。[④]国家民间组织管理局在2004—2006年组织了多个课题对评估指标体系展开研究，并进行了积极的试点探索，出版了《民间组织的探索》（2006）、《中国民间组织评估》（2007）等研究成果。2010年民政部颁布的《社会组织评估管理办法》将评估定位于“依法实施社会组织监督管理职责，促进社会组织健康发展”。近年来，随着实践和研究的不断深化，实践部门和理论界对社会组织评估的定位也有了一些新的、更深层次的认知。比如，2015年民政部下发的《关于探索建立社会组织第三方评估机制的指导意见》（民发［2015］89号）进一步明确了社会组织评估的综合性目的定位，即“以评估促改革、促建设、促管理、促发展”。卢玮静等（2014）提出评估的核心在于为社会公众提供进行社会选择的专业化信息，同时引导基金会朝向更好的轨道发展。[⑤]

谁来评估？纪颖（2008）从评估的需求和供给视角分析，指出我国民间组织评估采取政府主导下的评估模式（政府直接评估

---

① 邓国胜：《非营利组织评估》，社会科学文献出版社2001年版，第75—76页。

② 孙丙耀：《非营利机构评估的几个理论问题》，《学会》2004年第11期。

③ 金锦萍：《从治理结构看非营利组织的评估》，赵泳：《民间组织评估的探索》，中国社会出版社2004年版，第20—23页。

④ 李勇：《民间组织的专项改革与制度创新》，王名：《中国民间组织30年：走向公民社会》，社会科学文献出版社2008年版，第148页。

⑤ 卢玮静等：《基金会评估：理论体系与实践》，社会科学文献出版社2014年版，第9页。

或委托第三方评估）可能是较理想的选择。[①] 邓国胜（2009）则认为政府主导的评估模式只能是一种暂时的过渡性办法。对比国外实践，政府授权和支持下评估机构独立运作的英德模式更值得中国借鉴。[②] 潘旦、向德彩（2013）认为第三方机构评估是社会组织获取社会合法性、杜绝内部人控制以及避免权利滥用的必然选择。[③] 余晖、贺邵奇（2015）认为，对社会组织的评估应该由专业中介机构而不是政府来负责。民政部门集监管与执法于一身，既是运动员，也是裁判员，缺乏合法性和公正性。[④] 针对当前我国社会组织第三方评估的初步实践，徐永祥、潘旦（2014）认为第三方评估仍然缺乏制度保障，信息相对短缺、资金依赖严重、评估技能不足。[⑤] 石国亮（2015）[⑥]、熊五四（2015）[⑦] 等关注了第三方评估机构及评估人员的独立性问题，认为独立性是第三方评估公信力的重要保障。徐永祥（2014）[⑧]、李秀梅（2013）[⑨] 等则重点强调了第三方评估机构的专业化。徐双敏（2011）[⑩] 等重

---

① 纪颖：《民间组织评估模式的国际比较及成因探析》，《学会》2008年第6期。

② 邓国胜：《民间组织评估的几点思考》，《学会》2009年第2期。

③ 潘旦、向德彩：《社会组织第三方评估机制建设研究》，《华东理工大学学报（社会科学版）》2013年第1期。

④ 余晖、贺邵奇：《中国社会组织管理制度建设研究》，马庆钰、廖鸿：《中国社会组织发展战略》，社会科学文献出版社2015年版，第188页。

⑤⑧ 徐永祥、潘旦：《国际视野下第三方参与慈善组织评估的机制研究》，《江西社会科学》2014年第8期。

⑥ 石国亮：《通过第三方评估推动社会组织公信力建设》，《中国社会组织》2015年第5期。

⑦ 熊五四：《社会组织第三方评估独立性探析——科尔曼理性选择视角下》，《现代商贸工业》2015年第6期。

⑨ 李秀梅：《第三方评估对财政透明度建设推动作用的研究》，《中国管理信息化》2013年第12期。

⑩ 徐双敏：《政府绩效管理中的第三方评估模式及其完善》，《中国行政管理》2011年第1期。

点讨论了加强对评估机构的监督与管理。陶传进（2018）认为如果第三方评估机构染上“二政府”的色彩，“习惯于居高临下，以监管式的方式来对待被评估机构”就不可避免回到监管型评估，阻碍我国慈善组织的发育和成长。①

评估标准是什么？作为社会组织评估体系的核心内容和重点，评估框架和指标体系的设计也是学者们关注的焦点。邓国胜（2004）提出了一套适合我国非营利组织发展的评估框架——APC 评估理论体系，即问责、绩效和能力，其中特别强调非营利组织的问责与能力评估。② 金锦萍（2004）特别对内部治理（主要指董事会的组成及其活动规则）的评估标准进行了国际经验考察和探索。③ 仲伟周等（2006）④，刘清洁、曹庆萍（2008）吸收和改造企业绩效评估方法——平衡计分卡的基础上，探索提出了服务维度、财务维度、内务维度、能力维度等社会组织四维度评估框架体系的理论建构。⑤ 卢玮静等（2014）从实践出发提出了由“绩效—机制—规范性”三个维度组成的基金会评估理论框架。⑥ 徐家良、卢永彬、赵璐（2014）认为基金会评估最需要关注的核心因素应该是可持续发展能力，其次为公开透明度和基础条件。⑦ 正是在相关研究的推动下，近年来民政部门的评估指标

① 陶传进：《当代中国社会组织的四重演变》，《文化纵横》2018年第2期，http://www.myzaker.com/article/5a746ca5d1f149da2000001f/。

② 邓国胜：《非营利组织 APC 评估理论》，《中国行政管理》2004 年第 10 期。

③ 金锦萍：《从治理结构看非营利组织的评估》，赵泳：《民间组织评估的探索》，中国社会出版社 2004 年版，第 26—41 页。

④ 仲伟周、曹永利、Shunfeng SONG：《我国非营利组织的绩效考核指标体系设计研究》，《科研管理》2006 年第 5 期。

⑤ 刘清洁、曹庆萍：《我国非营利组织评估指标体系探析》，《学会》2008年第6期。

⑥ 卢玮静、赵小平、陶传进、朱照南：《基金会评估：理论体系与实践》，社会科学文献出版社 2014 年版，第 27—40 页。

⑦ 徐家良、卢永彬、赵璐：《中国基金会治理核心评估内容研究》，《社会科学辑刊》2014 年第 6 期。

一直在不断调整，正在从以基本规范性需求为主逐步转向对内部治理和工作绩效的重视。但评估指标体系如何具体优化改进仍有待深入细致的研究。

如何评估？评估工作应该坚持哪些原则？许多研究强调评估流程的规范性和专业化原则。如从2013年起民政部社会组织服务中心与上海交通大学进行合作连续五年发布《中国社会组织评估发展报告》。卢玮静等（2014）提出除了规范性之外，由于被评估对象的多元化，评估工作还要坚持开放性，二者需要平衡。但开放性对评估机构的专业性提出更高要求，且需要保证公正性。[①]

评估结果如何使用？徐家良（2014）认为社会组织评估结果的应用范围较窄，仅在税收优惠、承接政府购买和转移职能、简化年检程序等方面体现，且较少看到具体的操作案例，评估等级大多作为参考条件，而不是硬性的规定。[②]卢玮静等（2014）前瞻性地提出设立评估信息展示平台，将其作为对社会公开和加强沟通、引导和监督的重要渠道。[③]

（四）小结

通过对现有文献的梳理，我们发现慈善组织政府监管改革研究已经在某些领域不同程度地展开，并取得丰富的研究成果，但已有研究仍然比较凌乱，理论研究匮乏，对改革缺乏整体视野，系统性成果较少。一方面，对监管理论的研究十分匮乏，研究成果缺乏监管理论的有效支撑。现有研究多是从现实矛盾和问题出发，回答慈善组织政府监管的必要性和重要性，研究具体监管

---

① 卢玮静、赵小平、陶传进、朱照南：《基金会评估：理论体系与实践》，社会科学文献出版社2014年版，第240—269页。

② 徐家良：《2014年度社会组织评估工作的突破与困境》，《中国社会组织》2016年第6期。

③ 卢玮静、赵小平、陶传进、朱照南：《基金会评估：理论体系与实践》，社会科学文献出版社2014年版，第265—270页。

制度改革，提出相应对策。第三部门的相关理论学说尽管比较丰富，但十分松散，缺乏系统化整理。事实上，相较于社会组织监管，市场监管领域的基础理论非常丰富，这些成果对慈善组织监管的借鉴意义和价值也有待考察。另一方面，慈善组织政府监管是一项复杂和艰难的公共管理活动，跨越政府、市场和社会各个领域，需要综合运用公共管理学、社会学、经济学、法学等多学科的理论和方法开展综合研究，因此此项课题研究十分具有挑战性。本节力图在公共管理学科的基础上，充分吸纳多学科的最新研究成果和思想，以实现有效监管为根本理念，构建慈善组织有效监管的理论框架，对我国慈善组织政府监管改革背景、发展阶段和未来前景进行系统观察和分析，并在有效监管理念的指导下对重点领域和环节的监管制度展开专项研究。

第三节　研究思路与框架

本书通过系统梳理慈善脆弱论、公共利益论、监管失灵论、监管成本论、监管博弈论和监管治理论等理论学说，着力构建慈善组织政府有效监管的理论基础，提出有效监管的目标和基本原则。在实证部分，本书首先系统回顾我国慈善组织政府监管改革的时代背景和实施进展，分析政府监管改革面临的主要矛盾与挑战，研究未来慈善组织政府监管改革的整体战略。本书重点关注慈善组织的入口监管和过程监管两大领域，专题研究了慈善组织认定制度、慈善组织信息公开制度、慈善组织等级评估和政府购买绩效评估制度，提出了监管改革和制度优化的具体建议。最后，集中探讨了慈善商业化、网络慈善、社会企业等慈善创新热点中的政府监管改革策略。具体思路框架见图 1-1。

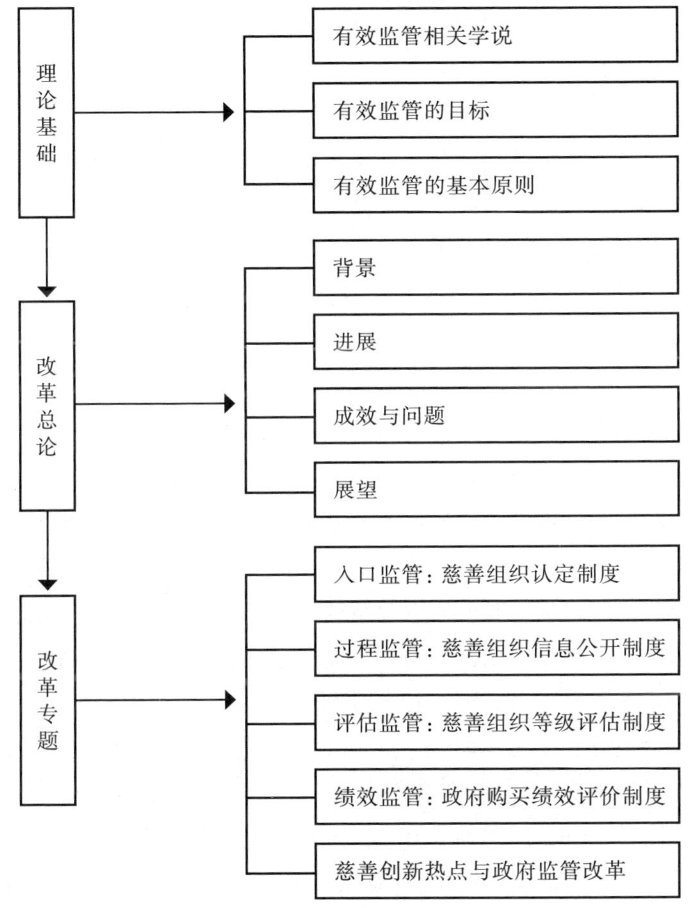

图 1-1　本书的基本思路框架

第四节　研究方法

本书以促进我国慈善组织健康有序发展为导向，以政府监管中面临的矛盾与问题为起点，基于有效监管的基础理论框架，比较借鉴国际趋势和经验做法，寻找我国慈善组织政府监管改革的方向和路径。因此，本书采用规范分析、案例分析和比较分析相结合的方法开展研究。

在规范分析方面，本书对慈善组织相关理论、市场监管相关理论进行系统梳理，构建有效监管的理论框架。具体而言，提炼梳理慈善脆弱论、公共利益论、监管失灵论、监管成本论、监管博弈论和监管治理论等理论学说，从监管有效、低效和有效监管实现机制等维度构建理论框架。以此为基础，一方面研究提出有效监管的内涵和目标，为我国慈善组织监管改革实践提供方向指引，另一方面归纳总结有效监管的基本原则，为制定我国慈善组织监管改革策略提供有益参考。

在实证分析方面，本书从我国慈善组织发展和监管改革的实践出发，全面回顾和总结改革背景、进程和成效，反思现存的主要问题，从整体上提出推进改革的战略选择。在此基础上，选取入口监管、过程监管、评估监管和绩效监管以及慈善创新热点的监管改革五个重点领域进行专项研究。在这些重点领域，分别选取典型案例进行个案剖析，采取访谈、座谈、实地观察等方法，获取第一手资料，通过解剖“麻雀”，深入细致研究相关监管制度的关键环境和运行基础。比如，入口监管层面，以广州市和济南市为例，对比研究直接登记制度的实际进展，反映直接登记制度改革的地区差距。过程监管层面，以上海市为例，考察地方政府在推进慈善组织信息公开方面的探索，以上海真爱梦想公益基金会为例，通过与其项目官员的深入访谈，透视慈善组织信息公开的运行机理，寻找慈善组织信息公开的内部治理经验。评估监管层面，选取开展基金会第三方评估较早的北京市为例，通过第三方评估的全过程跟踪和观察获得第一手资料，考察其评估制度、评估程序的特点，研究评估过程和评估方法的实施要点，研究优化第三方评估制度的路径。绩效评估层面，选取政府购买项目开展较早的社会工作服务项目作为典型案例进行研究，结合济南市历下区的实践，通过与社会工作协会相关负责人的访谈，分析这一领域发展初期的做法和困惑。慈善创新热点的政府监管层面，选取“轻松筹”“腾讯公益平台”作为典型案例，通过与网络平台负责人的访谈，把握网络募捐的基本流程和主要特点，召开山东省部分慈善组织、民政部门和专家学者座谈会，听取了解各方面对促进网络募捐健康发展的不同观点和具体建议；选取慈展会社会企业认证作为典型案例，了解国内社会企业认证的标准和操作过程。总之，借助多种社会调查手段进行的典型个案研究法是本书获取第一手资料、开展实证研究的重要基础。

比较研究法是本书采用的另一种重要的研究方法。首先，管理与服务是公共行政的两项基本职能。无论是市场监管，还是慈善组织监管，监管作为一种管理活动具有相同的公共属性。与慈善组织监管相比，市场监管的理论和实践都更加成熟，本书侧重于对慈善组织监管与市场监管的比较，在充分考虑它们之间的差异和特性的基础上，有选择地吸收和借鉴市场监管中的有效监管理论、监管治理实践、市场监管改革趋势和规律等。其次，我国慈善组织发展和监管改革的地域差别十分明显。经济发达地区经济社会发育快、改革试点早、创新多，改革过程中地区差异十分显著。因此本书对我国慈善组织监管改革做整体考察的同时，注意加强区域间比较研究，研究改革实践的多样性和复杂性。第三，我国慈善组织监管改革必须坚持国际视野，时刻关注全球慈善组织变革发展的趋势潮流，因此本书注重采用跨国比较的方法考察典型国家或地区慈善组织监管的特色和经验，研究不同实践和特色背后的影响因素，并立足国情，提高研究的科学性。

第五节　主要观点

（1）慈善组织是现代慈善事业的主体，而一系列慈善制度（包括监管制度）是慈善组织化的重要基础，也是慈善组织走向规模化、专业化和职业化的必要条件。我国慈善组织政府监管改革是在全面深化改革和构建现代社会治理体系的时代背景下，顺应国内慈善事业从传统向现代转型发展的现实需求，借鉴吸收国际上慈善组织监管新理念和制度改革经验而实施的。

（2）作为我国慈善组织政府监管改革的突破口，直接登记制度的探索试点很大程度上来自地方政府培育和发展社会组织的政策需求驱动，但它以变革监管的方式，打破了传统慈善组织监管体系的内在平衡，也出现放权与监管的失衡，间接倒逼了监管体系的重构进程，因而对推动慈善组织监管改革意义非凡。

（3）我国慈善组织监管应坚持"有效监管"理念，改革的基本方向是"宽进严管"，优化服务，实现放权、监管和服务的协调和统一。离开监管的有效性而单纯谈强化监管或放松监管，都是不可取的，甚至是危险的。

（4）所谓有效监管是指监管行为在达成监管目标上的有效性。慈善组织政府监管的总体目标是维护慈善领域的社会公共利益，具体目标可概括为：维护和提升公众对慈善组织的信任与信心；提升慈善组织活力，促进全社会慈善资源的有效利用；促进慈善组织自治和问责；保障慈善组织扶持政策的实施。有效监管的基本原则包括：有限监管；适度监管；协同监管；服务导向；可信、透明、回应和可问责。

（5）我国慈善组织政府监管改革自 2013 年直接登记制度的

正式确立开始起步，在监管立法和制度创新方面取得了重要阶段性成果。然而，政府监管仍然面临有效性的核心困境。慈善组织登记和认定数量的增长缓慢，慈善欺诈、骗捐等丑闻多发趋势未得到有效遏制。究其原因，监管目标仍缺乏准确定位，传统观念和体制惯性依然很大，新的监管体制架构尚未建立起来，监管制度体系不健全，监管与服务不协调等。我国慈善组织政府改革的任务依然艰巨。

（6）建议尽快构建起符合我国国情的慈善组织综合监管体制。建议实施民政部门机构改革和编制调整，以实现监管职能与监管能力的匹配。应通过行政法规明确民政部门与其他部门间共同但有区别的监管责任，重点构建顺畅高效的部门间信息交流和协作联动机制。

（7）建议健全适应我国慈善组织发展需要的现代监管制度体系。当前，我国慈善组织监管制度体系的框架已初具雏形，下一步应尽快建立中央、省、市、县、乡（街道）各层级慈善组织监管事权划分制度；慈善组织分类监管制度；慈善行业风险分级管理和处置制度；慈善组织监管行政许可制度。应依据现有法规制度的要求，出台慈善组织内部治理准则，用于指导慈善组织加强自我监督。同时，应细化和完善现有监管制度的实施细则，提高监管的清晰度和透明度；整合监管资源，实现各项监管制度间既相互分工，又相互配合和衔接，比如将年报制度、等级评估制度、监督举报与监督执法抽查制度结合起来，将监督执法、评估与政府购买服务、税收优惠政策等结合起来等等；减少行政监管自由裁量权，建立问责制。

（8）社会自治能力是慈善组织健康发展的内在基础。改革政府监管的目的不是管死慈善组织，更不可能替代社会自治。改革政府监管，应更加注重从立法、秩序规范与引导等方面增强社会自治功能，开辟制度化的相互联系和信息沟通渠道，实现监管与自治的衔接与互动。建立社会协同的慈善组织监管机制，调动慈善组织从业者及利益相关者、行业组织、第三方审计机构、评估机构和认证机构以及新闻媒体、社会公众的广泛参与。

（9）慈善组织登记认定是政府监督的第一道关口，入口监管的质量会对慈善组织的设立及后续运行产生深远影响。政府应在法律上进一步明晰慈善组织认定标准和程序，理顺慈善组织认定、公开募捐资格许可、免税资格认定、税前扣除资格认定之间的关系，实现各项制度间的有机衔接。可考虑设立专门的慈善组织认定机构，成员由管理部门专业人员、律师、会计师、专家等人员组成，保证认定独立性、权威性和公信力，提高行政效率。

（10）加强对慈善组织信息公开的监督是政府实施过程监管和行为监管的关键，也是促进利益相关方及社会监督的必要基础。政府应首先承担向社会公开慈善组织相关信息的责任。其次，慈善组织信息公开并非越细越好，信息的公开应以最有限的投入，达到最有效的公开。政府监督应坚持依法、适度和公开原则，严格依法加强对慈善组织强制性信息公开情况的监管，同时鼓励慈善组织自愿公开慈善信息。比如，在公开慈善组织静态的基本信息、财务信息的同时，突出项目动态信息，从“结果公开”走向“过程公开”。未来应进一步加强慈善信息平台大数据建设，完善服务功能，扩大监督渠道。对于民间自发建立的慈善透明度排行，政府应鼓励并引导其在全面、科学的评价中形成互补共生的关系。

（11）慈善组织等级评估制度是重要的现代监管手段，通过评估发现问题，防范风险，分类管理，规范引导，提高监管效率。在大力推进第三方评估的过程中，应进一步健全制度法规，实现评估机构与政府部门之间的责任匹配与权力制衡。同时，健全第三方评估机构准入与遴选制度，遵循市场规则，公开择优遴选评估机构，细化对第三方评估机构自身的管理制度规范要求，实现评估结果公开和结果运用，建立慈善组织的激励与退出制度。

（12）公益项目绩效评价制度是监督政府购买服务政策效果和优化政策管理的一项基本制度。聚焦项目、体现“物有所值”和更偏重“结果导向”是政府购买公益项目的绩效评价区别于慈善组织等级评估的根本所在。在地方探索的基础上，国家应尽快建立规范的政府购买服务项目绩效评价制度，明确规则和程序，完善指标体系，加强评估独立性、专业化和科学性。探索第三方评估机构参与需求评估，助力政府购买项目的供给侧改革，更好地满足日趋多元化、个性化的社会公共服务需求。

（13）对于慈善商业化、互联网募捐及社会企业等慈善创新行为，政府应坚持适度监管的原则，通过健全慈善组织财产、网络募捐平台、信息公开等监管制度，规范引导慈善组织和慈善行业加强自律，并及时纠正各种不良倾向，对违法违规行为进行处罚和信用惩戒，保障慈善事业有序发展。

第二章　慈善组织有效监管的基本理论

在现代社会，监管不仅是政府履行经济职能的重要实现方式，也是政府履行社会管理职能不可或缺的重要手段。“实施有效监管是政府治理现代化的重要标志。”①本章通过梳理国内外相关理论学说，构建慈善组织有效监管的理论框架，并阐述有效监管的目标、内涵和基本原则。

第一节　慈善组织有效监管的内涵

一、慈善组织

慈善是一项古老的人类活动。在传统社会，慈善是一种个体行为，多着眼于解决或减轻个人的痛苦与不幸而自愿对穷人的接济和施舍，并强调其行为动机的道德属性，即仁慈和善良的品德。随着时代的发展，尤其是市场经济的发展带来社会分化等现实问题，慈善开始着眼于全社会，着眼于公共福利，而不仅仅是救助少数不幸者。建立在自由、平等基础上的人本价值成为慈善

① 魏礼群：《实施有效监管是治理现代化的重要标志》，《人民日报》2015年8月30日。

的伦理基础，同时更加注重慈善活动的效率。与这些慈善理念相配套的是一系列慈善制度的形成，包括慈善法规、慈善基金会制度、监督制度、税收制度等等。以慈善制度为基础和保障，慈善逐渐走向组织化、持续化、职业化和规模化，慈善组织成为现代慈善事业的主体，捐助者和受助者走向分离，这些都成为传统慈善向现代慈善转型的重要标志。[①] 在间接慈善格局下，效率和社会公信度成为慈善组织的生命力，慈善组织日趋专业化和科学化。本书所研究的慈善组织是指依法登记的、以提供扶贫济困、救灾救助、教育、科学、文化、卫生、体育、生态环境等公益服务为宗旨的非营利组织。[②]《中华人民共和国慈善法》第八条规定，“慈善组织可以采取基金会、社会团体、社会服务机构等组织形式”。

二、政府监管

监管与英文“regulation”相对应，[③] 其定义繁多。日本学者植草益在《微观规制经济学》一书中提出监管是“依据一定的规则对构成特定社会的个人和构成特定经济的经济主体的活动进行限制的行为”。[④] 美国著名经济学家丹尼尔·F. 史普博在其经典教科书《管制与市场》中将管制定义为“由行政机构制定并执行的直接干预市场配置机制或间接改变企业和消费者的供需决策的一般规则或特殊行为”。[⑤] 国内学者曾国安将监管界定为“管制者基于公共利益或者其他目的依据既有的规则对被管制者的

---

① 史竞艳：《现代慈善的起源、发展及特征》，《思想战线》2012 年第 3 期。

② 《中华人民共和国慈善法》第三条。

③ “regulation”一词的常见译法还有“规制”和“管制”。从官方和大众惯用的角度，本书采用“监管”一词，对三个词语不再作区分。

④ ［日］植草益：《微观规制经济学》，中国发展出版社 1992 年版，第 1 页。

⑤ ［美］丹尼尔·F. 史普博：《管制与市场》，上海三联书店，上海人民出版社 1999 年版，第 45 页。

活动进行的限制”。[①] 尽管学者们对监管的定义在监管主体和监管范围等方面存在一些异议，[②] 但共同之处在于揭示出监管的三个核心要素，即为实现既定的政策目标，基于一定的规则，对私人的行为或活动实施的限制活动。本书将慈善组织政府监管界定为，政府为了实现慈善事业发展目标，基于相关监管法规或制度，而采取的某些限制或调整慈善组织行为的活动。同时，本书也关注慈善组织政府监管与非政府监管之间的相互协同和互动机制。

三、有效监管

简要地说，有效监管是一种监管理念或监管文化，它关注监管活动在达成监管目标方面的效果和效率。具体而言，“监管是不是有效”应集中回答或评估两个相互关联的问题：一方面，监管目标在多大程度上得以实现，即监管目标的达成度；另一方面，监管的成本与收益（效果）的对比关系如何，即监管效率的高低。有效监管不仅追求更高的监管目标达成度，同时也必须考虑尽可能消耗更低的监管成本。

当我们将有效监管理念应用于改革慈善组织监管体制、制度和方法时，还需要结合慈善组织监管及慈善组织运作的实际，研究慈善组织监管目标达成度及监管效率的衡量问题。诚然，慈善组织监管目标达成度很难准确测量，因为公众对慈善组织的信任与信心是包括慈善组织监管在内的许多因素综合作用的结果，很难将其中慈善组织监管的贡献分离出来。但我们依然可以根据一些行业发展的动态数据直接或间接地判断监管目标是否达成。比如：慈善捐赠数额的年度变动情况，慈善组织新增登记的数

---

① 曾国安：《管制、政府管制与经济管制》，《经济评论》2004 年第 1 期。

② 马英娟：《监管的语义辨析》，《法学杂志》2005 年第 5 期。

量，发生慈善丑闻，慈善危机事件的数量，危机事件中相关责任方接受问责，危机负面影响得到有效遏制的情况，等等。相对于从整体上对慈善组织监管目标达成度作出评价，改革或出台某一项具体监管制度或措施的效率更容易评估。

除慈善组织监管收益之外，衡量慈善组织监管效率的关键是如何测算监管成本。如前所述，慈善组织监管的直接成本主要由行政成本和守法成本组成。行政成本是慈善组织监管部门或机构在履行监管职能过程中的各项行政费用开支的总和，通过财政预算资金支付，最终由全社会负担。守法成本是被监管者服从监管制度所付出的各种费用，包括人力、物力和财力等。比如，在信息公开监管方面，慈善组织按照法律所要求的程序和程度做到信息公开需要花费成本，尤其对一些小型慈善组织而言，此类信息公开成本可能很高，过高的信息公开成本负担将影响这些组织的发展。因此，一些国家坚持分类监管，针对小型慈善组织，信息公开的内容更简单，程序易操作。除行政成本和守法成本这些较容易衡量和测算的直接成本外，慈善组织监管活动还会给被监管对象或其他主体带来间接的额外成本或负担。比如，对基金会管理费用的比例作出一刀切的限定，就会迫使一些基金会进行违规操作，破坏慈善组织运行环境，带来额外的社会损失和负担。因此，监管部门在制定或更新监管制定或方法时，对于慈善组织监管所带来的间接成本应给予足够的重视。

事实上，在慈善组织政府监管实践中，树立有效监管理念更多的是建立一种监管文化而不是技术上的要求。监管者应当及时评估监管目标是否能够达成，定期检视现行监管制度或措施的利弊得失。同时，监管者应当具有监管成本意识，对于监管制度安排所带来的全部成本（不只是行政成本，还有被监管者的执行成本以及间接成本）和真实成本应当是敏感的，并有意识地应用这些成本信息优化监管决策。

第二节　慈善组织有效监管的相关理论述评

“慈善组织需要监管吗?”“监管有效吗?”“怎样监管才有效?”慈善组织有效监管理论旨在回答上述基本问题。综合来看，国内外相关的理论成果主要可以归结为慈善脆弱论、公共利益论、监管失灵论、监管成本论、监管博弈论和监管治理论等学说。其中，慈善脆弱论和公共利益论偏重于回答慈善组织政府监管的有效性，监管失灵论、监管成本论则质疑政府监管的有效性，研究低效的根源，而监管博弈论和监管治理论进一步转向有效监管的具体实现机制。

一、慈善脆弱论

慈善活动的性质决定了慈善组织的脆弱性。尽管营利性机构的诈骗活动并不鲜见，但慈善组织的诈骗活动却更容易招致公众的不满，慈善丑闻往往具有突发性、传染性和外溢性，导致较为严重的社会影响和后果，其根源就在于慈善活动本身的性质。其一，慈善活动所依赖和诉求的是人的同情心、爱心等美德。慈善活动不仅是捐赠人、志愿者的利他主义行为，而且还担负着“组织和动员公民的爱心为最需要者做好事”的任务。因此，“当邪恶伪装为善行而潜入的时候，我们的感觉是受到莫大的侮辱”。① 其二，慈善组织生存的基础是一种“盲目”的信任。信任是慈善组织生存的前提和发展的基础，而这种信任与公众认同的

① 周志忍、陈庆云:《自律与他律——第三部门监督机制个案研究》，浙江人民出版社 1999 年版，第 23 页。

慈善组织的核心价值和组织目标息息相关。除此之外，“非分配约束”(non-distrubution constraint)也为慈善组织带来了先天的信任优势。即使很少了解慈善组织如何使用他们的捐赠，人们也会对慈善组织产生一种“盲目的信任”(“blind” trust)。① 其三，慈善组织的失信行为具有更加显著的负外部性。某一个慈善组织的失信行为会玷污慈善的整体形象，割裂公众与慈善捐助者、慈善求助者以及慈善组织之间的信任，导致各种无端的猜疑，损害健康的慈善文化，甚至危及整个慈善事业的根基。“郭美美”事件不仅引发了红十字会的信任危机，也对我国整个慈善事业带来了空前的冲击。值得注意的是，新媒体的快速发展进一步加速了慈善不信任的传播，加剧了慈善的脆弱性，一个典型的例子是“王凤雅事件”。在各种网络谣言和舆论风暴面前，慈善的社会信任基础变得更加脆弱。总之，慈善脆弱论认为慈善活动具有一定的特殊性，相对于其他行为而言更容易出现问题，引发信任危机，影响社会秩序。因此政府有必要对其进行规范，以帮助克服其脆弱性，维护慈善事业根基。

二、公共利益论

传统慈善是人们通过捐赠自愿开展的扶贫济困、扶老救孤等帮助社会弱势群体的活动。慈善组织是慈善活动的组织化，以促进公共利益为根本目标。尽管如此，慈善组织的行为或活动也可能会出现“负外部性”、治理失灵等，损害公共利益，这时就需要来自外部的权威即国家从维护全社会公共利益的角度对其实施干预。

（一）本位主义与慈善组织的“负外部性”

从整体上看，慈善组织代表或维护的是弱势群体的利益，以

① 杨永娇:《因信而生：中国慈善组织的信任问题研究》，社会科学文献出版社2018年版，第164页。

促进和实现广泛的公共利益为使命，但从每一个慈善组织看，与其他社会自治体一样，它所代表的只是特定的或局部的社会群体成员的利益和价值，拥有有限的支持者和服务对象。从这一点出发，慈善组织天然具有本位主义的倾向，可能与公共利益产生冲突。[①]罗伯特·A. 达尔（2006）认为包括慈善组织在内的社会自治体容易出现四个方面的“负外部性”。其一，社会自治体之间的竞争或对抗会损害政治正义。根据该理论，社会自治体参与政治决策活动能力、影响能力及渠道等方面的差异会产生“马太效应”，损害政治正义或强化和固化原有的政治不平等。一方面，社会弱势群体尽管是最需要帮助的群体，但却往往处于一种“散沙”的状态，无力建立维护自身利益的组织。[②]另一方面，慈善组织的资源获取对政府的依赖程度很大，尤其是处于成长期的慈善组织，争取更多政府支持资源的竞争更加激烈。在我国公办民办、公募非公募、大型组织与草根组织之间的不公平竞争现象十分明显。其二，社会自治体可能会扭曲公民意识。每个自治体都是自我取向的，如果这种取向持续加强，就可能会在全社会形成一种追求本位利益的慈善文化，这显然与现代公益精神背道而驰。其三，社会自治体可能会阻滞公共政策议程。如果社会自治体偏执地追求自身利益，损害更广泛的需求来加强特殊的需求，就可能出现难以达成一致或共识、公共决策“难产”的情况，损害公共利益。其四，社会自治体可能会失控。从组织成员的“代

---

① 国家理论从政治哲学的角度关注包括慈善组织在内的各种政治自治体的政治价值，探究政治自治体对公共利益的影响以及国家的角色和作用。该领域的相关研究认为所有的自治体都具有双面性，即对公共利益、政治秩序和社会正义具有双重影响。从经验上看，政治自治体容易出现“负外部性”和“内部失灵”两个问题。安建增（2015）对此进行了理论综述，详见安建增：《自治的限度与控制》，安徽师范大学出版社2015年版，第269—276页。

② 顾顺晓：《非政府组织失灵的机理探究及其矫治》，《理论与改革》2007年第1期。

理人”异化为压制、控制其组织成员行动，枉顾成员需求，侵蚀成员权利的“怪兽”，威胁社会公共秩序。

由此可见，国家有必要对慈善组织进行监管，克服其本位主义的倾向所可能给公共秩序或公共利益带来的损害，从整体上维护公共利益。

（二）产权所有者缺位与慈善组织内部治理失灵

通常，产权是指以所有权为核心的一系列权能的集合体。这里的所有权是广义的所有权，除包括归属权之外，还包括占有、支配、使用、处分和受益权等。与营利组织的私有产权相比，慈善组织产权的一个显著特点是所有者缺位。捐赠人一旦发生捐赠行为，就意味着自愿让渡了捐赠财产的所有权。慈善组织作为受赠方因此而获得对捐赠资产的占有、使用和管理等权能。但慈善组织作为慈善财产的受托方，必须遵守与捐赠人的捐赠协议，按照捐赠人的意愿管理和使用这些慈善资产。作为捐赠资产的受益权，从理论上讲归属于捐赠项目所设立的目标群体，但该群体是不特定的和潜在的，最终的受益人只是目标群体的一部分。对于捐赠资产及相应收益的处置权，慈善组织还必须遵循两个原则：一是“非分配约束（non-distrubution constraint）”原则，即慈善组织的财产应当根据章程和捐赠协议的规定全部用于慈善目的，不得在发起人、捐赠人以及慈善组织成员中分配。① 二是“近似原则”，即慈善项目终止后捐赠财产有剩余的，募捐方案未规定或者捐赠协议未约定的，慈善组织应当将剩余财产用于目的相同或者相近的其他慈善项目。② 由此可见，慈善组织产权既缺

① 《中华人民共和国慈善法》第五十二条。

② 《中华人民共和国慈善法》第五十七条。

乏一个人格化的所有者①，同时其所有权、经营权和受益权也相互分离。②

产权的特殊属性使得慈善组织的内部治理比营利组织更加复杂。在实践中，随着慈善组织规模的不断发展壮大，尤其是现代基金会的快速兴起，借鉴公司治理的组织形式，引入理事会制度（有时也包括专门的监事会制度）成为一种普遍做法，并得到广泛认可。慈善组织以理事会为决策机构，在理事会领导和监督之下设立执行机构负责组织的日常管理和运作。同时，有部分慈善组织还会专门设立监事会，对理事会的决策行为和执行机构的管理行为开展独立监督，形成组织内部的权力制衡。但在实际运行中，受各种因素的影响，以理事会为核心的慈善组织内部治理结构并不能实现其理想的治理目标，慈善组织的自律机制也会失灵。首先，理事会虚设和人治色彩浓厚。在实践中，一些慈善组织的理事会偏离集体决策，导致实际的决策权被掌握在极少数人（比如理事长或秘书长）手中，理事会成为"橡皮图章"。由于人治色彩浓厚，个人的管理思想和决策方式对组织的兴衰产生至关重要的影响。一些慈善组织在设立早期理事会成员数量众多，也无法实现真正意义上的议事和决策。③其次，监事会弱化，独立性差，难以真正发挥其功能。在实际运作中，一些重要的利益相关者未能参与监事会，对影响自身利益的决策无法产生影响；很

---

① 目前学术界对于慈善组织财产权的归属有三种不同的观点，公有产权说（所有权缺位）、社会公共财产说（社会公共所有）和法人财产说（慈善组织法人所有）。参见杨思斌：《慈善组织财产的法律定位及立法规范》，《华东理工大学学报（社会科学版）》2016年第5期。

② 徐晞：《我国非营利组织治理问题研究》，知识产权出版社2009年版，第29页。

③ 田凯：《中国非营利组织治理中的问题》，中国经济体制改革杂志社编：《改革要情参阅》第5辑，新华出版社2010年版，第67—68页；陶传进，刘忠祥：《基金会导论》，中国社会出版社2011年版，第151页。

多监事不具备财务和法律等方面的专业知识技能，导致监督大都流于形式；监事的利益和监事会的活动直接受理事会控制，缺乏独立性。[①] 第三，内部人控制风险。慈善组织与营利组织相类似也面临内部人控制的风险[②]，出现实际管理人员利用自己的权力追逐个人利益、控制组织的资源管理和运作与偏离组织的宗旨和目标的问题，如在职享受、利益输送等，造成组织资产损失或浪费。不仅如此，由于个体在参与慈善组织管理时的动机更加复杂多元，相关工作无薪酬或低薪酬，加之绩效考核指标量化困难等多重因素，慈善组织出现内部人控制的可能性更大，内部人控制现象也更隐蔽。

为了克服慈善组织内部治理结构的内在缺陷，保证其规范有效运作，尽管各国的法律规定不尽相同，但大都会在宏观层面上对理事会和董事会的职责和地位、人员组成和设立运作程序以及薪酬等基本运作规范进行明确或限定。[③]

（三）非对称信息与慈善组织外部监督失灵

方便及时地获取充分和真实的慈善组织信息是实现外部监督的前提和基础，但在慈善领域非对称信息现象相对于营利领域更加突出。根据信息经济学的界定，所谓非对称信息指的是，某些参与人拥有但另一些参与人不拥有的信息。从非对称信息发生的时间看，“非对称信息可能发生在当事人签约之前，也可能发生在当事人签约之后”。事前非对称信息容易导致逆向选择，事后非对称信息则容易导致道德风险。“从非对称信息发生的内

---

① 田凯：《中国非营利组织治理中的问题》，中国经济体制改革杂志社编：《改革要情参阅》第 5 辑，2010 年版，第 67—68 页；陶传进，刘忠祥：《基金会导论》，中国社会出版社 2011 年，第 152 页。

② 程昔武：《非营利组织治理机制研究》，中国人民大学出版社 2008 年版，第 215 页。

③ 刘春湘：《非营利组织治理结构研究》，中南大学出版社 2007 年版，第 139—143 页。

容看，非对称信息可能是指某些参与人的行动，也可能是指某些参与人的知识。”[①]企业在市场上销售产品或提供服务，消费者在购买行为发生之前通过价格甄别产品信息，而购买之后则通过产品消费或服务体验，直接获取产品或服务信息，从而在一定程度上可以缓解非对称信息问题。而慈善组织销售慈善产品或提供慈善服务，消费者（捐赠者）和受益者（受助者）两者分离，捐赠者无法直接获取或感知受益者的真实状况与获益信息，而且慈善市场缺乏价格等信息传递和甄别机制。事实上，当慈善组织面对捐赠者和受助者两类需求群体时，慈善组织与捐赠者之间、慈善组织与受助者之间都存在非对称信息问题，既可能在捐赠和求助行为发生之前，也可能在捐赠和资助行为完成之后，前者导致逆向选择，后者导致道德风险。从外部监督的角度看，事后非对称信息导致的道德风险是监督的重点内容，其中包括慈善组织作出的损害捐赠人利益和公共利益的行为以及受助人接受资助后作出的损害捐赠人利益和公共利益的行为。

慈善组织从促进捐赠和提高声誉的角度出发，会自发披露一些慈善信息，缓解非对称信息问题，这被称为自愿性信息披露。但自愿性信息披露存在很大的局限性。首先，慈善组织只会披露对自身有利的信息，而不披露对自身不利的信息。其次，信息披露会耗费一定的人力物力，慈善组织需要承担相应的信息管理费用。与营利组织相比，慈善组织更具有社会公共价值和使命，因而具有更加广泛的利益相关者。不同的利益主体对信息的需求各不相同，这增加了慈善信息披露的需求及其种类，提高了信息披露的复杂程度。第三，自愿性信息披露不能自动发挥监督效

① 张维迎：《博弈论与信息经济学》，上海三联出版社，上海人民出版社 1996 年版，第 397—403 页。

果。慈善组织公布的信息如果缺乏相应的标准或规则，这些信息将很难被理解、对比和使用。信息需求者自身如果缺乏足够的专业能力，这些信息也很难被正确解读和有效使用，信息公开所发挥的监督效果将会大打折扣。

可见，为了弥补慈善组织治理缺陷或失灵，政府有必要借助各种手段对慈善组织进行监管。比如，对慈善组织内部治理机制（包括理事会制度、监事会制度）建立明确的法律规定，并明确捐赠人、慈善组织、受益人等主体的权利义务；建立慈善组织资产清算制度和慈善组织退出机制；通过财政监督和审计保证公共财政资金的安全和有效使用；对慈善组织的利益输送行为进行限制；建立慈善组织强制信息公开制度，设立黑名单制度，加强立法保障捐赠人、受益人及社会公众的知情权，等等。

三、监管失灵论

如上所述，尽管公共需求论对政府监管的理由及其有效性给出了一定的解释，但仍然存在很多缺陷。首先，公共需求理论可以看作从理论上对慈善组织政府监管的规范分析，即它说明了什么时候政府应当对慈善组织进行监管，而没有说明政府监管行为什么时候会真正发生以及发生的过程，即缺少实证分析。在一些情况下，即使监管具有增进公共利益的潜在收益，政府监管也不一定会发生。其次，公共需求论假设政府是以维护和增进公共利益作为唯一目标对慈善组织实施监管，这时的监管是有效的，而忽视了政府的多重目标，政府内部有多个部门，部门有其自身利益，监管机构也有惰性。第三，公共需求论假定政府是无所不知、无所不能的，监管过程和活动没有成本，而事实上政府监管也会面临非对称信息，监管机构之间也会有许多摩擦，监管活动的实施也会有成本。总之，考虑上述复杂因素之后，我们会发现在现实世界里政府监管在许多情况下并没有带来预期的效果，即政府监管低效，甚至政府监管本身也可能是失灵的。

是什么导致了慈善组织政府监管失灵呢？规制经济学中的规制失灵理论对于政府的市场监管失灵给出了多角度的理论解释，从失灵的表现和原因看，政府监管失灵的相关学说主要有管制俘获论、管制寻租论和监管成本论等，它们大致可以被理解为从政府主观动机和政府客观能力两个方面的解读。这些学说对于理解和探究慈善组织政府监管失灵的现象和原因提供了一定的参照。同时，我们还需要关注政府失灵在慈善组织监管领域的具体表现。

（一）监管动机：政府也是经济人

规制失灵理论注意到政府所具备的“公共性”与政府机构、政府官员的行为目标之间的差异和矛盾。[①] 从理论上说，政府监管代表公共利益，而现实中政府有中央政府和地方政府之分，政府也是由具体的人和部门（机构）组成的，当这些个体或部门的自身利益与公共利益发生矛盾时，就可能出现损害公共利益的行为或决策。根据相关研究，工资、津贴、公务消费、权力和地位等都可能被纳入官员个人效用函数。在监管过程中，面对被监管者为了获取自身利益的各种寻租活动，政府官员很容易被俘获。监管部门也可能主动设租，人为限制竞争，最终损害社会净福利。[②] 同时，政府各部门追求部门利益最大化，也会引发监管机构自我扩张冲动，导致监管成本过高和运转低效。[③]

（二）监管能力：监管成本论

规制失灵理论提醒人们尽管慈善组织有自身的缺陷和不足，

① 李郁芳：《政府规制失灵的理论分析》，《经济学动态》2002 年第 6 期。

② 《规制经济学中关于管制俘获和管制寻租的相关研究》，见冯科：《金融监管学》，北京大学出版社 2015 年版，第 33—36 页。

③ 张庆霖，苏启林：《政府规制失灵：原因与治理》，《经济学动态》2009 年第 4 期；毛寿龙：《中国政府功能的经济分析》，中国广播电视出版社 1996 年版，第 136 页。

但政府也不是无所不知、无所不能的。政府监管需要消耗资源，如果政府监管成本过高，那么监管就面临低效率，甚至失灵，这时就需要考虑政府监管的合理性问题。监管成本有多种构成，可以分为直接成本和间接成本。直接成本是由政府监管直接引起的资源消耗，根据成本的承担者，监管成本可以分为"服从成本"和"实施成本"两大类。① 所谓"服从成本"是指被监管者服从监管制度所付出的费用，也称守法成本，显然这一成本是由被监管者承担的；所谓"实施成本"是指一项监管制度从产生到实施的成本，也称行政成本，这一成本是由公众承担的。除直接成本外，政府监管还可能对社会运行带来额外负担，引起间接成本或效率损失。政府监管具有限制竞争的特点，在受到抑制的领域必然产生寻租的空间，诱发寻租活动和腐败，这是政府监管一项典型的间接成本。显然，与直接成本相比，间接成本不易被察觉，也不易被衡量。

在信息成本的约束条件下，政府监管是否比市场做得更好？周燕（2016）从经济学中最基础的价格理论出发，认为市场通过自身的价格优势和竞争优势，发挥着监管和认证的作用，"在信息费用的约束条件下，政府不可能比市场做得更好"。② 第三方认证可以不需要第三方，不需要政府，品牌本身就是一种质量认证。政府在提供"质量证明"时由于缺乏市场信息，也缺乏竞争，因此政府提供的"质量证明"也不一定比市场机制下的"质量证明"更有价值。由此反驳了信息不对称理论为基础的政府监管有效论。其文章还讨论了政府监管的动力来源、监管成本（比如需要掌握专门知识、搜集消费者偏好信息等）及监管的负效应等问

① 李郁芳：《政府规制失灵的理论分析》，《经济学动态》2002 年第 6 期。

② 周燕：《政府监管与市场监管孰优孰劣》，《学术研究》2016 年第 3 期。

题。这些都有助于我们更理性地思考慈善行业的价格、竞争、社会选择机制，理解社会监管的独特优势和作用以及界定政府监管职能的边界和底线。

（三）转轨时期慈善组织监管失灵的理论分析

西方规制失灵理论是政府针对市场机制发挥作用的过程中出现失灵时，对市场主体的活动进行规制所产生的失灵现象。而转轨时期慈善组织监管事实上更多的是传统计划时期政府对慈善组织严格管制的一种延续，① 而不完全是源于慈善组织失灵而进行的监管，此时社会组织及社会运作机制仍然处于发育成长之中。因此，由于特殊的政治经济因素，转轨时期慈善组织监管失灵除一般意义上的监管失灵之外，还有体制转轨的特殊表现，尤其是由于政府职能转变落后于经济和社会发展水平的提高，相应的政府监管职能越位与缺位以及与政府监管职能相匹配的政府监管能力的不足。面对经济社会的快速发展和变革，一方面，传统计划时期政府对慈善组织的全面控制显示出过度监管和行政垄断的弊端，限制和阻碍了慈善组织的发展；另一方面，传统的控制型监管在监管内容和环节上出现缺位，在监管方式方法上尚无法找到有效的手段，在新的监管体制未能建立起来和发挥作用的过渡时期出现监管效率低下。

首先，过度监管和行政垄断。在我国长期实施社会组织双重管理体制的过程中，政府对慈善组织的控制深度和广度很大，有学者将其称为“慈善组织内部决策权的外化控制”现象，② 即一些

① 关于转轨时期政府市场规制失灵表现及原因的理论分析，参见胡税根，黄天柱：《政府规制失灵与对策研究》，《政治学研究》2004 年第 2 期；李郁芳：《体制转轨期间政府规制失灵的理论分析》，《暨南学报》2002 年第 11 期。

② 田凯：《中国非营利组织治理中的问题》，中国经济体制改革杂志社编：《改革要情参阅》第 5 辑，新华出版社 2010 年版，第 67—68 页。

原本属于慈善组织内部决策的权力也被纳入政府的运作体系，导致慈善组织丧失了对组织内部事务的决策权，削弱了慈善组织的自治基础。如果从政府监管部门自利的动机出发，传统的过度监管体制具有自我固化甚至强化的内在动力，这无疑会增加改革的难度。与监管直接成本相比，过度监管导致的间接成本也不容忽视。双重登记制度为慈善组织合法化设置了很高的准入门槛，其制度设计的初衷是提高慈善组织合法性和公信力，但高不可攀的服从成本却导致大量慈善组织选择注册为公司，或不注册，使其失去了进一步发展壮大的基础，抑制了慈善组织的成长发育。除注册登记制度外，公开募捐资质的高门槛也使得事实上只有少数慈善组织能够获取公开募捐资格，影响了慈善资源的有效配置和公平竞争环境。

其次，监管缺位。面对慈善组织的快速发展和不断创新，政府逐渐丧失对慈善组织的主动控制权，以直接和全面控制为特点的传统监管手段失效，“管什么、怎样管”成为政府监管亟待解决的问题。如何获取监管所需的有效信息问题也时刻考验着政府监管部门。就监管机构而言，传统监管体制的惯性依然很大。登记管理机关和业务主管单位共同监管体制的初衷是构建双重审核和双重负责的“双保险”机制；但由于部门自由裁量权过大，管理职责交叉和模糊地带较多，两大机构相互推卸责任，反而出现了监管漏洞。因为无论对于登记管理机关，还是业务主管单位，“如何减低政治风险和规避责任成为首要目标，慈善组织的发展则被置于次要的目标上”，[①]这显然与促进慈善组织发展的监管目标相冲突。面对慈善领域的快速发展和创新，构建新的、多

① 白景坤等:《社会组织管理体制改革研究》，民政部“社会组织能力与建设”部级课题的研究成果，2008 年，http：//www.chinanpo.gov.cn/700108/92668/newswjindex.html。

部门协调机制，这样的制度建立需要付出十分可观的立法成本、磨合演练成本。尤其对基层监管机构而言，面临人力、财力和专业性的不足，监管领域的懒政可能成为一种现实选择。

四、监管博弈论

公共利益理论和监管失灵理论均从静态角度考察了政府监管的有效性，而没有关注到监管者与被监管者之间互动关系的动态变化，因而无法很好地解释和预测监管范围、强度和形式的变化。监管博弈论并不是一味地评判政府监管的有效与否，而是着重考察政府监管制度的动态发展及其变迁的具体过程。该理论认为政府监管的范围、强度及形式的改变是监管者与被监管者互动博弈的结果，是多种力量之间形成的一种动态平衡。Kane 提出并论证了“监管—创新（规避监管）—放松监管或再监管—再创新”的监管动态博弈模型，为解读创新与监管之间关系、预测政府监管规则的变化提供了新的视角。① 邓正来、丁轶（2012）通过梳理我国慈善组织监管体制、制度和政策的变迁，透视其背后原因，认为相比一时的法规政策，应更加注重政府对待社会改革的实际政治立场，以“市民社会与国家”的互动和博弈范式，考察政府采取的具体监管策略。他们发现，“不完全理性的国家对于社会团体的管理并不是一种自上而下式的单向度权威投射过程，相反，在管理的过程中，国家与市民社会组织间存在着复杂的互动和博弈，而这样一种互动和博弈大体上可以被理解为一种‘非意图扩展’的过程”。②

与发达市场经济国家相比，转轨时期慈善组织监管博弈也有其自身的特点。首先，监管博弈存在结构性缺陷，在一定程度上

① 冯科：《金融监管学》，北京大学出版社 2015 年版，第 38—40 页。

② 邓正来、丁轶：《监护型控制逻辑下的有效治理——对近三十年国家社团管理政策演变的考察》，《学术界》2012 年第 3 期。

会削弱监管制度变革的动力。这种结构性缺陷主要体现为被监管者参与博弈的能力不足。部分具有政府背景的慈善组织在很大程度上依附于政府，能够充分表达自身利益，进行合理博弈的独立、成熟、强大的慈善组织及其他社会机构尚未形成，这就在客观上限制了其参与监管博弈的能力。同时，监管博弈的结构性缺陷还体现在政府在监管中存在的角色冲突，政府既是运动员，也是裁判员。监管者和被监管慈善组织的利益密切，就必然会产生偏向，无法保持中立。其次，在转轨时期一系列制度环境下，地方政府制度创新主体地位的确定和提高有助于推动新监管制度被构造和旧监管制度被替代的变迁过程。① 中央和地方以及地方和地方的博弈是转轨时期政府监管制度变迁动因中不容忽视的重要因素。在中央尚未出台新的慈善组织监管制度的情况下，地方政府基于政府监管制度创新的潜在收益，自发开展制度改革创新先行试点，在一定条件下被接纳并上升为国家层面的监管制度。作为一个典型的例子，我国慈善组织直接登记制度就是在总结发达地区先行试点的基础上正式确立下来的。

五、监管治理论

进入20世纪七八十年代，随着市场经济发达国家政府监管干预范围和规模的扩张甚至膨胀，监管职权被分配在国家内不同部门间乃至不同国家之间，监管已经成为政府管理的一个基础性手段，用以应对快速变化和更加复杂多样的经济社会发展。然而，过度监管、交叉监管及低效监管及其引发的隐性成本也日益明显，甚至出现监管危机事件。20世纪70年代要求减少政府干预的新自由主义思潮快速兴起，一些国家推出了“非管制化”措

① 郭小聪:《中国地方政府制度创新的理论：作用与地位》,《政治学研究》2000年第1期。

施，但人们发现事实上市场自由化并不等同于放松管制，而是要求建立新的、更多更复杂的监管体制。① 实践表明，监管改革需要的不是简单废除或修订哪些监管规则，而是重新审视监管的本质，对“监管决策和执行的具体过程（尤其是监管政策制定的政治过程）进行深入细致的考察”，② 从整个政府层面系统思考监管体系的设计和协调运行，以促进政府更有效地完成其监管职责。结合国内外研究成果，监管治理理论的核心思想主要体现在以下方面：

（一）对监管本质的再认识

传统观点是从政府干预市场失灵的视角认识和界定政府监管。“政府监管是指行政机构制定并执行的直接或间接干预市场运行的管理机制，或以变更供给者和消费者供需状况的行政行为。”③ “政府监管主要是指行政机构在市场机制的框架内，为矫正市场失灵，基于法律对微观经济活动的一种干预和控制。”④ 事实上，这一传统观点着重定义了政府监管的必要性和工具性，而在监管治理视域下，监管不只是政府对市场失灵的一种干预措施。“监管政策必须推动有效市场的运转，必须尽可能利用市场激励机制来实施社会政策和保护措施，至少要尽可能避免对市场运行的压制和扭曲。”⑤ 由此可见，一方面政府应充分尊重和发挥市场机制在增进经济效率上的基础性和优先性作用，慎重决定应该监管什么、如何监管、评估监管的替代性手段，另一方面政府

① 经济合作与发展组织：《OECD国家的监管政策：从干预主义到监管治理》，法律出版社2006年版，第13页。

② 王国跃、杜征征：《金融监管治理进展研究》，《中央财经大学学报》2008年第9期。

③ ［美］丹尼尔·F. 史普博：《管制与市场》，格致出版社2017年版。

④ 肖兴志、宋晶：《政府监管理论与政策》，东北财经大学出版社2006年版，第2页。

⑤ 经济合作与发展组织：《OECD国家的监管政策：从干预主义到监管治理》，法律出版社2006年版，第4—13页。

应注重通过监管政策实现保护市场、促进增长、创新供给等新的和更加多元化的目标。

（二）从狭义监管到广义监管

治理理念对监管概念产生了深远影响。传统科层式监管在实效上的局限性受到广泛质疑。Hancher 和 Moran（1989）利用“规制空间”理论试图解释这种局限性，他们认为要占有监管权并有能力实施监管，需要有相关的资源（信息、财富和组织等方面），但资源呈现分散化或碎片化的样态，①即各种政府主体之间以及政府与非政府主体之间都在不同程度上分享着监管的资源。被监管者可以结合其拥有的信息与组织方面的能力，获取相当大的非正式权力，并可能对正式监管的形成或实施结果产生重大影响。从这一意义上讲，监管者未必凌驾于被监管者之上。另外，对于被监管者是否遵守了监管规范，一些潜在主体（同业竞争者、消费者和顾客、员工、媒体、社群主体等）具备获知和反馈此类信息的能力，这些分散的信息可以用来实现监管目标。可见，监管权威被分散化了，监管者不存在对正式或非正式权力的垄断。因此，规制改革就是要利用并发展这种分散化的资源组成的规制空间，不能仅仅关注某一个组织，而应扩展至该空间中所有的监管资源和主体，重塑这些主体间的复杂多变的关系。监管策略包含了这些主体间广泛的相互协商的过程，以实现监管政策的目标。

与监管主体多元化相适应，监管政策的执行方式也从传统的单一的刚性转向刚性与柔性并存，并增加劝诫性、激励性或协商性监管执行手段。Ayres（1992）利用“执行金字塔”模式来统合

① ［英］科林·斯科特：《规制、治理与法律：前沿问题研究》，清华大学出版社 2018 年版，第 33—36 页。

监管治理理念下的多元监管执行策略，即对于违反监管规范的行为，首先从教育性或建议性手段，只有当执行较为低级的方法无效时，才逐级提升执行措施的严厉性，从惩罚性警告、正式法律制裁到吊销资格。① 柔性监管"是治理理念与政府监管的最佳结合"。沃尔什（Walshe，K.）（2014）在评价卫生服务系统的政府监管问题时指出，政府的外部监管措施假设所有的卫生服务机构都是相同的，具有相同的预期、动机和能力，面对复杂的现实世界是十分武断和不合适的。外部监管措施只有与内部改善措施很好地结合起来，发挥各自优势，才能成为改善组织绩效的有效工具。② 蒋建湘和李沫（2013）将"具有非强制性，体现民主、协商、合作的新型政府监管"称为柔性监管。"责任制度是柔性监管中最难定论的问题。"③ 另外，非政府监管主体还可以通过非正式制裁（包括网络举报、评议及诉诸媒体等）进行监管。

（三）强调监管规则，改进监管质量

Levy 和 Spiller（1994）将监管治理结构定义为"社会用来限制监管自由裁量权和解决这些限制中可能产生的冲突的机制"，认为监管治理的基础问题在于限制监管自由裁量权以及良好的和确定的监管程序。Stern 和 Holder（1999）认为监管治理框架包括：角色和目标清晰、自治权、责任性、参与性、透明度和可预见性。④OECD（2006）的研究报告既强调了增加新的监管规制时的民主决策程序，也强调了对存量监管规则的执行效率、适应

① ［英］科林·斯科特：《规制、治理与法律：前沿问题研究》，清华大学出版社2018年版，第9—10页。

② ［英］沃尔什：《卫生服务监管：抑或是提高绩效的妙药良方》，复旦大学出版社2014年版，第8—9页。

③ 蒋建湘、李沫：《治理理念下的柔性监管论》，《法学》2013年第10期。

④ 赵峰、付韶军、杜雯翠：《中国的金融监管治理有效吗——基于中国银行业的问卷调查》，《财贸经济》2014年第8期。

性及影响的事后评价，从而实现监管规则与时俱进。①基于实践快速发展的需求，金融监管领域的监管治理理论获得了超前的发展。2002 年以来在金融监管治理有效性的评价标准方面形成了丰富的研究成果，这些评价标准大都包含监管独立性、透明性、可问责性、监管人员职业操守等治理要素。②

综上，治理对监管理念产生了深远影响，监管治理是对监管失灵的回应，它试图打开监管过程（决策、执行以及监督）的“黑箱”，通过构建由政府监管和非政府监管相互协作的监管体系，增强监管的独立性、透明性、可预见性和可问责性，创新多样治理工具，增加劝诫性、激励性或协商性监管执行手段，实现对监管过程本身的治理，改进监管质量，实现有效监管。从实践来看，监管治理在 OECD 国家得以应用和推广，这离不开治理理念的兴起、监管型国家的普遍确立、监管失灵的现实压力和非政府监管的广泛参与。但受制于具体的政治制度与社会环境，各国监管治理的现实形态和进展程度各不相同，而且多元监管主体间的复杂关系和相互影响还有待破解，绩效监管的一系列新工具（监管影响分析、监管替代手段评估、协商性监管等）仍面临观念、资金和技术等多重应用难题。

第三节　慈善组织有效监管的目标

慈善组织有效监管是指慈善组织监管行为在达成监管目标上的有效性。因此，明确界定慈善组织监管的目标是解读慈善组

① 经济合作与发展组织：《OECD 国家的监管政策：从干预主义到监管治理》，法律出版社 2006 年版，第 21—34 页。

② 丁灿等：《银行监管治理：理论与实践》，南京大学出版社 2014 年版，第 3—7 页。

织有效监管的前提。慈善组织监管与其他领域的政府监管一样，具有多重目标。这些目标通常可以分为总体目标和具体目标。慈善组织监管的总体目标是维护慈善领域的社会公共利益。但从慈善发展史的角度，随着慈善组织的发展及其影响程度范围的扩大和程度逐渐加深，慈善组织监管理念不断更新，慈善领域的社会公共利益有不同的内涵，慈善组织监管的具体目标也在不断发展变化。刘水林（2016）将政府监管理念的变化与政府监管目标的变动联系起来，发现政府监管源于政府对市场失灵的弥补，在随后的发展中也体现了对个人权利的保障，对不同群体间利益的平衡，对良好社会经济秩序的维护及对公众需求作出及时反应等多重目标。[①] 同时，由于各国经济社会体制、政府与慈善组织关系、历史文化传统的差别，慈善领域的社会公共利益还表现出国别差异，慈善组织监管的具体目标不尽相同。

通常，慈善组织监管具体目标会体现在各国慈善组织监管的相关法规及其对慈善组织监管机构设立目的规定之中。比如，英国《2011 年慈善法》规定了慈善监管机构——慈善委员会的五个核心目标，即“公共信心（在慈善组织中强化公众信任与信心）、公共利益（推动民众对公共利益要求运作的意识和理解）、相符性（促进慈善托管人符合在执行控制与管理其慈善组织运行中的法律义务）、慈善资源（促进慈善资源的有效利用）以及问责（提升慈善组织对捐赠者、受益人与社会公众的问责）”。[②] 在澳大利亚，《2012 年慈善与非营利委员会法》首次确立了慈善及非营利委员会作为联邦范围内统一的慈善组织监管机构，该委员会的目标是“维持、保护并提升公众对澳大利亚非营利部门的信任与

---

① 刘水林：《论政府规制的目标及实现方式》，《兰州学刊》2016 年第 2 期。

② 李德健：《英国慈善法研究》，法律出版社 2017 年版，第 208 页。

信心；支持并维持一个强健、有活力并富于创新性的澳大利亚非营利部门；并推动减少针对澳大利亚非营利部门不必要的监管负担”。[①] 新加坡 2007 年《慈善法》建立了慈善委员会制度，慈善委员会的目标是：“维持公众对慈善组织的信任与信心；促进治理机关成员与主要高级人员在对其慈善组织运行的控制和管理中履行其法定义务；促进慈善资源的高效利用；提升慈善组织对捐赠者、受益人及社会大众的问责机制。”[②]2011 年香港法律改革委员会慈善组织小组委员会关于慈善组织的咨询文件确立了慈善法制改革方案的目标是：实现慈善法的现代化；实现慈善法更高程度的明晰化；发展更高程度的问责制与透明度以提升公众信任与信心；以及在维持该部门的独立性与自治性的同时，确保对慈善组织的有效、公平与妥适监管。[③]《中华人民共和国慈善法》第一条明确了该法的目的是“为了发展慈善事业，弘扬慈善文化，规范慈善活动，保护慈善组织、捐赠人、志愿者、受益人等慈善活动参与者的合法权益，促进社会进步，共享发展成果”。

综合来看，慈善组织监管的具体目标大体可以归纳为以下几个方面：

一、维护和提升公众对慈善组织的信任与信心

如前所述，公信力是慈善事业的根基，而慈善信任的基础十分敏感和脆弱。政府监管的目标就是利用政府监管的强制力，有效防范慈善组织的各类欺诈、腐败等行为，及时化解可能出现的慈善信任危机，有效保护慈善组织及捐赠人、受益人、志愿者等慈善活动参与者的合法权益，维护和提升公众对慈善组织的信任

---

① 李德健：《英国慈善法研究》，法律出版社 2017 年版，第 284 页。

② 同上书，第 293 页。

③ 同上书，第 300 页。

与信心。

二、提升慈善组织活力，促进全社会慈善资源的有效利用

相对于更大的慈善需求，慈善资源供给是稀缺的。将慈善资源配置到最需要它的地方，发挥其最大社会效益是慈善资源配置的帕累托最优状态。慈善组织是连接慈善需求和捐赠等慈善资源的重要纽带，是“生产”慈善产品和服务的专业组织。慈善组织的绩效水平（活力水平以及提供的公益产品或服务数量及质量）对全社会慈善资源的有效配置发挥决定性作用。“追溯慈善发展史我们可以发现，慈善方式经历了从个体到组织，从不分工到分工，以及分工与专业化程度逐渐提升的过程。”①慈善组织的产生和发展本身也是社会分工专业化的产物。然而，慈善组织的发展在提高慈善资源生产效率的同时，也会由于信息不对称条件下委托—代理链条的延长而出现逆向选择和道德风险，增加交易成本，降低慈善资源配置的整体效率等问题。政府监管的目标就是要通过一系列监管制度设计提高慈善组织活力，引导慈善组织提升绩效，促进慈善信息公开透明，加强外部监督，强化社会选择和竞争机制的作用，降低慈善资源被占用、挪用或浪费等风险的发生概率。

三、促进慈善组织自治和问责

慈善组织政府监管应遵循社会管理与社会自治有机统一的内在要求，将提升慈善组织自治能力和建立问责制作为关键和核心目标。政府应在充分发挥慈善组织自治性的基础上实施监管，而不是以监管代替慈善组织自治和问责制。尤其是在转轨时期

---

① 黄春蕾:《我国慈善组织绩效及公共政策研究》，经济科学出版社2011年版，第27页。

社会自治能力还比较薄弱，培育慈善组织自治能力并使其发挥作用应成为政府监管的目标之一。具体包括应打破慈善领域的行政垄断，为慈善市场社会选择机制的形成和作用发挥释放更多空间，同时明确责任制，让慈善组织对自己的行为负责。

四、保障慈善组织扶持政策的实施

在混合制经济背景下，无论是在扩大社会福利供给规模，还是优化其供给结构，加强社区治理，促进社会创新创业以及国际交流与合作等其他广泛领域，慈善组织都扮演着越来越重要的角色。相应地，与这些政策目标相匹配的公共政策也纷纷出台，鼓励或引导慈善组织的注册登记、项目实施及跨界合作。在这种背景下，保障相关各项慈善组织扶持政策的有效实施，监督公共财政资金的安全有效使用，成为政府监管的重要目标之一。

第四节 慈善组织有效监管的基本原则

慈善组织监管是否有效，直接影响着我国慈善组织的有序运行和慈善事业的健康发展。为提高有效监管理念对慈善组织监管实践的指导性，有必要立足慈善组织监管自身的特点，借鉴其他领域政府监管的实践经验，制定慈善组织有效监管的一些基本原则或标准。这些原则或标准还可提供一个评估慈善组织政府监管有效性的基本框架。

一、政府有效监管的基本原则或特征

基于政府监管及其改革的实践经验，一些国家的实践部门及学者总结提出了有效监管的基本原则或特征。这些不同的有效监管原则存在一些共通的立场和观点。这对于研究慈善组织有

效监管的基本原则具有重要价值。

1995 年 OECD 制定的《监管决策参考清单》提供了一套确保监管质量的 10 个问题，体现了有效监管的基本原则，即适当性、一致性、透明性和目的性，其具体内容见表 2-1。2002 年英国更优监管组织（Better Regulation Unit，隶属于中央政府内阁办公室）从不同领域监管中总结出有效监管五项原则，即透明性、责任性、目标性、连贯性和均衡性。①2006 年巴塞尔银行监管委员会对其 1997 年制定的《有效银行监管核心原则》进行了修订，该原则成为国际货币基金组织和世界银行用于评估各国银行监管体系和实践时使用的核心评估原则，共包含七个方面的二十五项原则。分别是目标、独立性、权力、透明度和合作（针对监管当局的原则 1），许可的业务范围（原则 2 至 5），审慎监管规章制度（原则 6 至 18），持续监管的各种方法（原则 19 至 21），会计处理与信息披露（原则 22），监管当局的纠正及整改权力（原则 23）和并表及跨境监管（原则 24 至 25）。姜学军（2000）结合巴塞尔银行监管委员会《有效银行监管核心原则》和我国的实际情况，提出了银行有效监管四项原则，即金融业的稳定程度和竞争程度、发现问题的及时性、监管成本的高低、被监管者有意逃避监管的程度。Welshe 和 Shortell（2014）基于美国卫生服务监管的经验研究总结提出了“有效监管十项原则框架”，分别是：绩效改善、响应性、均衡性和针对性、严格性和稳健性、一致性和灵活性、成本意识、开放性和透明性、执行力、责任性和独立性、评估与回顾，其具体内容见表 2-2。②

---

①② ［英］沃尔什：《卫生服务监管：抑或是提高绩效的妙药良方》，复旦大学出版社 2014 年版，第 203—208 页。

表 2-1　OECD 监管决策参考清单

1. 问题是否得到清晰界定？
2. 政府行动是否合理？
3. 监管是不是政府行动的最佳方式？
4. 监管有法律基础吗？
5. 哪一级（几级）政府采取这种行动最合理？
6. 监管收益能够抵消监管成本吗？
7. 监管对全社会造成的影响的分布情况是透明的吗？
8. 监管规则是否清楚和一致，是否可被运用者理解和掌握？
9. 所有的利益派别都有机会陈述自己的观点吗？
10. 如何实现监管遵守？

资料来源：经济合作与发展组织：《OECD 国家的监管政策：从干预主义到监管治理》，法律出版社 2006 年版，第 10—11 页框 2。

表 2-2　Welshe 和 Shortell（2014）提出的有效监管的十项原则框架

1. 绩效改善	监管过程中是否明确将绩效改善作为基本目标 监管安排是否促进绩效改善，而不是阻碍或放缓绩效改善
2. 响应性	监管者是否能够及时快速地应用一系列不同的指导、检查和执行机制 监管者是否做到监管机制的应急性，以应对各种被监管机构的行为和反应
3. 均衡性和针对性	监管干预的水平和范围是否与绩效问题的重要程度和规模相匹配 监管的资源是否集中在或直接指向那些被熟知或怀疑存在绩效问题的领域
4. 严格性和稳健性	监管标准是否在充分考虑现有的证据的基础上通过严格的程序而制定 监管方法特别是那些测量方法的建立是否严格，在运用中是否具有足够的真实性和有效性

续表

5. 灵活性和一致性	是否对被监管机构保持一致性和公平性 监管者是否有足够的灵活性使用合适的自由裁量权
6. 成本意识	监管者是否意识到全部的成本 监管者是否对监管措施的成本和收益进行比较 监管者是否在可能的情况下采取措施减少对被监管机构的依从成本
7. 开放性和透明性	监管的过程信息是否公开 是否所有的利益相关者都了解所有的监管项目 监管规则的设计过程是否公开 监管结果是否对利益相关者甚至公众公开
8. 执行力	监管者是否能够快速及时地利用一些激励和制裁影响被监管机构，并促进其改变 监管者是否采取最小的强制措施来保证被监管机构的改变 监管者是否意识到并且奖励绩效好的、有进步的被监管机构 对于绩效表现极差的被监管机构，监管者是否能够快速处置，当需要时是否采取最严厉的制裁措施
9. 责任性和独立性	是否有一种机制使监管者对其行为负责 监管者是否能够从利益相关者中获得足够的独立性
10. 评估与回顾	新的监管政策和方法是否在引进前被测试和试行 监管活动的影响和效果是否被评估 评估结果是否用于修正和提升监管系统

资料来源：［英］沃尔什：《卫生服务监管：抑或是提高绩效的妙药良方》，复旦大学出版社 2014 年版，第 204—205 页，表 6-2。

二、慈善组织有效监管的基本原则

（一）有限监管

有限监管必然意味着监管行为是有边界的。自治性是慈善组织最基本的属性之一，政府监管应以慈善组织自治权为基本边界，凡由慈善组织自行决定的事项，政府不越俎代庖；当慈善组织自治出现失灵的情况，政府应及时介入干预并予以纠正。同时，基于转轨时期社会自治基础能力不足的特点，政府监管还应重视发挥其培育社会自治机制的作用，通过监管政策引导慈善组织健全内部治理结构，强化慈善组织公共责任主体性，赋权捐赠人、受益人监督，理顺社会监督渠道。在有限的监管职能范围内，政府应明确监管重点对象、重点环节和重点内容；根据慈善组织规模及其社会影响程度等因素，对慈善组织进行分类，坚持权利义务对等原则，实行差别性监管；将监管重心由准入监管向过程监管转变，把好入口关，强化事中事后监管。

（二）适度监管

适度监管就是要把握监管的力度，坚持必要性和适当性原则，实行"宽进严管"，既要防止过度控制，也要防止监管不足导致失控。应在坚守底线监管的基础上，为慈善组织活动的正常开展和慈善创新活动的深入进行创造公平、宽松的环境，为慈善组织自治、行业监督和社会监督留出空间。应考虑慈善组织规模及其社会影响程度等差异，合理确定对不同类型慈善组织的不同监管力度，实行区别对待，提高监管有效性。应保持监管者的独立性，提高监管的公信力。应简化行政审批事项和行政管理程序，减少繁文缛节，降低监管成本，尽量减少监管给慈善组织和社会带来的负担。同时，应加强对政府监管机构和行为的外部监督和约束。无论是有限监管，还是适度监管，都是动态持续改进的过程，应根据国内慈善行业发展变化的特点和趋势，关注行业国际动态，定期对慈善组织监管有效性开展科学评估，并根据评估结果，及时修正和调整监管的范围和力度。

（三）协同监管

监管系统的复杂性、多变性、开放性和多主体性对监管的协调性提出了更高要求，监管的协调性成为实现有效监管的必要条件和基本原则。首先，国家内部合理配置慈善组织监管职权。一方面，监管职能部门与相关政府部门间应做到权责明晰，信息共享和充分沟通，避免交叉重复监管或监管疏漏；另一方面，科学分配中央与地方之间的监管职权，不同级别政府间建立有效的合作体制。其次，监管职能与监管能力相匹配。监管者被赋予与监管职能相匹配的监管资源（物力、财力、人力），具备专业知识和技能，多样化、多层次的监管政策工具之间也应相互协调配合。其次，政府监管、行业自律及社会监督之间的协同。政府监管部门应与慈善组织、慈善行业组织充分对话，与社会公众充分沟通，让慈善监管立法和政策制定得到更加充分的讨论，扩大社会共识，让多元主体共同参与监管过程，实现优势互补，提高监管效力。

（四）服务导向

管理与服务是公共行政的两项基本职能。两者尽管在人性假设、实现方式、行为取向和实际效果等方面是对立的，但它们的目标是一致的、手段是互补的、过程是相容的。①“服务导向”是近年来国际上慈善组织监管改革坚持的新理念，是提高被监管者遵从度、提高监管效能的重要基础，也是培育与监管并重原则的内在要求。慈善组织监管坚持“服务导向”就是要纠正“重管理、轻服务”的传统思维，“寓监管于服务之中”，改革以前单纯依靠程序化和强制性的监管手段来管理慈善组织，更加注重公平、正义、透明等公共价值，加强与市场主体和社会力量的沟通和合作。具体而言，监管应优化流程，精简程序；监管规则应清晰一致，易于理解，便于操作，对公众开放和透明；及时发现慈善组织运行中的问题，关注社会舆论，回应公众关切，建立慈善领域公共突发事件快速反应处置机制，提高监管的回应性和应变

① 麻宝斌、贾茹：《管理与服务关系的反思与前瞻》，《上海行政学院学报》2016年版第1期。

能力；尽量减少对慈善组织正常运行的干扰，减轻对慈善组织带来的额外负担；监管者的自由裁量权对于实现有效监管必不可少，但应被限制，并使监管者对自身的行为负责。应给予监管对象一定的司法救济保障措施。监管应与培育慈善组织的自治能力、引导慈善行业发展自律能力相结合，在防范风险的前提下鼓励慈善创新，为慈善事业发展增强内在发展动力和活力。

第三章　我国慈善组织政府监管改革总论

我国慈善组织政府监管改革是在全面深化改革和构建现代社会治理体系的时代大背景下，借鉴吸收国际上慈善组织监管新理念和制度改革经验，顺应国内慈善事业从传统向现代转型发展的现实需求而实施的。本章将从宏观和微观两个层面阐述我国慈善组织政府监管改革的时代背景，回顾和梳理慈善组织政府监管改革进展。从有效监管的目标和基本原则出发，对改革效果进行评估，并提出改革的未来方向和实现路径。

第一节　改革背景

党的十八届三中全会通过的《中共中央关于全面深化改革若干重大问题的决定》提出了全面深化改革的总目标，即“发展和完善中国特色社会主义制度，推进国家治理体系和治理能力现代化”。国家治理体系在形式上体现为一系列规范体制机制的国家制度，其实质是运用公共权力调整社会关系，协调社会利益，化解社会矛盾、维护社会秩序，实现政治、经济、社会协调发展。①

① 姜晓萍：《国家治理现代化进程中的社会治理体制创新》，《中国行政管理》2014年第2期。

在继续深化市场经济体制改革的同时，加快社会建设，推进社会治理体制改革将成为我国实现国家治理体系现代化的关键和基础。

一、慈善组织政府监管改革是发挥慈善组织在现代社会治理体系中重要作用的现实要求

改革开放以来随着我国经济改革的持续深入推进，社会财富快速增长，社会利益不断分化，价值观念日趋多元，个体需求更加差异化。面对社会领域的快速变迁，我国传统的以社会控制和社会稳定为核心目标的社会管理体制不断凸显其局限性，社会领域的矛盾与问题十分突出。如何构建现代社会治理体制以确保社会既充满活力又和谐有序成为国家治理面临的一项迫切任务。2018 年 2 月《中共中央关于深化党和国家机构改革的决定》提出“按照共建共治共享要求，完善党委领导、政府负责、社会协同、公众参与、法治保障的社会治理体制”。社会组织在提供公共服务、反映利益诉求、扩大公众参与、增强社会活力、促进社会发展等方面发挥着积极作用，是构建社会治理新格局、发挥社会协同作用的重要力量，是推进国家治理体系现代化的社会基础。作为社会组织中的一类，慈善组织在扶贫济困、救灾救助以及提供社会公共服务和改善民生等方面，具有满足差异化和多元化需求的重要功能。同时，慈善组织的活动还具有弘扬志愿互助精神，引导公众参与，促进社会文明，推进共建共享的独特作用。党的十八大提出“加快形成政社分开、权责明晰、依法自治的现代社会组织体制”。“监管体制是现代社会组织体制的第一个方面”，①是有效发挥社会组织在社会治理体系中的协同作用的重要保障。

---

① 王名等:《谈谈加快形成现代社会组织体制问题》,《部分专家学者社会组织理论成果选编》, 国家民间组织管理局编, 2014 年 6 月, 第 36—37 页。

因此，规范和加强对慈善组织的监督管理，成为形成政府治理、社会调节和居民自治之间良性互动的社会治理体制的必然要求。

二、慈善组织政府监管改革是我国慈善事业从传统向现代转型发展的现实需求

从世界慈善事业发展的趋势和规律看，慈善活动的组织化和专业化是一条主要线索，慈善组织是现代慈善事业的重要主体，也是现代慈善区别于传统慈善的重要标志。当前我国慈善事业正处于从传统慈善向现代转型的过渡时期，大力发展各类慈善组织，规范慈善组织行为，提高其公信力，是促进我国慈善事业顺利转型的重要保证。现阶段我国慈善事业发展的制度环境还不健全，慈善丑闻和公共事件时有发生，慈善公信力受到不良影响。由于慈善组织自治能力较低，行业自律发育不足，政府监管必将发挥主导和引领作用，政府监管的质量将直接决定慈善事业发展的水平。然而，现行的慈善组织政府监管体制和机制仍带有很多计划经济时期的影子，慈善组织领域的政社不分现象依然明显，以控制为核心的监管理念滞后，以行政手段实行“入口控制”的监管模式惯性很大，政府部门间协同和综合监管能力不足。面对慈善组织数量的急速增长、活动范围的快速扩张及其日益复杂的跨界行为，监管部门往往感到力不从心，“要不要管”“谁来管”“管什么”“怎么管”亟待破解。针对互联网慈善、社会企业等慈善组织的新形态，尚缺乏有效的监管方法和手段。因此，为顺应我国新时期慈善事业发展的现实需求，改革慈善组织政府监管的传统体制和机制已成为大势所趋。

三、我国持续推进的行政体制改革为慈善组织政府监管改革指明方向

根据我国的国情，政府在社会治理体系中发挥主导性作用。政府治理能力的现代化直接决定社会治理体系的健康运行。党的十八大以来，新一届政府大力推进行政体制改革，将“简政放权、放管结合和优化服务”(简称“放管服”)作为转变政府职能和提高政府治理能力的关键和核心内容。监管是政府治理的重要手段，“放管服”改革对慈善组织监管改革提出了本质要求。首先，“简政放权”就是要把属于慈善组织、社会公众和地方政府的权力还回去，充分尊重它们的自治权，最大限度激发慈善组织发展活力和创造力，提高慈善事业运行效率。其次，放管结合。“放管服”改革突出强调了在简政放权的同时，必须改革监管体制，强化事中事后及过程监管；同时，创新监管方式，严格监管程序，全面推进“双随机、一公开”；推进综合监管，建立健全跨部门、跨区域执法联动响应和协作机制，加强行业自律，鼓励公众参与和媒体监督；探索审慎监管，针对新技术、新产业、新业态、新模式，本着鼓励创新的原则，探索适合各自特点的审慎监管方式和手段；促进公平竞争，在要降门槛、同规则、同待遇的同时，要重点治乱；①加快推进政府监管信息共享，切实提高透明度。最后，优化服务，提高监管机关行政效率。

四、国外慈善组织监管新理念和监管制度改革为国内改革提供参考

20世纪七八十年代以来，随着全球结社革命浪潮的兴起，慈善组织的数量、规模和社会影响力都获得前所未有的发展，不论是在发达国家，还是在转轨国家和发展中国家，慈善组织在本国本地区经济社会发展中的作用都得到广泛重视。尤其是在发达国家，政府与慈善组织在公共服务供给和对外援助等领域的合作伙伴关系不断加强，政府购买服务、政府资助以及税收优惠成为

① 李克强:《深化简政放权放管结合优化服务　推进行政体制改革转职能提效能》，中国政府网，http://www.gov.cn/guowuyuan/2016-05/22/content_5075741.htm。

最常见的激励性政策。与此相适应，为了规范慈善组织的运作，提供稳定的发展环境，政府监管的作用更加受到重视。尽管各国慈善组织监管体制的设计和严厉程度不尽相同，但“宽进严管”和“服务导向”成为普遍的监管理念。尤其是20世纪80年代末以来，发达国家都在强化对慈善组织的鼓励和资助，拓宽政府与慈善组织的合作领域、渠道和方式，由此带来监管理念的转变（由管制转向服务）和监管制度的改革。例如，英国2011年修订后的慈善法案将慈善委员会的职能定位于对慈善组织提供最为优质的监管，强调及时掌握慈善组织的需求，为其提供信息服务和能力建设培训，建立与慈善组织定期沟通机制，增进慈善组织的效力及公众对它的信任。在监管制度方面，各国政府监管部门的职责清晰，相应的监管制度和手段明确，一般采取过程控制的监管方式实现约束目的。各国在对慈善组织进行政府监管的同时，还充分发挥同业组织监督和社会监督的作用。通过公开和透明机制对慈善组织开展活动和运作的全过程实行社会监督，是慈善组织管理体制完善国家的普遍做法。①

第二节 改革历程

近年来，我国陆续出台一系列法规、制度和政策鼓励和规范我国社会组织发展，并且出台专门办法规范慈善组织活动。伴随着国内社会组织登记管理制度改革及社会组织管理体制改革的进程，慈善组织监管改革也开始逐渐起步和渐进发展。以社会组

① 《部分国家和地区非政府组织整体情况》,《部分国家和地区非政府组织情况概述》，国家民间组织管理局编，2014年6月，第8—12页。

织直接登记制度试点、社会组织管理体制改革启动、《中华人民共和国慈善法》等一些重要历史事件为分界点，慈善组织政府监管改革历程大致经历了以下三个阶段：

一、探索试点阶段（2005—2013 年）

进入 21 世纪，在我国全面加强社会建设、创新社会管理和社会服务的大背景下，如何更好地发展和培育社会组织，发挥其在社会管理和社区建设中的独特作用，成为各级地方政府越来越关心的问题。“登记制度是社会组织管理的核心，反映了政府对社会组织进行控制的范围、力度和方向。”①我国社会组织登记制度改革的起点是 1989 年《社会团体登记管理条例》确立的双重登记管理体制，这种以控制和限制为核心的管理体制极大限制了社会组织发育和成长。因此社会上对于放宽登记门槛、实行直接登记的呼声日益高涨。2005 年民政部发布《关于促进慈善类民间组织发展的通知》，提出对于社会福利、社会救助等慈善类民间组织，民政部门可以承担其业务主管单位的职能。在全国尚未出台统一的直接登记制度的情况下，深圳、广州、北京、温州、上海等地积极探索，先从行业协会开始，2008 年起逐步扩大到“包括公益慈善类在内的其他类型社会组织实行直接登记办法，从而形成了多元化的社会组织直接登记管理制度”。②

在放宽直接登记制度的同时，深圳、广州等地也积极探索加强配套监管改革和综合监管的新举措。以深圳为例，探索实施了简化登记程序，取消原有的筹备核准环节，把设立登记简化为名称核准和登记成立两个环节，大幅减少审批时限；借鉴商事登记改革的做法，将年检制度改为年度报告制度；启用信用监管，建

① 田凯：《发展与控制之间：中国政府部门管理社会组织的策略变革》，《河北学刊》2016 年第 3 期。

② 李汉卿：《社会组织直接登记管理制度的地方探索》，《党政论坛》2015 年第 11 期。

立“异常名录”制度，实行监督抽查并纳入信用监管体系。广州市重点着眼于社会组织综合监管机制改革，涉及部门联合监管、社会组织自律监管、分类监管、退出机制、推动信息公开和等级评估六项内容。北京、上海和广东等地还在发挥“枢纽型”社会组织的监督管理作用方面进行了有益探索。①

与直接登记制度试点相配合，下放慈善组织登记管理权限也成为一项改革内容开始试点。2009 年民政部和深圳市签署了《推进深圳民政事业综合配套改革合作协议》，授权深圳市开展基金会登记试点。安徽省于 2009 年在合肥、芜湖、蚌埠三市开展社会组织管理体制改革创新试点工作，其中包括非公募基金会登记管理实行市级民政部门登记管理、报省民政部门备案制度。2013 年 5 月开始，安徽省全部地级市和两个直管县均可以登记管理非公募基金会。

总体来看，直接登记制度的探索试点打破了我国长期以来社会组织双重管理体制的坚冰，成为慈善组织政府监管改革的突破口，为登记制度改革在全国范围内的正式推出积累了宝贵经验。事实上，直接登记制度很大程度上来自地方政府培育和发展社会组织的政策需求驱动，但它以放松规制的方式，打破了传统监管体系的内在平衡，导致放权与监管的明显失衡，倒逼了监管体系的重构进程，因而对推动慈善组织监管改革意义非凡。所谓“牵一发而动全身”，慈善组织监管改革是一项系统工程，在地方试点中公益慈善组织直接登记缺乏明确统一的界定标准，放宽登记给地方监管能力带来很大压力，一些地方的做法大多停留在“登记关口”，而放开登记后的监管措施并没有及时跟上。正如在国

---

① 张建伟等：《社会组织实行直接登记制度后的综合监管机制研究》，中国社会组织网，http://www.chinanpo.gov.cn/700104/92496/newswjindex.html。

家层面所感受到的“新的监管体系没有形成，导致一些地方在继续放开登记的问题上显得瞻前顾后、压力很大”。①因此，慈善组织监管改革有待国家层面的顶层设计，如何按照“宽进严管”的思路，构建新的监管体制和制度亟待破题。

作为对新的监管制度、转变监管方式的一种积极探索，除直接登记制度试点外，这一时期社会组织评估制度的试点推进也值得关注。2005 年基金会最早开始了评估试点工作。在总结前期试点的基础上，2007 年民政部出台《关于推进民间组织评估工作的指导意见》（民发〔2007〕127 号，以下简称《意见》），确立了“政府指导、社会参与、独立运作”的民间组织综合评估机制，实行分级、分类评定。评估机构由各级民政部门根据当地实际情况组建评估委员会，负责指导协调和监督管理民间组织评估工作，具体工作则可以通过建立或委托专业的评估机构进行。《意见》还对评估内容、评估程序和评估等级等给出指导建议。之后，上海、山东、湖北、福建、北京、浙江等地陆续开始了社会组织评估工作，在评估内容、评估流程、评估模式上结合当地实际进行探索创新。比如，北京、福建等地都有了独立的第三方评估团队。②在总结前五年探索实践经验的基础上，2010—2011 年民政部出台《社会组织评估管理办法》，并印发各类社会组织评估指标。参照这些制度规范，全国各地的评估工作开始陆续向普遍化和规模化方向发展。

二、起步阶段（2013—2016 年）

社会组织直接登记的地方试点被中央决策部分采纳。2013 年 3 月《国务院机构改革和职能转变方案》首次明确提出“改革

① 高成运：《社会组织管理改革四题》，《社团管理研究》2011 年第 12 期。

② 卢玮静：《基金会评估历程、开展状况与特点》，《社团管理研究》2012 年第 2 期。

社会组织管理制度。重点培育、优先发展行业协会商会类、科技类、公益慈善类、城乡社区服务类社会组织。成立这些社会组织，直接向民政部门依法申请登记，不再需要业务主管单位审查同意。民政部门要依法加强登记审查和监督管理，切实履行责任。坚持积极引导发展、严格依法管理的原则，促进社会组织健康有序发展。完善相关法律法规，建立健全统一登记、各司其职、协调配合、分级负责、依法监管的社会组织管理体制，健全社会组织管理制度，推动社会组织完善内部治理结构”。2014 年 2 月，民政部在温州等 70 个城市启动全国社会组织建设创新示范区，率先启动四类社会组织直接登记。在对四类社会组织实行直接登记的同时，民政部提出“在社会组织的登记管理上取消不必要的审批，下放权限，包括取消社会团体筹备成立的审批，取消社会团体和基金会设立分支机构的审批，同时将异地商会和基金会的登记成立的审批权从省级民政部门下延到县级以上民政部门”。① 上述文件和举措的出台标志着我国以实施直接登记制度为起点的慈善组织监管改革开始起步。

在社会组织管理体制改革取得重要进展的背景下，针对 2011 年以来“郭美美事件”等一些慈善丑闻给国内慈善事业带来前所未有的冲击，2014 年 11 月国务院出台了《关于促进慈善事业健康发展的指导意见》(国发〔2014〕61 号)，明确了“鼓励支持与强化监管并重”的慈善事业发展的指导思想，坚持“改革创新、确保公开透明和强化规范管理”的基本原则。在改革慈善组织监管制度方面，明确提出了向地方分权，即“稳妥推进慈善组织直接登记，逐步下放符合条件的慈善组织登记管理权限”；在年检

---

① 《贯彻落实十八届三中全会精神　全面深化社会组织改革发展——民政部部长李立国和副部长姜力、窦玉沛出席国新办新闻发布会发言摘录》,《中国社会组织》2013 年第 12 期，封面 8。

和评估制度基础上，明确了建立健全日常监管、重大慈善项目专项检查、慈善组织及其负责人信用记录三项新制度；明确日常监管重点，即慈善组织募捐活动、财产管理和使用、信息公开等；对民政部门的监督管理信息公开责任进行明确；鼓励慈善行业自律和社会监督；鼓励民政部门委托第三方专业机构开展慈善组织评估。

与此同时，慈善组织第三方评估制度也取得新进展。在社会组织评估制度设立之初，社会组织评估工作由民政部门直接操作，行政色彩浓，评估独立性差，直接影响社会组织评估结果的公信力和作用发挥。在总结部分省市试点经验的基础上，2015年民政部制定了《关于探索建立社会组织第三方评估机制的指导意见》（民发〔2015〕89号），对社会组织第三方评估机制的管理与遴选、第三方评估机制的资金保障、第三方评估的信息公开和结果运用等方面进行规范，有助于推动社会组织第三方评估制度的广泛开展。

这一时期，我国许多慈善组织开始承接政府购买服务项目。为支持社会组织参与社会服务，2012年和2013年中央专门安排4亿元财政资金，累计资助847个慈善组织提供的养老、医疗、社区服务、受灾群众救助等服务项目。2013年国务院办公厅《关于政府向社会力量购买服务的指导意见》（国办发〔2013〕96号）成为推动我国政府购买慈善组织服务工作的重要指导性文件。在公益性服务领域（包括扶老助老、扶残助残、赈灾济困、扶贫救孤、社区公益服务），福利彩票公益金是各级政府购买服务资金的主要来源之一。公益项目绩效评估作为公共财政资金监督的重要手段，开始被引入实践。2014年民政部发布《社会工作服务项目绩效评估指南》，明确了社工服务项目评估的基本要求和规范，也成为公益项目绩效评估领域的第一份行业规范。

2015年6月11日，国务院发布《关于批转发展改革委等部门法人和其他组织统一社会信用代码制度建设总体方案的通知》（国发〔2015〕33号）。随后，民政部印发了《社会组织统一社会信用代码实施方案（试行）》（民办函〔2015〕468号）的通知，标志着社会组织统一社会信用代码制度开始试行。统一社会信用代码证书整合了法人登记证、组织机构代码证、税务登记证等证书，同时也实现了全国范围内的信息公开和互联共享。这项自上而下发起的社会组织信用管理制度的改革举措，为慈善组织信息公开及相关监管改革创造了有利条件。

三、制度创新阶段（2016年之后）

尽管实践中慈善组织登记管理制度先行先试，但改革仍然缺乏整体规划和系统设计，新的社会组织监管制度框架不清晰，相关法规与实践严重脱节。2016年8月中共中央办公厅、国务院办公厅专门印发《关于改革社会组织管理制度促进社会组织健康有序发展的意见》（简称《意见》），这成为今后一个时期指导和推进社会组织监管改革的纲领性文件。《意见》指明了改革的重要性和紧迫性，明确了社会组织管理制度改革的目标和方向。坚持改革创新和放管并重的基本原则，要求加快登记管理法治化进程，明确了严格管理和监督的重点，即加强对社会组织负责人、社会组织资金、社会组织活动的管理，健全退出机制，强调加强党对社会组织工作的领导，加强社会组织自身建设。《意见》提出建立社会组织“异常名录”和“黑名单”，加强民政部门与其他有关部门的协调联动，建立联合执法制度。

2016年我国慈善事业发展的基本法——《中华人民共和国慈善法》正式颁布实施。它既为慈善组织活动提供了参照，也是政府实施慈善组织监管的法律依据。《中华人民共和国慈善法》坚持现代慈善理念，慈善组织是我国现代慈善事业的核心主体，也是《中华人民共和国慈善法》规范和约束的重点。从推动我国慈善组织监管改革的角度,《中华人民共和国慈善法》具有里程碑的意义，它在登记注册、公开募捐、慈善信托、财产管理、信息公开等方面进行了一系列重要制度创新，为建构新的慈善组织监管体系提供了基础和依据。《中华人民共和国慈善法》一系列制度创新也透露出监管理念的重大变化，从单纯的控制转向宽严结合，从政府全能型监管走向慈善组织自律、政府监管及社会监督相结合的综合监管体系，这些都对我国慈善组织监管改革产生重大且深远的影响。

《中华人民共和国慈善法》在慈善组织监管方面体现了多方面的制度创新。(1)放宽慈善组织登记准入门槛。除一些继续保留双重登记管理的慈善组织外，多数慈善组织可以直接登记；慈善组织登记的层级由过去的仅由部省两级办理，放宽到从民政部到县级民政局都可以办理；慈善组织登记可以选择基金会、社会团体、社会服务机构三种不同的组织形式。值得注意的是，在放松登记门槛的同时，对慈善组织负责人的资格限制更严格。(2)放宽了公开募捐主体资格的准入门槛。“依法登记满两年的慈善组织，可以向其登记的民政部门申请公开募捐资格”，特别是对社会服务机构(原来的民办非企业单位)而言，也可以依法取得公开募捐资格，获得相应的税收优待。(3)顺应慈善组织发展的新形态，新增慈善信托，扩大捐赠财产类型、网络募捐等内容，这些都对建立新的有效监管制度提出现实要求。(4)法律把加强慈善组织监管的重心放在慈善组织自律上，以年报制度替代年检制度，对慈善组织信息公开义务进行更系统和详细的规定，慈善组织对信息公开内容的真实性、完整性、合法性负责。法律规定“建立慈善组织及其负责人信用记录制度”，加强慈善组织信用管理。(5)对慈善组织的处罚体现了宽严结合。“坚持教育与处罚并举，形成了‘警告、没收、罚款、责令停止活动、吊销登记证书’

由轻到重程度不等的处罚阶梯，构建了民事、行政、刑事不同层次的法律责任体系。实行对组织和个人的‘双罚制’，增加了对直接责任人的罚款手段。”[①]（6）强调慈善组织监管部门的职责，民政部门应建立统一的信息平台，并为慈善组织免费提供慈善信息发布服务；对相关监管部门的执法程序提出更加严格的要求。

为了满足慈善组织快速发展和规范管理的现实需求，2017年3月十二届全国人大五次会议表决通过了《中华人民共和国民法总则》，首次创设了非营利法人，即“为公益目的或者其他非营利目的成立，不向出资人、设立人或者会员分配所取得利润的法人。非营利法人包括事业单位、社会团体、基金会、社会服务机构等”。[②]设立非营利法人有利于健全慈善组织法人治理结构，从加强法人自治的角度，为《中华人民共和国慈善法》的实施实现了制度上的衔接，也为构建慈善组织综合监管体系奠定了基础。

《中华人民共和国慈善法》的颁布实施间接推动了慈善组织监管领域一系列制度创新的步伐。在《中华人民共和国慈善法》正式施行前后，围绕慈善组织登记、募捐、财产、信息公开、慈善信托等活动的监管制度，民政部及相关部门先后制定出台了二十多项法规文件（详见表3-1），为贯彻落实《中华人民共和国慈善法》、推进慈善组织监管改革提供了制度框架和法律保障。从历史上看，从国家层面这样密集地出台慈善组织监管的法规规范是史无前例，也标志着我国慈善组织政府监管改革已经步入制度

① 国家社会组织管理局，沈东亮：《〈中华人民共和国慈善法〉及相关配套政策概述》，http：//www.qhdmzj.gov.cn/news/html/？1815.html。

② 《中华人民共和国民法总则》第三章第三节第八十七条。

创新的重要时期，适应慈善组织发展的现代监管制度体系初具雏形。

表 3-1 《中华人民共和国慈善法》的相关配套法规文件

监管领域	政策文件
慈善组织登记	1.《民政部关于慈善组织登记等有关问题的通知》（民函〔2016〕240 号）（适用新登记的慈善组织） 2.《慈善组织认定办法》（民政部第 58 号令）（适用已成立的社会组织进行慈善组织认定）
慈善组织募捐	3.《慈善组织公开募捐管理办法》（民政部第 59 号令） 4.《公开募捐平台服务管理办法》（民政部、工信部、国家新闻出版广电总局、国家网信办联合印发，民发〔2016〕157 号） 5.《关于指定首批慈善组织互联网募捐信息平台的公告》（民政部公告第 379 号） 6.《慈善组织互联网公开募捐信息平台基本技术规范》（标准编号：MZ/T 087-2017） 7.《慈善组织互联网公开募捐信息平台基本管理规范》（标准编号：MZ/T 088-2017）
慈善组织财产	8.《关于慈善组织的年度慈善活动支出比例和管理费用问题》（民政部、财政部、国税总局联合印发，民发〔2016〕189 号）
慈善组织信息公开	9.《慈善组织信息公开办法》（民政部第 61 号令） 10.《社会组织信用信息管理办法》（民政部第 60 号令） 11.《关于全国慈善信息公开平台上线运行的通知》（民办函〔2017〕246 号） 12.《关于推进社会公益事业建设领域政府信息公开的意见》（国办发〔2018〕10 号）
慈善服务	13.《志愿者服务条例》（国务院令第 685 号） 14.《关于支持和发展志愿服务组织的意见》（中宣部、中央文明办、民政部、教育部、财政部、全国总工会、共青团中央、全国妇联）
慈善信托	15.《关于做好慈善信托有关工作的通知》（民政部、银监会，民发〔2016〕151 号） 16.《慈善信托管理办法》（银监会与民政部联合印发，银监发〔2017〕37 号）

续表

监管领域	政策文件
行政监管	17.《社会组织登记管理机关行政执法约谈工作规定（试行）》（民发〔2016〕39 号） 18.《社会组织登记管理机关受理投诉举报办法（试行）》（民发〔2016〕139 号） 19.《社会组织抽查暂行办法》（民发〔2017〕45 号） 20.《关于报送社会组织活动异常名录和严重违法失信名单信息的通知》（民办函〔2018〕34 号） 21.《关于对慈善捐赠领域相关主体实施守信联合激励和失信联合惩戒的合作备忘录》（国家发展改革委、人民银行、民政部等 40 个部门联合印发）

资料来源：作者根据相关资料整理。

随着制度层面的推陈出新，慈善组织监管改革实践的步伐也开始加快，主要表现在以下方面：**（1）开始着手建构跨部门、跨地域综合监管体制**。2017 年 8 月 17 日，民政、财政、税务、金融、公安等部门召开了社会组织资金监管机制第一次全体会议，会上明确了各部门的工作职责和机制的运行规则，旨在加强部门协同和工作衔接，有效发挥机制的综合监管平台作用。2018 年 2 月民政部等 40 个部门联合签署了《关于对慈善捐赠领域相关主体实施守信联合激励和失信联合惩戒的合作备忘录》，“民政部和其他有关部门将通过全国信用信息共享平台向签署本备忘录的相关部门提供守信联合激励与失信联合惩戒的名单及相关信息，并按照有关规定动态更新。同时，在‘信用中国’网站、‘慈善中国’网站、国家企业信用信息公示系统、民政部门户网站等向社会公布”。① 在加快构建综合监管体制上，地方层面也有一些进展。比如，2017 年 12 月陕西省民政厅发布《陕西省社会组织管

① 《关于对慈善捐赠领域相关主体实施守信联合激励和失信联合惩戒的合作备忘录》，《中国社会组织》2018 年第 3 期。

理综合执法联席会议制度》的通知（陕民发〔2017〕101号），决定成立联席会议作为社会组织管理综合执法监督议事机构，该机构由省民政厅为牵头单位，由省委网信办等19个部门组成。2018年北京市依法取缔非法社会组织“中国少儿艺术教育家协会”成为京津冀民政联合执法第一案。[①]**（2）加强互联网募捐平台建设和日常监管**。根据民政部《关于发布慈善组织互联网公开募捐信息平台名录的公告》（民政部公告第434号），2016年以来民政部先后遴选指定两批慈善组织互联网公开募捐信息平台（简称互联网募捐信息平台），并接受了中国慈善信息平台、基金会中心网的退出申请。截至2018年6月全国共有20家互联网募捐信息平台可为慈善组织提供募捐信息发布服务（见表3-2）。为了规范平台日常运营管理，2017年7月民政部出台了《慈善组织互联网公开募捐信息平台基本技术规范》和《慈善组织互联网公开募捐信息平台基本管理规范》两项标准，细化运作要求。针对网络募捐领域的不良行为，民政部门在监管过程中采取约谈、行政处罚等手段，督促相关募捐平台和慈善组织依法依规运作。比如，针对社会影响较大的“同一天生日”事件，深圳市民政局经过调查，基于深圳市爱佑未来慈善基金会未在民政部指定的互联网募捐信息平台发布募捐信息，以及没有对发布的募捐信息进行审核，发布的信息不准确不完整等，对其作出了警告行政处罚的决定（深民罚字〔2018〕第029号），并责令限期改正。**（3）慈善组织信息公开取得进步**。在《中华人民共和国慈善法》出台前，国家层面没有专门的慈善组织信息统计制度和公开发布制度，各地监管部门公开慈善信息的方式也各不相同，信息公开度

① 皮磊：《零容忍！北京市民政局集中取缔一批非法社会组织》，《公益时报》2018年2月9日。

和完整度低，信息管理滞后。2017 年 9 月全国慈善信息公开平台——“慈善中国”(http：//cishan.chinanpo.gov.cn) 正式上线运营，这是我国慈善信息公开制度的重要进展。平台向各级民政部门、慈善组织和慈善信托受托人等开放，提供日常管理和数据录入的平台。同时，平台对社会开放，提供多项信息查询功能，包括慈善组织查询、慈善信托查询、募捐方案备案、慈善项目进展、慈善组织年报、募捐信息平台、慈善数据统计。慈善信息平台为提升慈善组织日常管理效率，充分发挥公众监督作用奠定了基础。**(4) 慈善组织信用信息监管陆续启动**。《中华人民共和国慈善法》第九十五条规定，“县级以上人民政府民政部门应当建立慈善组织及其负责人信用记录制度，并向社会公布”。[①]2018 年 1 月民政部发布的《社会组织信用信息管理办法》规定，登记管理机关要加强对社会组织信用信息的管理。“社会组织信用信息包括基础信息、年报信息、行政检查信息、行政处罚信息和其他信息。登记管理机关依据社会组织未依法履行义务或者存在违法违规行为的有关信用信息，建立社会组织活动异常名录和严重违法失信名单制度。”[②]根据中国社会组织网对失信社会组织名录的更新数据，截至 2018 年 8 月底，严重违法失信名单已列入 247 家组织，异常名录已列入 567 家组织，行政处罚与信用信息公示实现衔接。2018 年 2 月 6 日至 8 月 7 日，民政部根据社会举报，先后公布六批未经登记擅自以社会组织名义开展活动的涉嫌非法社会组织名单。上海、江西、湖北、浙江等省份也开始陆续公布其监管范围内的非法社会组织名单。

---

① 《中华人民共和国慈善法》。

② 《社会组织信用信息管理办法》(民政部令第 60 号)。

表 3-2　民政部指定的 20 家互联网募捐平台（截至 2018 年 6 月）

序号	平台名称	运营主体
1	腾讯公益	腾讯公益慈善基金会
2	淘宝公益	浙江淘宝网络有限公司
3	蚂蚁金服公益	浙江蚂蚁小微金融服务集团有限公司
4	新浪微公益	北京微梦创科网络技术有限公司
5	京东公益	网银在线（北京）科技有限公司
6	百度公益	百度在线网络技术（北京）有限公司
7	公益宝	北京厚普聚益科技有限公司
8	新华公益	新华网股份有限公司
9	轻松公益	北京轻松筹网络科技有限公司
10	联劝网	上海联劝公益基金会
11	广益联募	广州市广益联合募捐发展中心
12	美团公益	北京三快云计算有限公司
13	滴滴公益	北京小桔科技有限公司
14	善源公益	北京善源公益基金会（中国银行发起成立）
15	融 e 购公益	中国工商银行股份有限公司
16	水滴公益	北京水滴互保科技有限公司
17	苏宁公益	江苏苏宁易购电子商务有限公司
18	帮帮公益	中华思源工程扶贫基金会
19	易宝公益	易宝支付有限公司
20	中国社会扶贫网	社会扶贫网科技有限公司（国务院扶贫办指导）

资料来源：《民政部关于发布慈善组织互联网公开募捐信息平台名录的公告》（民政部公告第 434 号）。

第三节 改革成效与不足

我国慈善组织政府监管改革自2013年国家层面确立直接登记制度之时正式起步。此后，监管立法和制度创新取得重要的阶段性成果，监管理念开始由从严控制向宽严结合转变，双重登记的传统体制正在被打破，新的监管制度体系初具雏形。然而，改革成效仍有限，慈善组织登记和认定数量的增长缓慢，慈善领域的欺诈、骗捐等丑闻多发趋势尚未得到有效遏制，提升慈善事业的公信力仍面临巨大挑战。究其原因，一系列突出矛盾和问题仍有待解决，主要表现为监管改革目标缺乏准确定位，新的监管体制架构尚未建立起来，传统观念和体制惯性依然很大，监管制度体系不健全，监管的服务功能弱等。我国慈善组织政府改革的任务依然艰巨。

一、双重管理体制正在被打破，但监管理念转换迟缓，新的监管体制架构尚未建立起来

经过直接登记制度的试点探索、《中华人民共和国慈善法》立法酝酿论证等过程，慈善组织监管理念已经在社会上形成一定的共识，即从严控制的监管理念已经过时，坚持宽严结合才能顺应慈善事业发展的时代需求。宽严结合的理念符合国际上慈善组织监管改革的整体趋势，与有限监管和适度监管的现代监管理念具有内在的一致性。但当前有些地方和部门，对社会组织地位和作用的认知仍然不足，对社会组织（包括慈善组织）的传统管控思维依然存在。事实上，宽严结合的理念只有与完备的监管体制和完善的监管规则相结合才能真正落地，缺乏新的有效监管体制是导致目前监管理念转变迟缓，出现“不愿管”“不敢管”、害怕担责任现象的客观原因之一。

慈善组织监管体制是由监管机构、监管目标、权力与职能配置、监管范围、协调与合作等一系列制度组成的整体。2013 年 3 月《国务院机构改革和职能转变方案》首次明确提出改革社会组织登记管理体制，“对公益慈善类等四类社会组织实行直接登记，即成立这些社会组织，直接向民政部门依法申请登记，不再需要业务主管单位审查同意。民政部门要依法加强登记审查和监督管理，切实履行责任”。[①] 据此，对于慈善组织而言，自 1998 年以来实施的登记管理部门和业务主管单位“双重负责”为主要特征的“双重管理体制”被打破，业务主管单位在登记环节不再需要承担相应审查责任，民政部门不仅承担登记审查职责，也负责登记后的日常行为监督和过程监管。这一举措在制度上显著降低了慈善组织业务主管单位审批这一登记门槛，实现了对慈善组织的统一管理。但仅仅在登记环节的改革不足以撬动整个传统管理体制的改革，况且直接登记体制本身仍然存在缺陷，改革成效不够显著，甚至出现回潮。其一，注册资金的登记门槛尚未降低，反而可能被提高。《社会组织登记管理条例》（征求意见稿）中慈善组织的注册资金准入门槛被提高了。其二，下放慈善组织登记管理权限的改革出现回潮，《社会组织登记管理条例》（征求意见稿）基金会登记管理权限又上收至省级。

究其原因，监管职能配置不合理以及监管职能与监管能力不匹配是主要因素。首先，《中华人民共和国慈善法》将社会组织登记、慈善组织认定、公募资质申请、公募活动备案管理等权限下放到县级民政部门，但很多民政部门并未接触过此类业务。[②]

① 《国务院机构改革和职能转变方案》，人民网，http：//theory.people.com.cn/n/2013/0310/c40531-20738452.html。

② 菅宇正：《〈慈善法〉实施遇困扰　慈善组织认定难题待解》，《公益时报》2016 年 10 月 27 日。http：//www.gongyishibao.com/html/yaowen/10566.html。

民政部门作为慈善组织登记和日常监管的主管部门，其部门职责提高了，但组织机构没有相应进行调整，监管能力没有得到加强。因为无力承担直接登记后有效管理的繁杂工作，民政部门为了减少监管责任，可能变相提高登记门槛，导致慈善组织登记实际上并没有变得更容易。其次，对慈善组织行为和过程监管职责，除民政部门外的其他职能部门也应承担相应责任。2016年《关于改革社会组织管理制度促进社会组织健康有序发展的意见》明确提出，到2020年建立健全统一登记、各司其职、协调配合、分级负责、依法监管的中国特色社会组织管理体制。《中华人民共和国慈善法》第十章“监督管理”对于慈善组织监管机构也只提到民政部门，对于其他职能部门如何做到各司其职、协调配合，国家层面至今没有出台相关法规和文件。第三，随着慈善组织活动地域范围的扩大，属地化管理也面临诸多矛盾。慈善组织监管中的跨区域协作机制也亟待构建。综上可见，双重管理的旧体制在登记环节已经开始松动，但在横向监管协调、纵向监管分权及监管机构改革等许多环节，新的监管体制尚未真正确立，旧体制惯性依然很大，改革基础不牢。

在新的历史条件下，慈善组织的健康有序发展仅仅依靠政府监管已经难以奏效。如前所述，监管资源（信息、财富和组织等方面）呈现分散化或碎片化，基于慈善组织拥有其自身行为信息上的优势，内部治理是慈善组织风险的第一道防线，政府监管是慈善组织自我监督和内部治理基础上的补充和调节。在外部监督中，行业组织、捐赠人或受助人等其他利益相关者或组织、社会公众和媒体也掌握许多分散的监管资源，是发挥监督作用的重要主体。因此，需要构建的慈善组织综合监管体制应是政府与其他多元主体间的协同体制。当前，我国慈善组织自治能力较弱，行业组织自律机制尚不健全，互联网平台、慈善组织孵化平台、媒体及社会公众等协同主体的监督资源尚未得到有效开发和利用，社会协同体制的缺位无疑加大了政府监管的难度，降低了政府监管的成效。

二、慈善组织监管制度体系框架初具雏形，但尚不健全

伴随着《中华人民共和国慈善法》及系列配套法规文件的出台，当前我国慈善组织监管制度的基本框架已经初具雏形，涵盖对慈善组织登记（注销）、募捐、财产使用与管理、慈善服务、信息公开等各环节，监管部门所采取的认定、审批、约谈、受理投诉、抽查、联合惩戒等行政监督行为，为慈善组织政府监管活动提供了法治保障。但制度体系仍然不健全，其中包括：在分级管理方面，缺乏中央、省、市、县、乡（街道）各层级慈善组织监管事权划分的明确制度；面对数量庞大、类型复杂、大小不一的慈善组织，缺乏慈善组织分类监管制度；针对慈善组织运行风险的差别，缺少慈善风险分级管理和处置制度；慈善组织监管中的行政许可行为类别多，涉及行政相对人的切身利益，目前尚缺乏行政许可管理制度的具体细则，与工商、食药监等领域相比显示出一定的滞后性。

从已出台的多项制度看，仍有许多地方需要继续细化和完善。比如：（1）慈善组织登记认定制度缺乏实施细则。虽然民政部 2016 年出台了《慈善组织认定办法》，但慈善组织认定仍然缺乏实施细则。对于慈善组织直接登记的具体条件，只有业务范围的框定，缺少明晰的认定标准和流程，不利于改革措施的真正落地。（2）目前我国各级政府尚缺乏慈善组织信息统计和发布制度，对慈善组织开展登记及相关管理活动的信息缺乏系统整合，公开程度低。在促进慈善组织信息公开方面，目前的年报制度、等级评估制度等监管制度的实施效果乏力。近年来，在慈善组织事中事后监管中不同程度地开展“双随机、一公开”行政执法检

查，其中包含信息公开监督的内容。信用信息监管制度已经开始建立，包括慈善组织及其负责人信用记录制度、社会组织活动异常名录和严重违法失信名单制度。这些新的监管制度能否发挥作用在很大程度上取决于能否开发和利用更多可靠的有效信息源。同时，新的监管制度还需要继续完善，以实现规则清晰化、决策信息公开化、可问责性以及防止权力滥用等。（3）我国慈善组织评估制度已经试点施行近十年。政府委托下的第三方评估制度已经明确作为改革的方向，但目前评估制度在各地的推行不均衡，慈善组织参评积极性有待提高。从制度本身看，相关法规仍有待完善，对第三方评估机构评估指标体系、评估机构的遴选、评估方法和支付标准等需要进一步优化。同时，第三方评估制度运行的微观基础仍然十分薄弱，第三方评估机构的发育水平较低，不仅数量少，而且机构自身的能力和水平参差不齐，评估专家队伍稳定性差，经费保障不足。更重要的是，慈善组织对评估的认知有限，由政府主导的慈善组织评估独立性差、权威性不足，评估结果应用面窄，与政府购买、税收优惠等支持培育政策的衔接性差，是导致评估机构参评率低，参评过程中协调配合程度不够的重要原因。（4）目前我国政府购买公益项目的绩效评估仍处于探索阶段，行政主导色彩依然比较浓厚，专业的评估机构十分短缺，评估方案的科学性也有待提升。（5）近年来慈善领域创新不断，包括公益创投、慈善商业化、互联网募捐、社会企业、慈善信托等等。创新在给慈善组织和慈善事业发展带来新鲜活力的同时，也带来许多不容忽视的负面影响，有针对性地更新和优化相关领域的政府监管制度迫在眉睫。

三、慈善组织政府监管法治化取得突破性进展，但加强监管与优化服务的关系尚未理顺

近年来，《中华人民共和国慈善法》及一系列配套法规文件

的出台标志着慈善组织监管法治化取得了突破性进展。这些法规政策旨在从组织登记、接受捐赠、财产使用和管理、志愿者管理和信息公开等各个环节，既为慈善组织行为设立基本规范和行为“底线”，也为慈善组织政府监管活动提供法治保障。与此同时，为了规范和整治慈善组织发展中出现的违规违法行为甚至混乱现象，政府依法加强监管，强化监督执法力度，查处慈善行业的违法违规行为，保障慈善事业有序发展。《中华人民共和国慈善法》第六十九条规定，“县级以上人民政府建立健全慈善信息统计和发布制度。县级以上人民政府民政部门应当在统一的信息平台，及时向社会公开慈善信息，并免费提供慈善信息发布服务”。第七十七条规定，“县级以上人民政府有关部门应当在各自职责范围内，向慈善组织、慈善信托受托人等提供慈善需求信息，为慈善活动提供指导和帮助”。[①]“慈善中国”的上线运行是我国慈善组织监管改革的一项新举措，是政府将“监管寓于服务”的新探索。

然而，从总体上看，慈善组织强化监管与优化服务的定位还不够清晰，仍然存在“重管理、轻服务”的现象，甚至将管理手段凌驾于服务手段之上。比如，慈善组织登记注册难，部门间相互推诿，导致手续繁琐、耗时长、成本高，注册资金仍然普遍实行实缴制[②]；针对慈善法规开展的宣传、培训活动不足，公众参与度仍然有限，方式有待改进；对慈善领域的社会热点、焦点事件的回应性不足，公众满意度较低；政府部门与各类慈善组织、慈善行业组

---

① 《中华人民共和国慈善法》。

② 早在2014年《广州市社会组织管理办法》就借鉴广州市商事登记制度改革的最新成果，取消了社会团体和民办非企业单位（基金会仍然实行“实缴制”）的注册（开办）资金要求，其成立时不再需要向登记管理机关提交具备资质的社会验资机构出具的验资报告，按照承诺时间逐步到位。

织间的对话和沟通不够，对慈善组织发展中的现实需求不能给予全面和及时的了解，有针对性的咨询服务和行政指导还很少。这些都在很大程度上制约着慈善组织监管的执行力、公信力和成效。

第四节　改革展望

当前我国慈善组织监管改革已经起步，相关领域的立法和制度创新步伐明显加快，改革仍然面临诸多矛盾与问题亟待解决。2016年两办《关于改革社会组织管理制度促进社会组织健康有序发展的意见》明确提出，“到2020年，统一登记、各司其职、协调配合、分级负责、依法监管的中国特色社会组织管理体制建立健全，社会组织法规政策更加完善，综合监管更加有效，党组织作用发挥更加明显，发展环境更加优化；政社分开、权责明确、依法自治的社会组织制度基本建立，结构合理、功能完善、竞争有序、诚信自律、充满活力的社会组织发展格局基本形成”。这是我国慈善组织政府监管改革应努力实现的宏观目标。笔者认为，作为社会组织管理体制改革不可或缺的组成部分，慈善组织政府监管改革的直接目标应有更具体的定位，即维护和提升公众对慈善组织的信任与信心、提升慈善组织活力、促进慈善组织自治与问责以及保障慈善组织扶持政策的实施。未来改革应以提高监管有效性为核心，尽快构建起一套符合我国国情的慈善组织综合监管体制，更新和规范监管治理方式和手段，将强化监管与优化服务紧密结合起来，为我国慈善组织创新发展创造更加稳定和有利的外部环境。

一、尽快构建起符合我国国情的慈善组织综合监管体制

坚持“宽进严管”理念，进一步简政放权，降低慈善组织准

入门槛，下放慈善组织登记管理权限，充分激发慈善组织发展活力。这是慈善组织监管改革应坚定的根本方向。在此基础上，着力构建“统一登记、各司其职、协调配合、分级负责、依法监管的中国特色社会组织管理体制”。其中，民政部门负责慈善组织的统一登记和日常管理，是慈善组织的登记主管部门和慈善组织日常监管的职能部门。应积极推动民政部门机构改革和编制调整，以实现监管职能与监管能力的匹配。同时，慈善组织监管绝不仅仅是民政部门的事情，应通过行政法规明确共同但有区别的监管责任，细化业务主管单位、业务指导单位及其他相关部门在慈善组织登记（需要前置审批的情况），尤其是对慈善组织开展日常监管中的具体职责分工。在明确共同但有区别的责任基础上，应重点构建高效顺畅的部门间信息交流和协作联动机制。完善信息通报制度，打破部门间的慈善组织监管“信息孤岛”，实现监管信息的数据交换和共享。“慈善中国”慈善信息平台在现有基础上应进一步实现与相关职能部门的慈善组织信息数据的衔接，推动慈善组织信用信息监管数据的共享。在此基础上，建立民政会同其他相关部门的联合执法制度，形成综合监管执法合力。针对慈善组织活动范围广的特点，在加强属地管辖的基础上应尽快构建起跨区域、跨层级的慈善组织监管联动机制。

政府除了利用其权威和公共部门资源完善内部监管体制外，还需要利用其他私人监督主体掌握的非正式资源，建立社会协同的慈善组织监管体制，实现其监管目标。协同主体既包括了慈善组织从业者及利益相关者，也包括慈善行业自律组织、第三方审计机构、评估机构和认证机构以及新闻媒体、社会公众等。从我国国情出发，建立社会协同的慈善组织监管体制，首先，应在法律上明确和细化对私人监督主体的授权及相应的法律责任。其中包括明确利益相关者的知情权、参与监督权和司法救济权；明确理事、监事、管理人员的信赖义务和遵从义务[1]；明确和规范公共审计和评估等监督事项的外包授权；等等。政府重点加强对相关授权执行效果的监督。其次，政府应通过慈善组织认定、评估及日常监督检查等手段，引导和强化组织章程对慈善组织的约束作用，引导和监督慈善组织建立起规范的内部治理结构，健全各项内部管理制度，强化慈善组织自主发展和自我约束的“第一道防线”。再次，政府应支持和鼓励行业自律组织的发展，通过出台行业规范、行为准则、行为标准等方式，引领和影响慈善组织规范发展。最后，随着慈善行业规模化、职业化和专业化程度的加深，为慈善组织提供财务、法律、人力资源、信息化等各类服务的第三方支持机构的大发展将成为重要趋势。政府可以通过购买第三方支持机构的相关服务，促进慈善组织管理的标准化和专业化，增强其自我约束能力。

二、建立健全适应慈善组织发展的现代监管制度体系，创新优化监管方式

构建起适应慈善组织发展的现代监管制度体系，是慈善组织监管改革的核心。当前，我国慈善组织监管制度体系的框架初具雏形，下一步应根据慈善组织发展的现实需求，结合慈善组织运行的特点，尽快建立以下基本制度，其中包括：中央、省、市、县、乡（街道）各层级慈善组织监管事权划分制度；慈善组织分类监管制度；慈善行业风险分级管理和处置制度；慈善组织监管行政许可制度；依据现有法规制度的要求，出台慈善组织内部治理准则，用于指导慈善组织加强自我监督；等等。与此同时，逐步细化和完善相关监管制度的实施细则，提高监管制度的清晰

---

① 余晖、贺邵奇：《中国社会组织管理制度建设研究》，马庆钰、廖鸿：《中国社会组织发展战略》，社会科学文献出版社 2015 年版，第 207、221 页。

度和透明度；整合监管资源，实现各项监管制度间既相互分工，又相互配合和衔接，比如将年报制度、等级评估制度、监督举报与监督执法抽查制度结合起来，将监督执法、评估与政府购买服务、税收优惠政策等结合起来，等等；按照监管治理的精神，实现对政府监管行为的有效监督。

下一步应重点健全和完善慈善组织日常监管的基本制度，同时创新和优化政府监管方式。进入慈善事业发展的新时期，全过程监管和全能型监管已经过时，尽管近年来覆盖慈善组织运行各个环节的政府监管制度已经逐步建立起来，但这些监管制度真正实施起来的难度越来越大。因此，必须明确监管重点，同时创新和优化政府监管方式。(1)慈善组织登记认定是政府监督的第一道关口，入口监管的质量会对慈善组织的设立及后续运行产生重要影响。应明确细化慈善组织认定标准和程序，理顺慈善组织认定、公开募捐资格许可、免税资格认定、税前扣除资格认定之间的关系，实现各项制度间的有机衔接。可考虑设立专门的认定机构，成员由民政及相关部门管理人员、律师、会计师、专家等人员组成，既保证认定的独立性、权威性和公信力，也提高行政效率。(2)加强对慈善组织信息公开的监督是政府实施过程监管和行为监管的关键，也是促进利益相关方及社会监督的必要基础。政府首先应承担向社会公开慈善组织相关信息的责任。其次，慈善组织信息公开并非越细越好，信息的公开应以有限的投入，达到最有效的公开。政府监督应坚持依法、公开和适度原则，强化对慈善组织强制性信息公开行为的监管，同时鼓励慈善组织自愿公开信息。比如，在公开慈善组织静态的基本信息、财务信息的同时，突出项目动态信息，从“结果公开”走向“过程公开”。第三，未来应进一步加强慈善信息平台大数据建设，完善服务功能，扩大监督渠道。第四，对于民间自发建立的慈善透明度排行，政府应鼓励并引导其在全面、科学的评价中形成互补共生的关系。(3)慈善组织等级评估制度是重要的现代监管手段，通过评估发现问题，防范风险，分类管理，规范引导，提高监管效率。在大力推进第三方评估的过程中，应进一步健全制度法规，实现评估机构与政府部门之间的责任匹配与权力制衡。同时，健全第三方评估机构准入与遴选制度，遵循市场规则、公开择优遴选评估机构。细化对第三方评估机构自身的管理制度规范要求，实现评估结果公开和结果运用，建立慈善组织的激励与退出制度。(4)公益项目绩效评估制度是监督政府购买服务政策效果和优化政策管理的一项基本制度。聚焦项目、体现“物有所值”和更偏重“结果导向”是政府购买的公益项目评估区别于慈善组织等级评估的根本所在。在地方探索的基础上，尽快制定政府购买服务项目绩效评估制度，明确规则和程序，完善指标体系，加强评估独立性、专业化和科学性。探索第三方评估机构参与需求评估，助力政府购买项目的供给侧改革，更好地满足日趋多元化、个性化的社会公共服务需求。(5)对于慈善商业化、互联网募捐及社会企业等慈善创新行为，政府应坚持适度监管的原则，健全慈善组织财产、互联网募捐、信息公开等相关领域的监管制度，规范引导慈善组织和慈善行业加强自律，并及时纠正各种不良倾向，对违法违规行为进行处罚和信用惩戒，严惩诈捐、骗捐、变相集资、利益输送等乱象，保障慈善事业有序发展。

三、将加强慈善组织监管与优化服务有机统一起来

进一步推进我国慈善组织监管改革，应在进一步简政放权的基础上，纠正“重管理、轻服务”的传统观念，将加强监管与优化服务有机统一起来。首先，通过“权力清单”明晰慈善组织相关监管部门的权力边界和权责关系，细化规则，简化流程，优化公共服务，加强登记辅导，着力解决慈善组织登记注册难的问题。

其次，当前慈善信息平台的建设刚刚起步，未来应借助新技术，加强对大数据的整理、归纳、分析，打造个性化、多元化的信息服务平台。通过广播、电视、互联网等加大慈善法规宣传力度，使社会公众树立现代慈善理念，在依法参与慈善的过程中依法监督慈善。第三，建立慈善行业舆情监测机制，健全风险应急处理机制，提前发现危机，及时回应，依法处置，加强问责。第四，加强民主协商，开展政府部门与各类慈善组织、慈善行业组织、第三方专业机构、社会各界人士间的广泛对话和沟通，征询意见，广开言路，增强监管政策的社会理解和认同度，促进社会协同监管。第五，加强监管执法的规范性、公平性、透明度和简约性，避免对慈善组织正常运转带来不必要的干扰和负担，加强对监督执法权的监督和问责。针对慈善组织管理和运行中出现的问题，开展有针对性的咨询服务和行政指导。

第四章　入口监管改革：以健全慈善组织认定制度为核心

慈善组织认定通常由特定机关对组织的慈善性加以确认，并赋予其特定的法律地位，是一项重要的行政确认行为。慈善组织认定制度是改革后政府实施慈善组织入口监管改革的核心，是整个慈善组织监管活动的起点。慈善组织认定制度涵盖慈善组织的设立、监管和终止等多个环节，以及依据法律地位所享受的相关优惠待遇，与慈善组织公开募捐资格、税前扣除资格及免税资格等关键制度相对接，对政府监管整体的有效性具有决定性影响。因此，本书认为慈善组织认定制度是一系列制度体系的总和，缺少其中任何一项都无法实现慈善组织认定的价值和意义。本章对我国现行的慈善组织认定制度及相应的监管现状进行分析，考察其实施情况和存在的问题。借鉴国际上关于慈善组织认定和监管的先进做法，以期对我国慈善组织认定制度的优化及后续监管改革有所裨益。

第一节　我国现行慈善组织登记认定制度

根据认定对象的不同，我国现行的慈善组织认定制度由两部分组成，一部分是针对《中华人民共和国慈善法》颁布之后新设立的社会组织申请登记为慈善组织的机构，即增量慈善组织；一部分是针对《中华人民共和国慈善法》颁布之前已经设立的社会组织申请认定为慈善组织的机构，即存量慈善组织。[①] 增量和存量慈善组织的认定工作都由县以上民政部门负责，分别依据相应的法规、标准和程序进行。两部分慈善组织认定的法规依据、认定程序和认定条件等具体规定详见表 4-1。

表 4-1　我国现行慈善组织登记认定的相关规定

	《中华人民共和国慈善法》颁布之后新设立的组织	《中华人民共和国慈善法》颁布之前已经成立的组织
认定依据	《中华人民共和国慈善法》《民政部关于慈善组织登记等有关问题的通知》《社会团体登记管理条例》《基金会管理条例》《民办非企业单位登记管理暂行条例》	《中华人民共和国慈善法》《慈善组织认定办法》
认定程序	申请法人登记的同时，认定慈善组织属性	确认法人资格的同时，认定慈善组织属性
认定条件	（一）以开展慈善活动为宗旨； （二）不以营利为目的； （三）有自己的名称和住所；	（一）申请时具备相应的社会组织法人登记条件； （二）以开展慈善活动为宗旨，业务范围符合《慈善法》第三条的规定；申请时的上一年度慈善活动的年度支出和管理费用符合国务院民政部门关于慈善组织的规定； （三）不以营利为目的，收益和营运结余全部用于章程规定的慈善目的；财产及其孳

① 参见俞祖成：《慈善组织认定：制度、运作与问题——基于深圳实践的观察》，《浙江工商大学学报》2017 年第 5 期。

续表

	《中华人民共和国慈善法》颁布之后新设立的组织	《中华人民共和国慈善法》颁布之前已经成立的组织
认定条件	（四）有组织章程； （五）有必要的财产； （六）有符合条件的组织机构和负责人； （七）法律、行政法规规定的其他条件。	息没有在发起人、捐赠人或者本组织成员中分配；章程中有关于剩余财产转给目的相同或者相近的其他慈善组织的规定； （四）有健全的财务制度和合理的薪酬制度； （五）法律、行政法规规定的其他条件。
认定材料	根据申请人所选的基金会、社会团体或社会服务机构（民办非企业单位）组织形式，按照有关登记管理条例规定的条件要求发起人提交申请材料。申请材料中，应当明确以下内容：设立申请书应当明确提出设立慈善组织的意愿，以及该组织符合《慈善法》规定的慈善组织宗旨、业务范围等情况的说明；章程中有关财产管理使用的一章中要增加项目管理制度的规定，终止和剩余财产处理一章中要增加“清算后的剩余财产，应当按照章程的规定转给宗旨相同或者相似的慈善组织，章程未规定的，由民政部门转给相同或者相近的慈善组织，并向社会公告”的规定。	申请认定慈善组织的基金会，应当向民政部门提交下列材料： （一）申请书； （二）符合本办法第四条规定以及不存在第五条所列情形的书面承诺； （三）按照本办法第六条规定召开会议形成的会议纪要。 申请认定为慈善组织的社会团体、社会服务机构，除前款规定的材料外，还应当向民政部门提交下列材料： （一）关于申请理由、慈善宗旨、开展慈善活动等情况的说明； （二）注册会计师出具的上一年度财务审计报告，含慈善活动年度支出和管理费用的专项审计。 有业务主管单位的，还应当提交业务主管单位同意的证明材料。
办理时限	民政部门应当自受理申请之日起三十日内作出决定	民政部门应当自受理申请之日起二十日内作出决定

资料来源：作者根据相关法规整理。

与慈善组织登记认定相对应，《中华人民共和国慈善法》对慈善组织退出机制也作出明确规定。“第十七条，慈善组织有下列情形之一的，应当终止：（一）出现章程规定的终止情形的；（二）因分立、合并需要终止的；（三）连续二年未从事慈善活动的；（四）依法被撤销登记或者吊销登记证书的；（五）法律、行政法规规定应当终止的其他情形。第十八条，慈善组织终止，应当进行清算。慈善组织的决策机构应当在本法第十七条规定的终止情形出现之日起三十日内成立清算组进行清算，并向社会公告。不成立清算组或者清算组不履行职责的，民政部门可以申请人民法院指定有关人员组成清算组进行清算。慈善组织清算后的剩余财产，应当按照慈善组织章程的规定转给宗旨相同或者相近的慈善组织；章程未规定的，由民政部门主持转给宗旨相同或者相近的慈善组织，并向社会公告。慈善组织清算结束后，应当向其登记的民政部门办理注销登记，并由民政部门向社会公告。”①

第二节　慈善组织登记认定制度实施情况及问题分析：以济南和广州为例

慈善组织登记认定是《中华人民共和国慈善法》颁布之后的新生事物，相关工作对于各级民政部门而言是一项新工作和新挑战。根据相关研究提供的数据，截至 2016 年年底，民政部和 15 个省、自治区和直辖市进行了慈善组织的认定和新设立工作，共认定慈善组织 389 家，新设立慈善组织 111 家，新设立的慈善组

① 《中华人民共和国慈善法》。

织占所有慈善组织的22.2%；在上述500家慈善组织中，基金会461家，社会团体23家，民办非企业单位（社会服务机构）16家。有一半以上的省、自治区和直辖市尚未开展实质性工作。而开展相关工作的民政部和15个省、自治区和直辖市，工作进展也是参差不齐，基金会的慈善组织认定和新设立工作开展相对比较顺利，而对于社会团体和民办非企业单位来说，要获得慈善组织的身份确认并不容易。由于社会组织三大条例的修订尚未完成，不少地方民政部门对于慈善组织的认定和设立工作尚处于观望阶段，态度颇为保守。①

为进一步了解慈善组织登记认定制度实施过程中面临的实际问题，本书分别选取广州和济南两个城市展开调研。② 同时参考借鉴广州市海珠区恩友社会组织服务中心2015年8月公布的《广州市社会组织慈善捐赠税收优惠政策现状分析》，现将调研中发现的两市慈善组织登记和认定制度的实施情况对比如下：

一、公益慈善类社会组织直接登记的实施情况

（一）关于注册登记的条件

2013年3月4日，全国两会审议通过的《国务院机构改革和职能转变方案》明确公益慈善类社会组织可直接登记。调研中我们了解到，山东省民政厅《关于创新社会组织登记和管理工作的通知》（鲁民〔2013〕49号）下发后，济南市于2013年10月22日出台了《关于济南市部分社会组织直接登记管理工作的实施意见》（简称《意见》），就公益慈善类的业务范围、直接登记的放

---

① 马剑银：《〈慈善法〉实施之冷观察（2016—2017）》，杨团：《慈善蓝皮书：中国慈善发展报告（2017）》，社会科学文献出版社2017年版，第28—46页。

② 本书对山东省LQ公益环保中心、济南市社会组织创新园、山东省国税局、山东省财政厅、广州市民政局的相关工作人员开展了半结构化访谈。其中，对广州市民政局的相关工作人员采取了电话形式访谈。

宽条件都作了说明。就放宽登记条件而言，《意见》明确规定对于直接登记的社会组织免除审查批文、降低注册资金、准予“一址多社”、允许“一业多会”、放宽会员限制等。其中，明确规定市级公益慈善类民办非企业单位的注册资金不低于 3 万元，区级公益慈善类民办非企业单位的注册资金不低于 3000 元。但是，在访谈中我们了解到实际执行的标准是：申请市级公益慈善类的民办非企业单位，注册资金至少需要 10 万元，申请区级公益慈善类的民办非企业单位至少需要 3 万元。因此，慈善组织的登记难度反而大大增加。

> 因为 2013 年我们还在孵化期内，地点就在那个孵化园的那一栋办公楼里面，所以比较方便，但是由于我们没有场地（这个场地必须是非民用的），登记时要求一年给 3600 元的场地租用费，再加上我们考虑到区级登记未来活动的限制会很大，为了组织的发展我们本来打算登记为省级的，由于省级直接登记要 100 万元，市级 10 万元，区级 3 万元，所以就折衷选择了市级登记。（对 LQ 公益环保中心工作人员的访谈，访谈资料编号 J20150628）

广州市是全国社会组织管理创新试点地区，2012 年就出台了《关于实施广州市社会组织直接登记社会创新观察项目的工作方案》（惠民〔2012〕123 号）。接下来先后出台《社会团体成立登记指引》（2015/1/5，广州市民政局）、《广州市社会组织管理办法》（广州市人民政府令第 108 号）、《广州市社会组织登记工作指引》（2015/3/16，广州市民政局）以及《广州市社会组织管理办法》（广州市人民政府令第 108 号）等相关规定。对于慈善组织无论是采取民办非企业还是社团的形式，在登记时都已取消资金限制。根据《广州市社会组织登记工作指引》的规定，社会组织登记必须满足以下条件：“①会员数量不少于 15 人；②名称规范、有组织机构和章程；③有固定的场所（该地址只要邮政通信可达即可）；④有专职工作人员；⑤有独立承担民事责任的能力。"《广东省民政厅关于进一步促进公益服务类社会组织发展的若干规定》（粤民〔2013〕111号）中规定，"申请设立公益服务类社会组织会员数量要求为20个以上"，《广州市社会组织管理办法》（广州市人民政府令第108号）第十二条规定，"社团和民非成立登记时不用提供验资报告"。

> 至于资金方面，没有相关要求。我们都是严格按照这些规定来的，既然没有资金的要求，我们也不会为难那些满足规定的社会组织。（对广州市民政局相关负责人的访谈，访谈资料编号G20160226）

（二）业务主管单位的地位

慈善组织直接登记制度取消了业务主管部门的前置审批，这对慈善组织而言利弊并存。"利"在于取消了业务主管部门的许可，减少了登记的一个环节，"弊"在于由于慈善组织均有各自的专业领域，民政部门在这些专业领域不具有优势，在直接登记体制下的业务主管单位是否仍承担相应职责依旧不清，身份尴尬，工作积极性不高，阻碍了慈善组织的健康发展与稳步成长。

> 目前工商部门和税务部门在总局层面就有信息互通的协议，因此管理起来比较顺畅，但民政与税务部门间没有这方面的协议，缺乏信息沟通。（对山东省国税局的访谈，访谈资料编号J20150629）

在广州，民政部门和相关部门联合发布了规章制度，对直接登记制度背景下各职能部门之间的职责分工作了一定的细化，以达到共同监督和指导慈善组织发展的目的。比如，《广东省民政厅关于进一步促进公益服务类社会组织发展的若干规定》规定，

“政府相关职能部门在各自职责范围内履行服务、指导和监督管理职能，依法承担相应管理责任”。[①]《广州市社会组织管理办法》规定，“各级登记管理部门要指导建立本级社会组织培育孵化基地。有关行业主管部门要指导建立社会组织培育孵化基地。市机构编制部门负责定期编制本级政府向社会组织转移职能目录，向社会公布，逐步实现政府承担的事务性管理服务事项由社会组织依法承担。全市各级政府部门鼓励和引导社会组织有序参与社会管理、提供公共服务。市民政部门负责定期编制本市具备购买社会服务资质的社会组织的目录，并向社会公布，实行对社会组织的动态管理”。[②]

（三）注册登记程序

无论是广州市，还是济南市，对慈善组织的登记程序都没有专门的规定。虽然对于慈善组织直接登记所需资料以及程序都有目录与材料一览表，但这些资料更多的还是依附于既有的社团、民非的登记程序（既有的申请流程以民非为例详见图 4-1），缺少直接登记的可操作性指导文件。登记办事人员提供的很多登记表格与一般的社团、民非的登记表格并无差别，没有自己单独的制式表格，只是要求申请人员将表格中一些不相关的问题或流程省略。对于什么样的组织符合慈善组织直接登记的条件、什么是慈善组织等虽然有业务范围的框定，但没有具体的细则和指南，只能依靠工作人员的经验来判定。

---

① 《广东省民政厅关于进一步促进公益服务类社会组织发展的若干规定》（粤民〔2013〕111 号）第十二条。

② 《广州市社会组织管理办法》（广州市人民政府令第108号）第三十三、三十四、三十五、三十六条。

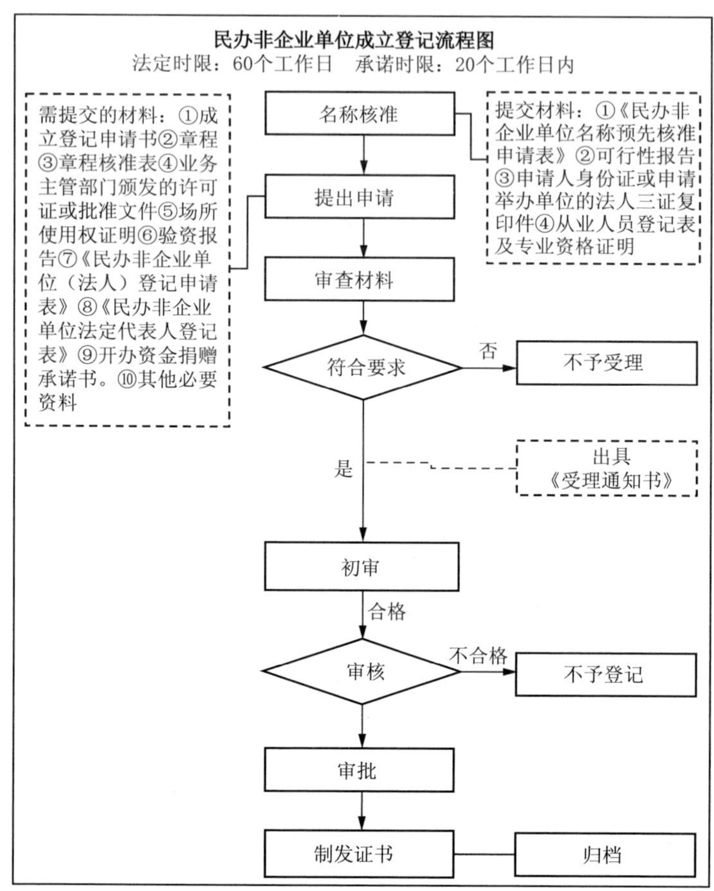

图 4-1　济南市民办非企业单位登记流程图①

我们这个组织的登记真的是完全按照章程规定一步步完成的，从 2014 年 4 月到 12 月一共跑了八九个月，集中性的报方案及材料是四次，包括前期的可行性报告的提交，中

① 此图是笔者参考山东省社会组织网关于民办非企业单位登记流程的规定，并结合济南市社会组织创新园的访谈而绘制。

间跑了多少次，根据办事员的意见修改了多少次那就不知道了。我们刚开始就是去办事大厅咨询办事员，看需要什么资料就一步步准备，走一步说一步，不会有系统性的指导，因为基层办事员好像也不是很清楚具体怎么办，规定和现实的操作还是有差距的，就是走一步说一步。但所需要的资料有一览表，加4项后续材料一共是21项，就一项项准备，准备手续齐全就给登记，不全就一直补……（对LQ公益环保中心工作人员的访谈，访谈资料编号J20150628）

关于慈善组织登记的方式和程序还是依附于基金会管理、民办非企业单位和社会团体的登记管理条例和登记指引完成的，程序都是按照民非、社团和基金会的程序来办理，他们想申请民非按民非的要求来提交资料就好了。（对广州市民政局的访谈，访谈资料编号G20160226）

二、公益性社会团体公益性捐赠税前扣除资格的落实情况

针对公益性社会团体符合什么条件，才能享受税前扣除资格，取消公益性社会团体捐赠税前扣除资格认定之后如何管理，以及非营利组织的免税问题等，笔者与山东省国税局的有关工作人员进行了访谈，同时结合《广州市社会组织慈善捐赠税收优惠政策现状分析》所反映出来的问题，归纳如下：

（一）捐赠方享受公益性捐赠税前扣除资格的条件较严格

如果捐赠方想要享受到公益性捐赠税前扣除这一优惠，最基本的前提有两个，一是受捐主体合法，二是捐赠业务真实。接下来，受捐机构必须是获得公益性捐赠税前扣除资格的公益性社会团体，必须在财政部门定期公布的名单内。关于获得公益性捐赠税前扣除资格的公益性社会团体的名单，财政部门每年都会公布，一年两批，这个资格需要一年一认定。（对山东省国税局的访谈，访谈资料编号J20150629）

要想获得所得税税收优惠，须同时拥有捐赠票据和免税资格。而社会组织对捐赠收据如何规范使用、免税资格和税前抵扣资格的审核标准等问题并不清楚，事前相关部门没有针对性地进行指引，事中又缺乏与社会组织的沟通，在相应手续的办理过程中没有修正的机会，并且免税资格办理每年只有一次，这就降低了社会组织免税资格审核的通过率。因此，从实际情况看，能接受社会捐赠且同时拥有捐赠票据的慈善组织非常少。“接受调研的 89 家社会组织中，有 6% 无捐赠收入，其余 94% 接收社会捐赠的组织中，有 47% 的组织收到捐赠后开具捐赠收据，25% 开具税务发票，14% 开具普通收据，8% 没有开具任何收据。”①

（二）慈善组织税务登记比例很低

通过访谈，笔者了解到经过民政部门登记注册后的非营利组织能主动到税务部门进行登记的寥寥可数。目前，大部分主动申请税务登记的是行业协会，而民办非企业单位和社团数量非常少。没有进行登记的原因较多，比如非营利组织自己并不知道需要税务登记，或者觉得进行税务登记程序繁琐，登记后每月核税非常麻烦，因此会放弃税务登记。同时，慈善组织税务管理的基础仍然十分薄弱，税务登记是按照行业来分类的，每个行业里面组织类型很多，有的是非营利的，有的是营利的。慈善组织作为税法主体的地位尚未明确，在税收管理中仍然作为“其他”类型主体而存在。②

> 非营利组织不来我们这里登记，我想应该有这么几个原因：第一，非营利组织在登记时就是非营利组织，不允许营利，那么所得和支出基本持平，就没有盈余来纳税了，因此

① 《广州市社会组织慈善捐赠税收优惠政策现状分析》，http：//www.ngocn.net/column/2015-08-28-3562f91829bbac44.html。

② 檀结庆：《推进落实慈善组织税收优惠政策》，《中国社会报》2018 年 3 月 19 日。

许多组织认为没有必要进行免税申请。第二，非营利组织在进行申请前会按照相关标准先行比对，比对后会发现可能有些标准没有达到，也可能发现这些流程太麻烦，也就不再申请税务登记。第三，因为进行免税申请需要先有税务登记，有些非营利组织在民政部门登记成立后并没有到相关税务部门进行税务登记，如此一来便无法申请免税资格。第四，税务部门与民政部门的沟通不畅。目前工商部门和税务部门在总局层面有信息互通的协议，管理起来比较顺畅。但税务部门没有比较正式的直接渠道，没办法及时从民政部门获得关于慈善组织登记的信息，再加上基层税管员的能力素质有限，宣传监管不到位，管理不便。（对山东省国税局的访谈，访谈资料编号 J20150629）

（慈善组织与非营利组织的免税资格获取）对于慈善组织本身没有什么不同，因为关于非营利组织免税资格的认定并没有单独将慈善类社会组织划分出来，而且财税政策是国家统一规定的，任何省市都没有权利突破。（对广州市民政局的访谈，访谈资料编号 G20160226）

（三）免税资格认定和税前扣除资格确认缺乏公益认定标准

笔者在山东的调查走访，以及《广州市社会组织慈善捐赠税收优惠政策现状分析》的调查分析，均反映出目前免税资格认定和税前扣除资格确认工作中面临一个主要困境，即基层的税务人员无法有效判断申请的社会组织是否符合相关公益性标准，有时候会通过申请机构所从事的领域、规模大小，甚至与政府部门关系的亲密程度而间接进行判断。由此导致慈善组织无法享受免税资格和税前扣除资格。

三、慈善组织监管制度实施情况

从对广州市民政局相关负责人的访谈中我们得知，2013 年以来广州市在加强慈善组织日常监管方面作出了一些探索创新。其中包括:《广东省民政厅关于印发〈广东省民政厅关于进一步促进公益服务类社会组织发展的若干规定〉的通知》(粤民〔2013〕111号)、《广州市社会组织管理办法》(广州市人民政府令第108号)、《广州市社会组织登记管理机关行政处罚程序规定》(2015/10/20,广州市民政局)、《广州市社会组织财务管理工作指引》(2015/9/29,广州市民政局)、《广州市社会组织法人治理指引》(2016/1/3,广州市民政局)和《广州市社会组织抽查监督办法》(2015/8/7,广州市民政局)等,这些监管制度从慈善组织登记、业务指导、日常监管、财务监督等方面,规定了民政、财政和各业务指导部门的相应职责。2013年广州市慈善组织社会监督委员会成立,该委员会是独立于政府部门和慈善组织的第三方监管机构,独立监管慈善组织的资金使用和信息公开等情况,同时也对慈善组织的一些活动提供专业的咨询意见。

第三节　慈善组织认定制度的国际比较与借鉴

在世界上,美国现代慈善组织发达,慈善组织认定标准、程序以及税收优惠政策较为健全。英国是最早对慈善活动进行专门立法的国家,经过数百年的发展已经形成了相对完备的慈善组织认定和监督体制。近年来,日本大力推进非营利组织管理制度改革(包括认定制度),其改革做法和成效值得关注。基于以上考虑,本书选取了美英日三国作为个案,考察其慈善组织的认定制度及相应的监管做法,以期对我国慈善组织认定制度优化有所借鉴。

一、美国慈善组织认定制度

(一)美国慈善组织简介

依据《美国国内税法典》的相关规定,免税社会组织包括慈善组织和为会员服务的互益性组织两大类。而根据《美国国内税法典》501(c)(3)获得免税资格的慈善组织类别很多。具体分类及数量对比参见表格 4-2、4-3。

表 4-2 《美国国内税法典》中 501(c)(3)下慈善组织分类

<table>
<tr><th>类　别</th><th>条　件</th><th colspan="2">特　　征</th></tr>
<tr><td>私有基金会
Private Foundation</td><td>符合 501(c)(3)但不符合 509(a)</td><td colspan="2">(1)部分私有基金会可享受和公共慈善组织一样的免税待遇，如部分私有运作型基金会；
(2)部门私有基金会不享受免税待遇，如部分慈善信托基金，即利益分成信托基金，但由于不享受税收优惠，因此数量不多。</td></tr>
<tr><td rowspan="4">公共慈善组织
Public Foundation</td><td rowspan="4">既符合 501(c)(3)，又符合 509(a)</td><td>509(a)(1)条</td><td>接受公共资助的慈善组织，如医院、学校等</td></tr>
<tr><td>509(a)(2)条</td><td>免税目的活动受资助的慈善组织，如 Tea Lakes 这样一个会员制的提倡人们保护环境与野生动物的慈善组织</td></tr>
<tr><td>509(a)(3)条</td><td>支持型的慈善组织，即专门为支持 509(a)(1)或 509(a)(2)等公共慈善类组织发展而设立的，常见的有支持学校、医院、图书馆、警察局等的基金会</td></tr>
<tr><td>509(a)(4)条</td><td>公共安全慈善组织，即只为测试公共安全目的而存在，属于特殊类型的慈善组织，如测试公共消费品是否安全</td></tr>
</table>

资料来源：褚蓥：《美国公共慈善组织法律规则》，北京知识产权出版社 2015 年版，第 4 页。

表 4-3　2005 年美国各类免税组织数量及占比

组织类别	组织数量（家）	所占比例（%）
所有免税组织（tax-exempt organizations）	1529762	100
公共慈善组织（public charities）	1059150	69.2
私有基金会（private foundations）	101892	6.7
501（c）（3）条下其他非营利组织（other types of nonprofit organizations）	368720	24.1

资料来源：NCCS Business Master File 5/2015 国家慈善统计中心 2015 年 5 月公布的数据（http：//nccs.urban.org/statistics/quickfacts.cfm）。

由表 4-3 可知，免税的慈善组织中公共慈善组织的比例远远超过私有基金会。公共慈善组织与私有基金会的主要区别如下：

地位的获取与维持不同。私有基金会在设立成功后只需要向州或联邦税务局申请，且没有违法行为就可以长期维持其免税地位。但公共慈善组织要想获得并长期保持其免税地位，必须在通过公众资助率测试，① 并且测试中会员会费或者免税目的相关的活动的收入比例需要在 1/3 以上，以保证其公共慈善的性质，否则即为私有基金会。

功能不同。私有基金会包括“利益分成信托基金、运作型基金会和非运作型基金会”。② 这类组织更多的是起到资金中转的作用，而公共慈善组织更多的是对具体项目的操作。

① 公众资助率测试，是指政府针对公共慈善组织进行的一种保证其慈善目的的测试。符合要求的慈善组织便能得到公共慈善组织的地位，并享受公共慈善组织的优惠条件，如不用承担繁琐的报告义务，不用和私有基金会一样支付净投资收益。详见褚蓥：《美国公共慈善组织法律规则》，知识产权出版社 2015 年版，第 37—47 页。

② 褚蓥：《美国私有基金会法律制度》，知识产权出版社 2012 年版，第 15 页。

组织结构不同。私有基金会更多的是以公益性公司和慈善信托的组织形式存在。但公共慈善组织多以社团的形式存在，这也满足了《美国国内税法典》中关于组织形式必须是“公司（或为公司化的社团）、社区福利基金、信托基金等”的规定。

资金来源不同。相对于私有基金会的资金来源的单一渠道（更多的是个人捐款或公司捐款），公共慈善组织的资金来源较多元，包括公共捐款、私有基金会的拨款、部门的会费以及政府的财政拨款。

接受监督程度不同。对私有基金会的监督要远甚于对公共慈善组织的监督。如《美国国内税法典》规定不允许私有基金会进行任何“游说”，但同时允许公共慈善组织进行属于其行为的非实质性部分的“游说”。

享受的优惠不同。首先，无论个人还是企业向私有基金会捐款时，如果其是利益分配信托，那么这些捐赠者将不能享受扣税优惠。然而公共慈善组织只要申请成功便必然全部都是免税组织。同时公共慈善组织既不用向私有基金会那样支付净投资收益，也不用承担繁琐的报告义务。

（二）美国慈善组织认定制度

尽管私有基金会与公共慈善组织的设立条件有所不同，但无论私有基金会还是公共慈善组织，美国政府对其认定与管理都由联邦与州两级完成，而且认定程序基本一致。为了论述的方便，笔者将统一以“慈善组织认定”来阐述相关问题。

1. 慈善组织认定和监督的主体

美国的慈善组织的认定与监管机构主要是：

第一，联邦政府国家税务局（IRS）。联邦政府税务局有专门的“免税和政府实体部门”（Tax Exempt & Government Entities）负责联邦慈善组织的认定工作、税收减免以及和联邦税务相关的日常审查。

第二，各州政府办公室。该办公室主要负责管理慈善组织的注册、地方税的减免办理以及地方税务相关的日常审计。

第三，各州司法厅。各州司法部门主要负责审查办理与慈善组织有关的案件。

2. 慈善组织认定的实体性规范

在美国，并没有专门和独立的慈善法，对于慈善组织的规定和条款散见于宪法、税法、公司法等联邦和州的法律法规之中。具体法规规定如下：

第一，组织已成立，并申请获得EIN。EIN（employer identification number）即雇主识别码。此代码申请方式众多，如网上申请、电话申请、传真或邮件申请均可，慈善组织通过这些途径可以获得一份 Form SS-4 的表格，填写完毕后交给联邦税务局，两周内获得回复。这一代码是一个标识，主要用于以下场合：开设银行账户、向税务机关申请免税地位、缴纳消费税、提交组织年度审计报告以及为雇员代扣所得税等。

第二，满足 501（c）（3）规定。虽然慈善组织在各州注册的时候已经在章程中申明了自己满足 501（c）（3）的慈善目的的规定，但在成立后向联邦税务局申请免税地位的时候还必须确认自己满足 501（c）（3）的条件。具体条件如下：

慈善组织已成立并且符合规定。在此项规定中需要强调以下问题：第一，组织成立的形式必须是公司、社会团体、基金、基金会或信托基金；第二，组织章程必须证明组织是完全符合 501（c）（3）条规定的一个或几个公益目的的组织。

组织宗旨完全为了免税。此规定重点强调免税的目的：第一，宗旨符合“以慈善、宗教、科学、文学、教育或增强公共安全为唯一目的，或为促进全国或国际业余体育竞赛，或为防止虐待儿童、动物等”中的一项或多项；第二，其受众必须是不特定多数人，而非为任何个人或团体谋利；第三，虽然允许组织开展部分营利行为，但组织的大部分行为必须符合免税目的，否则将可能影响到组织的免税地位。而对于什么是“大部分”，《国内税法典》并没有作出阐释，只是将这一自由裁量权交给了财税工作人员；第四，无论组织存续期间还是组织解散之后，其财产都不得进行分配，而是应该用于符合其慈善目的的活动。

不得干预政治。私有基金会被禁止游说行为，而公共慈善基金会的主要行为不得进行立法游说。这一要求具体包含两个方面：第一，不得参与或者插手任何公共职位竞选人的竞选活动；第二，不得进行立法游说。在此规定中对私有基金会的要求更严一些，游说行为是绝对禁止的，而对公共慈善组织的游说行为只是“部分限制”。违反这一要求的组织将被视为“行为组织”而课以消费税①。

第三，1023 表格。所有向联邦税务局申请免税地位的慈善组织都必须填写 1023 表格②，回答表格中的问题选项，以表明自己确实符合 501（c）（3）中关于慈善目的的一条或多条规定。

第四，组织测试和运营测试。组织测试的目的是考察慈善组织设立和运营的目的，即考察其是否限定于慈善的非营利性目的，除此之外，还要考察一旦慈善组织解散，该组织的剩余财产能否继续用于符合公益目的的活动。归根结底，组织测试就是考察慈善组织的章程、协议等治理文件是否满足 501（c）（3）中第 1—2 条的规定：首先，组织的成立或运行的宗旨必须符合 501（c）（3）第一条规定中的一项或多项慈善目的；其次，该慈善组

① 褚蓥：《美国公共慈善组织法律规则》，北京知识产权出版社 2015 年版，第 109 页。

② 见 http：//www.irs.gov/uac/About-Form-1023（1023 表格下载地址）。

织的全部资产必须用于符合 501(c)(3)第二条规定的公益事业，不得为任何组织和个人谋利，不得私自分配任何资产。运营测试，主要是通过评估完成，评估的内容如下：组织的活动目的是否主要是非营利的，以营利为目的的活动所占比例是否很小，组织是否将非特定个人作为主要受益对象，即满足 501(c)(3)中第 3—5 条的规定。虽然组织成立时在章程中关于慈善目的与免税目的的声明，以及 1023 表格中对 501(c)(3)内容的不同形式的复现，还有组织的目的测试、组织测试与运营测试这些文件与测试之间有所重合，但最终目的都是保证所认定的慈善组织是真正为慈善事业服务的。

3. 慈善组织的认定程序

慈善组织在各州的注册，基本是以各州的具体规定为登记指导向州政府提出正式的结社要求，但为了方便在未来申请到联邦税务局的免税地位，各慈善组织在其所在州注册时提交的章程中会加入证明其符合 501(c)(3)的声明。已经在州一级完成注册的慈善组织并不会自动获取免税地位，这些组织必须分别向各州和联邦税务局申请获得“免税慈善组织”地位，州和联邦税务局对免税地位的认定过程是独立进行的。美国各州的认定程序与联邦税务局的规定大同小异，因此，笔者以联邦税务局的申请为例进行分析。

首先，在各州设立成功并获得 EIN。其次，按照要求提交前文所述的 1023 表格、组织内部章程、所得税申报表以及商业所得税申报表，连同联邦税务局要求的诸如关于机构的历史、活动等描述、组织发布的通稿、有会员的组织的会员资料等其他资料。最后向 IRS 提出免税申请的慈善组织还必须通过组织测试和运营测试，以保证其运营和目的符合免税目的并且是慈善的。在正确完成以上材料、通过测试并按要求缴完费用后的 6 至

10 周内，美国国内税务局会向该组织颁发一份批准函（Operate Test）。如果材料未通过，那么该组织会收到被退回的申请文件并附带一份解释函。如果该组织在解释函所规定的时间内完成了资料的补充，那么该申请依然有效。

4. 慈善组织认定后的优惠

第一，慈善组织的免税优惠。所获捐赠收入，无论现金还是物资都免除所得税。此处所免除的所得税一般包括联邦和企业所在州的所得税，而企业营业税的减免情况根据各州的实际情况有所不同。与此同时，与慈善目的不相关的消费税、商业所得税以及贸易所得税等，慈善组织仍需按规定缴纳。

第二，慈善组织享受的其他优惠。根据各州政策而有所不同，比如申请大宗邮件的折扣、某些商店或服务机构的消费折扣、某些媒体广告的特惠等。

第三，捐赠者的税收优惠。被认定为免税的慈善组织，向其捐赠的公司和个人享受遗产税或所得税等方面的抵税或扣税的优惠政策。

5. 慈善组织的日常监管

通过认定的慈善组织，美国国税局将通过以下三种方式对其日常运作进行监管：第一，慈善组织的年度报表，即 990 表；第二，国税局得到联邦税法授权有权审查慈善组织的账目、各项财务记录以及组织运营状况；第三，根据慈善组织评估结果，处罚不合格或违规的慈善组织，以纠正其行为或慈善目的的偏差。当然，美国民间的监管力量也是慈善组织综合监管体系中不可小觑的组成部分。在慈善组织的公众监督方面，捐赠者可以在 NCCS 网站上先找到 EO 检测，通过此检测来查看一个组织是不是免税的慈善组织，并查看其联邦税的状态和备案的某些公开信息，以此来保证自己的捐赠可以顺利得到税务部门的抵税优惠。美国还运用“慈善导航”这一民间网站，对全国5500家知名慈善组织进行及时的信息发布和评估，并按照各个指标动态评选出各类“10个最”慈善组织，如“10个规模最大的慈善组织”，“10个一贯最优秀的慈善组织”，“10个管理人员报酬最低的慈善组织”等。

6. 慈善组织的撤销或变更

如前文所述，美国的私人基金会免税地位的获取一般是永久性的，只要定期向税务局申请并且不出现违法的行为则会一直拥有此地位。然而公共慈善组织的地位并非永久，它在获得后还需长期满足公众资助测试且不违法。如果出现下列情况之一，两类慈善组织的免税资格也将被撤销或变更：“第一，《美国国内税法典》的相关规定修改或废止的；第二，美国最高法院裁决，撤销或修改其免税组织地位的；第三，免税组织在存续期间到期后未延续的；第四，免税组织解散、撤销或被并购的；第五，其他情况。”①

二、英国慈善组织认定制度

（一）英国慈善组织简介

纵观英国整个慈善史，不难发现其中几部重要法律的出台推动了其慈善事业的进步。英国于1601年颁布的《慈善使用法》堪称“现代慈善法的开端”。第二次世界大战引起了市场环境的显著变化，英国政府相继出台了《慈善信托法》（1954年）和《娱乐慈善法》（1958年），适应和推动了慈善事业的新发展。1960年英国政府整合了《慈善信托法》（1954年）和《娱乐慈善法》（1958年），并在此基础上颁布了《慈善法》。随后，该法分别于1992年、1993年和2006年历经三次修订。而2006年的这次修订，在慈善组织界定、慈善委员会、慈善组织注册、慈善资金募捐及捐赠财产使用、慈善组织监督、慈善公司、慈善法人等方面，

---

① 褚蓥：《美国私有基金会法律制度》，知识产权出版社2012年版，第102—103页。

建立了更加完善细致的慈善法律制度，使慈善组织从成立、运转到退出都更加规范，该法对于促进英国慈善事业的高速发展，具有里程碑式的意义。

慈善组织并不只有单一的一种法律形式，而是能以多种方式建立起来，包括信托（trust）、非法人社团（unincorporated association）、慈善法人组织（charitable incorporated organization，CIO）、担保有限公司（charitable company limited by guarantee）及工业和互助会（IPS）等五种法律形式。每个法律形式的慈善组织都有各自的特点、要求及相应的管理体制。五种慈善组织的法律形式分为法人结构和非法人结构两大类，其中，法人结构主要包括担保有限公司、慈善法人组织、工业和互助会，非法人结构主要包括信托、非法人社团。按照规定，一个慈善组织只能有一种法律形式，但这些法律形式并不是专门为慈善组织量身设计的。只要符合慈善委员会相关要求，慈善组织即可采取信托、非法人社团、慈善法人组织这三种法律形式，而慈善组织要想采取担保有限公司这一法律形式，则不仅需要符合慈善委员会相关要求，还必须同时符合公司登记处的规定。

（二）英国慈善组织认定制度

1. 慈善组织认定和监督的主体

英国慈善委员会（Charity Commission）。慈善委员会是英国慈善组织的法定注册和监管机构，它决定符合什么条件的社会组织可以拥有慈善身份。慈善委员会通过组织登记注册、对组织活动提供支持、监督管理、调查慈善组织不当行为和错误管理这四个方面行使其法定权力。英格兰及威尔士慈善委员会、苏格兰慈善委员会、北爱尔兰慈善委员会是英国现有的三家慈善委员会，它们分别负责监管辖区内的慈善组织，其中，管辖范围最广、管辖慈善组织数量最多的慈善委员会是英格兰及威尔士慈善委员会。作为非内阁部门（Non-Ministerial Department，NMD），慈善委员会有近600名工作人员，每年预算接近3000万英镑。英国国家公共基金负责统一划拨慈善委员会的财政预算，慈善委员会独立于国家政治程序，可独立行使法定权力，对慈善组织采取行动时向法院负责。

公司登记局（Companies House）。慈善组织要申请免税资格，必须先在公司登记局登记成立。担保有限公司、慈善法人组织、工业及互助会等法人组织都是在公司登记局登记成立的，在拥有了法人资格后才能按慈善委员会的相关认定标准进行注册。

税务海关总署（Her Majesty’s Revenue and Customs，HMRC）。该部门主要负责慈善组织的税收问题，由于相关税法已经将慈善组织免税资格的认定权授权给慈善委员会，因此慈善组织在申请免税资格时，只需要在网上在线申请得到税务海关总署的认可。

2. *慈善组织认定的实体性规范*

慈善组织正常开展活动可以不注册。但要想成为“注册慈善组织”则需要得到国家的认可，慈善组织也必须符合一些实体性规范后才能享受免税及相关的优惠政策。这些实体性规范包括必须符合年收入要求、组织目的及活动范围要求、受托人要求以及制度性文件和财务信息等方面的规范要求。具体要求如下：

年收入必须超过5000英镑。根据英国2006年《慈善法》，慈善组织年收入超过5000英镑才能在慈善委员会登记，已经存在的“注册慈善组织”年收入超过5000英镑也才能保留现有的慈善组织法人地位。年收入低于5000英镑的慈善组织，可以开展慈善活动，但不能拥有慈善编号。如果要享受减免税收的优惠待遇，该组织可以在线直接向税务与海关总署申请认可活动HMRC编号，不必向慈善委员会提交相关报告。这样的慈善组织只能享受相应的减免税待遇，除此以外不能得到同获得慈善编号的组织一样的待遇。

组织目的与活动范围。根据2006年《慈善法》，慈善组织注册成功的最主要的前提是要将“公益性”与“慈善性”作为该组织的唯一宗旨。慈善组织的活动范围可以十分宽泛，“包括传统的慈善，如扶贫、济困、帮助弱势群体、促进科教文卫体宗的发展；也包括现代的公益，如促进人权进步、解决或调节冲突、宗教、种族和谐问题，促进环护等”。

组织受托人。组织受托人也称为“管理受托人”，指的是管理委员会、执行委员会或相似决策机构的组成成员，他们负责管理员工和志愿者、管理资金收支、决定组织发展方向、确保组织正常运行。根据规定，英国慈善组织的受托人不得少于3个，并且以团队形式存在。

制度性文件。慈善组织要向慈善委员会提交三种类型的文件：制度性文件、信托契约和公司章程，其中制度性文件是非法人社团或慈善法人组织的制度性文件；信托契约是慈善信托的制度性文件；章程类型的选择与慈善组织类型相对应，公司章程是担保有限公司的制度性文件。无论哪种文件形式，都包含慈善组织的支出方式、受托人任命方式和组织机构的运行方式。

财务信息。根据规定，慈善组织须向慈善委员会提交以下信息：详细的银行账户、财务信息、已经筹集的资金和承诺用于组织的资金的详细票据。

3. 慈善组织认定程序

要在英国成立慈善组织，大多都需要向慈善委员会申请登记，并且需要通过慈善委员会官网上提供的英国税务海关总署网站链接，在线申请英国税务海关总署的认可。具体程序由申请注册和申请认可两部分组成。

第一，慎重考虑自己要求慈善组织注册的选择（decide if a

charity is the right option)。因为注册为慈善组织能享受到不少的优惠，因此许多组织都要求慈善委员会给予注册，然而慈善委员会会提醒广大注册者，一个已注册的慈善组织除享受权利与优惠外还必须履行许多义务：遵守法律，自觉接受慈善委员会和税收海关总署两个部门的监管；慈善组织及该组织的委托人不能以权谋私；慈善组织必须拥有独立的法人身份；该组织所从事的活动必须符合慈善目的，且受益人必须是不特定多数，即公共的。

第二，决定慈善目的(decide on your charity's purpose)。由于一个慈善组织的目的与宗旨是该组织成立与存在的唯一理由，因此慈善组织在申请注册前必须先考虑清楚自己的慈善目的是什么，并且要准确地描述出自己的慈善宗旨。

第三，选择组织结构，即组织将以何种法人身份进行注册(choose a charity structure)。如前文分析，在英国慈善组织主要有四种形式，因此组织在注册时应该提前选择。

第四，详述并提交组织章程等制度性文件(write a governing document)。该章程必须包括以下内容：组织的名称、目的、委托人和会员(如果有的话)、董事会形式、组织的变更和注销等。在这一过程中组织还必须认真完成两项任务：其一，选择组织的名称，因为组织的名称关系到税种的核定，所以命名必须符合相关规定。其二，寻找组织的受托人，作为慈善组织的受托人，必须满足以下条件：有专业技能，如募集资金或融资；有社区资源；能够反映贵组织帮助的人群的需求等。

第五，提交财务账目副本、经过所有理事签名的理事宣言表格以及支持本机构进行注册的信息。

第六，通过委员会官网中的链接，在线向税务海关总署提出认可的申请，即备案。

在慈善委员会的指导下，一个准备注册的慈善组织免费完成以上程序，在十五日后经核准取得公益法人的地位后，就获得一个唯一的慈善编号。经慈善委员会注册的慈善组织，只要在税务海关总署备案即可获得该机构的认可并给予相应的免税待遇。但是，在决定新的慈善领域的注册和特殊的比较存在争议的慈善组织的注册时，慈善委员会需要事前征求税务海关总署的意见，取得其同意。

在英国有少数慈善组织不需要登记，它们是：其一，享受豁免注册权的慈善组织（Exempt Charities），这一类型的慈善组织主要指的是绝大多数的大学、教育机构、博物馆和展览馆，它们不需要在慈善委员会登记是因为有其他政府部门对它们进行监管；其二，教堂、童子军组织和军队类这些特殊的慈善组织（Excepted Charities）也不需要在慈善委员会登记，但慈善委员会有权对它们进行监管；其三，年收入低于5000英镑的慈善组织。由于其年收入较低，不具备向慈善委员会登记的条件，所以无法在英国慈善委员会注册，但这些慈善组织的慈善目的只要符合2006年《慈善法》的规定，就可以通过在线申请获得英国税务海关总署的认可，从而享受注册慈善组织的相关税收优惠待遇，不过这一类慈善组织不需要向慈善委员会提交相关报告。①

4. 慈善组织认定后的优惠

获得慈善编码的慈善组织可以享受的好处如下：

第一，慈善收支一律免税。包括捐赠、交易利润、租金或投资收益（如银行利息）、出售或“处置”的资产的收益（房地产或股票收益等），但是非慈善支持的部分仍然要缴税。

第二，可向政府和各种基金申请资助。注册慈善组织可以申

---

① 王世强：《英国慈善组织的法律形式及登记管理》，《非营利组织管理》2012年第8期。

请获得政府以及基金会的支持与帮助。

第三，可合法地向社会公众筹款。公众对经注册的慈善组织的信任与认可，加上向这类组织捐款可以抵扣部分所得税，也是这些得到认定的慈善组织向社会募捐的一大有利资源。

5. 对慈善组织的日常监管

1990 年代以来，为防止公共资源的浪费与公权力的异化，保障慈善组织能真正为慈善事业服务，英国政府不断加强对慈善组织的监管力度。慈善组织一旦注册将得到许多优惠，但是与此相伴的监管也是比较严格的，主要来自五个层次：第一，遵守相关法律和规范。《慈善法》《公司法》《慈善和信托投资法（苏格兰）》及相关法规对慈善组织的日常行为制定了一系列规范，如对于筹款、商业助募、游说、政治活动等的限定。慈善组织如果违反了这些规定，就要接受相应的处罚。如对诽谤、刑事犯罪等的处罚。第二，不同法律形式的组织接受不同的规范。比如，一个以有限担保责任公司形式成立的慈善组织，在接受慈善委员会监督的同时还要受到《公司法》的限制。第三，慈善委员会的监管。已登记的慈善组织，以及被豁免的或不具备在慈善委员会登记条件的慈善组织，都要接受慈善委员会的监督。慈善委员会对于这些慈善组织提供咨询指导，并对其实施差别化监管，即审查年度经费超过 1 万英镑的慈善组织的财务报告，对年度经费不到 1 万英镑的慈善组织进行抽样检查，年度经费不到 1 万英镑的慈善组织不需要呈报财务报表，只要把相关财务报表备查即可。① 第四，慈善组织理事团的日常监督。慈善组织理事团是由利益相关者或公众代表形成的一个组织，它对慈善组织的合理运作与健

① 陈丹红、沈飞昊：《慈善事业：英国社会第三种力量》，《上海证券报》2010 年 6 月 15 日。

康发展承担着重要的责任，是对慈善组织进行监管的一种最基础、最日常的民间自律监管形式。第五，开放的信息公开和权威的机构评估。公民对慈善组织财务来源和去向有知情权，公民可对慈善组织进行动态监管，所有的捐赠者和受益人都可以随时向慈善组织申请查阅其财务报告等相关信息。民间机构对慈善组织的等级评估也决定着这个组织能接受捐赠的多少与得到社会信任的程度。

总之，英国慈善组织的监督机制是经过长时间的修改与完善而形成的，现有的监管机制相对完备而成熟，体现了政府监管、慈善组织自律和公众监督相结合的管理特色。

6. 慈善组织的撤销或变更

根据相关法律规定，英国慈善委员会有权对不符合条件的慈善组织进行变更或撤销。不同法律形式的慈善组织变更或撤销的具体要求不尽相同，但总体条件如下："与其他组织合并；该组织原有的慈善目的已经达到或完成；失去基金或资金的支持；缺少组织成员；组织的法律形式改变；违反慈善法相关规定进行谋利或未能按时提交组织财务报告的；其他情况。"①

三、日本慈善组织认定制度

（一）日本慈善组织简介

日本的公益法人制度是由1896年明治政府的《民法》正式确立下来的。该法将私法人分为"营利法人"和"公益法人"。《民法》第34条明确了公益法人的概念：有关祭祀、宗教、慈善、学术、工艺美术及其他公益的社团和财团，不以营利为目的，经主管部门的许可，即可称为法人。②公益法人又分社团法人和财

① 《关于慈善组织撤销或变更的说明》，英国慈善委员会官网，https://www.gov.uk/guidance/how-to-close-a-charity。

② 王世强：《日本非营利组织的法律框架及公益认定》，《学会》2012年第10期。

团法人，前者由会员组成，后者依资产而设立。但对于何为“其他公益”事业的范围认定则交由主管部门自由裁量。在中央集权制国家体制下，日本公益法人的设立受到严格控制，发展缓慢。随着第二次世界大战后日本经济的复苏，一系列社会问题逐渐暴露，加之自然灾害频发，政府往往难以应对，众多的公益组织迅速发展起来。为了降低公益法人登记门槛，1998 年日本众议院通过了《特定非营利活动促进法》，设立了一个新的非营利法人形式——特定非营利活动法人。该法对特定非营利活动法人采取宽松的“认证制”替代原有的“许可制”，简化登记程序，同时加强信息公开和问责。进入 21 世纪后，为了适应非营利部门的快速发展，整合国内纷繁复杂的非营利法规体系，2006 年日本颁布了“公益法人制度改革关联三法案”，即《一般社团法人和一般财团法人法》《公益社团法人和公益财团法人认定法》和《相关上述法律实施的整备法》，确立了新的公益法人制度。与旧的公益法人制度相比，新公益法人制度具有以下显著特征：将法人设立与公益认定进行分离；法人设立采取准则主义，废除主管部门许可；公益认定授权给由民间专家组成的第三方合议制机构，不再由主管部门或国税厅负责；将公益认定标准细化，提高透明度和可预见性。①

（二）日本慈善组织认定

1. 慈善组织认定主体

内阁大臣和都道府县知事是公益认定机关。其中，内阁大臣负责认定全国性的一般法人，都道府县知事负责认定地方性一般法人。内阁府和都道府县总务部受理相关认定申请后，只进行形

① 俞祖成：《日本非营利组织：法制建设与改革动向》，《中国机构改革与管理》2016 年第 7 期。

式要件审查，申请人是否具有公益性的关键性审查，由内阁府公益认定委员会和都道府县的第三方合议制机构负责。

公益法人委员会（PICC）及第三方合议机构。为避免政府对非营利组织的过多干预，日本参考借鉴了英国的慈善组织认定和监管经验，由政府部门以外的第三方机构对公益法人进行资格认定。2007年成立了“公益法人委员会”（PICC），负责对全国性公益组织的认定工作。PICC的功能基本等同于英国的慈善委员会，该机构经国会同意，由内阁总理大臣任命，独立行使职权。PICC由律师、注册会计师、法学教授、公益实践家及三位专职人员共七名委员组成，任期三年。在都、道、府、县也有类似的合议机构，它们一般是由五人组成，最少也有三人的。

2. 慈善组织认定的实体性规范

根据新的公益法人制度，法人设立与公益认定实行分离，法人设立要件和公益认定标准都进行了详尽的规定，日本公益法人认定标准共18条，详见表4-4。同时，针对认定标准，也制定了相应的具体操作细则。

表4-4　日本公益法人认定标准

第1条	以实施公益目的事业为主要目的。
第2条	具备实施公益目的事业所需会计基础和技术能力。
第3条	在事业实施过程中，禁止向会员、评议员、理事、监事、职员以及政令规定的其他相关利害人提供特殊利益。
第4条	禁止在事业实施过程中向股份制公司等营利企业以及政令规定的以谋求特定个人特定团体之利益为宗旨的组织提供捐赠及其他特殊利益。允许法人向其他公益法人提供捐赠及其他利益。
第5条	禁止从事投机性交易、高息融资以及由政令规定的有可能损害公益法人社会信誉或公序良俗的事业。
第6条	预计在公益目的事业实施过程中，通过该事业所获得的收入不超过实施该事业所需合理费用总额。

续表

第 7 条	实施公益目的事业之外的事业不会影响公益目的事业的顺利实施。
第 8 条	预计公益认定法第 15 款所规定的公益目的事业在法人所有事业中所占比率超过 50%。
第 9 条	在事业实施过程中，预计公益认定法第 16 款第 2 项所规定的闲置资产总额不超过同款第 1 项所规定的限额。
第 10 条	每名理事及其配偶以及三亲等以内的亲属（包括政令规定的与该理事存在特殊关系的相关人员）所担任的理事人数不超过理事总人数的 1/3。监事与此相同。
第 11 条	其他同一团体（政令规定的公益法人及其他相似团体除外）的理事或职员以及政令规定的与该团体存在密切关系的相关人员所担任的理事人数不超过理事总人数的 1/3。监事与此相同。
第 12 条	损益计算表所列收益总额超过 1000 亿日元，或者损益计算表所列费用额度和损失额度的总和超过 1000 亿日元，抑或借贷对照表所列负债总额超过 50 亿日元的一般法人必须设置会计监查人。
第 13 条	根据内阁府令，同时参考民间企业高管和普通职员的工资水平，并充分考虑本法人的经营状况及其他情况，制定合理的工资支付标准，以确保报酬等不至于过高。
第 14 条	一般社团法人还须满足以下条件：1. 禁止设置有关会员资格的取得和丧失的歧视性规定及其他不合理的规定；2. 禁止设置有关会员决议权的歧视性规定及其他不合理的规定；3. 须设置理事会。
第 15 条	禁止持有能够左右其他团体决策的股份或内阁府令规定的其他财产。
第 16 条	关于实施公益目的事业所不可或缺的特定财产的使用途径、维护以及处置限制等必要事项，必须通过章程加以规定。
第 17 条	必须在章程中作出如下规定：在公益认定资格被撤销或因合并而导致法人消亡的情形下，应在 1 个月内将剩余公益资产捐赠给组织宗旨相近的公益法人、中央政府、地方政府或其他法人。
第 18 条	必须在章程中作出如下规定：将清算后的剩余资产捐赠给组织宗旨相近的公益法人、中央政府、地方政府或其他法人。

资料来源：俞祖成：《日本公益法人认定制度及启示》，《清华大学学报（哲学社会科学版）》2017 年第 6 期，第 164 页表 1。

3. 慈善组织认定程序

新法实施后拟成立公益法人，其公益认定程序大致经过以下五个程序：①

设立法人。发起人首先完成一般法人登记。发起人将事先制定好的组织章程进行公证，继而提交至法务局进行法人登记，由此即可获得法人资格。

提交申请。全国性一般法人向内阁总理大臣提交认定申请，地方性一般法人则向都道府县知事提交认定申请。提交认定申请的方式包括电子申请、窗口申请以及邮寄申请。目前最常用的是电子申请。

形式审查。内阁府负责受理全国性一般法人的认定申请，各都道府县负责受理地方性一般法人的认定申请。这些受理部门的工作人员收到公益认定申请后，需要花费一个月左右的时间对申请材料进行形式要件审查。根据审查结果，受理部门可要求申请法人对申请材料进行修订或追加。

实质审查。第三方合议制机构负责公益认定的实质审查，期限是三个月。同时负责审议针对公益法人的劝告、命令以及取消公益认定资格等事项并将结果提交至首相或知事。根据法律授权，第三方合议制机构有权直接向公益法人征收报告或实施现场检查。

下达通知。第三方合议制机构作出同意“认定”的结果，行政部门将迅速以首相或知事的名义向申请法人递送“公益认定书”。接到认定书后，申请人须按照法律要求向法务局提交法人名称变更申请，并向税务和金融机构递交税务材料。法律允许申请人再次（不限次数）提交公益认定申请。申请法人对“不认定”的行政处分如果有异议，有权根据相关法规提出不服行政处分申诉或行政诉讼。

① 俞祖成：《日本公益法人认定制度及启示》，《清华大学学报（哲学社会科学版）》2017年第6期。

4. 慈善组织认定后的优惠

公益法人认定后要获取税收优惠资格，还要向税务部门提出申请，税务部门还要根据业务主管部门的审查结果进行资格判断。根据日本的法律，公益组织有权享受以下税收优惠政策：

对公益组织本身的税收优惠。第一，原则上，公益法人是不需要纳税的，它们仅需要缴纳公益事业收入的 80% 部分的 22% 法人税，该税率低于营利性法人税率（30%），公益法人公益事业收入的 20% 按照捐赠制度规定可转入该组织的公益事业支出，从而无需纳税。第二，如果某公益性社会团体是完全依靠会费来保证组织运营的，该组织免税。第三，对于利益分红所得税，公益法人免税。

对捐赠人的税收优惠。依据日本《法人税法》的规定，可以将捐赠分为以下两种：公益捐赠和一般捐赠。捐赠对象不同，捐赠者（企业或个人）所能享受到的税收优惠待遇也是不同的。公益捐赠与一般捐赠有所区别，纳税人向国家或地方政府机构、特定公益促进法人、大藏大臣指定的捐款组织、认定的特定非营利法人这四类组织进行的捐赠才被称为公益捐赠。“如果企业向公益法人或特定非营利法人进行捐赠，其所捐赠款项在税前全额抵扣。同时，个人通过公益法人或特定非营利法人进行捐赠，按照规定其将所捐款项超过 5000 日元的部分，在年所得的 30% 以内进行税前扣除。”①

5. 对慈善组织的日常监管

伴随着日本不断改进和完善的法制体系，关于公益法人的内部治理、提交报告和信息披露等各方面的要求也愈加严格。比

① 刘星：《日本教育非营利组织（NPO）研究及对中国的启示》，《日本研究》2012 年第 2 期。

如，一个公益组织一旦获得国税厅免税资格的认定，那么该组织每年都要向国税厅提交包括资金、活动服务项目、费用、物资和人员等各方面详细信息的报告，而且规定允许公众在三年内查看该报告。

6. 慈善组织的撤销或变更

公益社团法人和公益财团法人的活动必须符合相关法律的规定，任何公益社团法人或公益财团法人要想变更公益目的和活动范围，都必须先向 PICC 提交变更申请，待审核通过后方可变更。

PICC 有权责令违反《公益社团法人和公益财团法人认定法》等相关法律规定的公益法人整改其成立目的、活动范围、资产管理以及相关条件等，对于以权谋私不法活动的公益法人，拒不接受 PICC 改正要求的，PICC 联合政府机关有权将其撤销，被撤销的公益法人的相关资产要转给依据《私立学校法》建立的学校法人或转给依据《独立和行政机构法》建立的目的相关、性质相似的行政机构法人等非营利组织。

四、美英日三国比较与借鉴

（一）健全的法律体系

英美日三国在慈善组织认定与监管方面都拥有较为完善的法律体系。在英国主要是《慈善法》，在美国是《美国联邦税法典》，在日本是《公益财团法人与公益社团法人认定法》。与之相配合的相关法律法规也并不缺席，如英国的《公司法》，美国各州的非营利公司法与各州的非营利组织法，日本的《一般法人法》《民法》《特定非营利活动促进法》以及各项特别法等等。

（二）清晰的认定标准与程序

在英美日三国，慈善组织获取法人地位均需得到政府部门的批准或认可，其不同之处在于认定的机关和程序。

1. 认定程序

美国的慈善组织首先要到各州政府办公室进行注册，经过各州司法厅审查通过后，获得慈善组织法人地位。在英国，不同形式的慈善组织，会有不同的认定程序，采用信托、非法人社团、慈善法人组织法律形式的慈善组织向慈善委员会申请注册，审核通过即获得慈善组织的法人身份，而采取担保有限公司法律形式的慈善组织要想获得法人地位，不仅要获得公司委员会的认可，还要符合慈善委员会的相关要求。在日本，获得 PICC 认可的慈善组织才能获得公益法人身份。

2. 认定标准

慈善组织申请认定的主要目的是获得相关的免税和优惠政策，但不同的国家对什么样的组织能成为免税组织和获得税收优惠的具体标准不同，美国更加强调完全的慈善目的，同时指出慈善组织不得干预政治；英国“注册慈善组织”的最低收入作出了明确规定，并对“组织受托人”的人数与职责给予了说明；日本对慈善组织的专业性、公益性支出、组织的相关人数和公益性财团法人的注册资金都有明确的说明与要求。然而，三国都要求免税组织必须是完全的慈善目的（宗旨），并通过组织章程对组织形式、资产属性和活动范围进行明示。

（三）加强税务管理和监督

税务登记是税务机关根据税法规定，对纳税人的生产、经营活动进行登记管理的一项法定制度，也是纳税人依法履行其纳税义务的法定手续。税务登记是纳税人必须履行的法定义务，是税务机关实现税务管理的基础，证明征纳双方法律关系的成立。这在美国税务管理慈善组织监管中发挥着核心作用，其主要通过税收优惠资格的认定、运行测试、申报、信息披露与财务监督等手段得以实现。英国的慈善组织只有向慈善委员会登记，才能获得国家的认可，税务机关根据其在慈善委员会登记的情况进行税收优惠资格的认可。按照日本税法规定，慈善组织要享受免税待遇，须首先经由《公益财团法人与公益社团法人认定法》认定，再经税务部门认定。

（四）注重日常监督确保公益属性

英美日三国的慈善组织认定管理并不止于认定环节，更注重日常监督和动态监管，以保证慈善目的的单纯性与唯一性。比如，美国国税局对慈善组织账目和各项财务记录及运营状况的日常审查，英国和日本要求定期提交财务报告，对慈善组织的相关信息与捐赠情况及时公开。在社会监督方面，美国借助民间力量（慈善导航）评估与监督慈善组织的行为。英国要求慈善组织理事团对慈善组织的合理运作与健康发展负责。由此可见，在慈善组织的认定与监管过程中，这些国家都注重将监管部门间的配合、日常的监管与社会的监督相结合，形成慈善组织的综合管理体制，以此来维护和保障慈善组织不会偏离其公益属性。

第四节　健全我国慈善组织认定制度的相关建议

从有效监管理念出发，结合国际经验与我国慈善事业转型期的国情，本书认为我国应进一步健全慈善组织认定的法律体系，细化认定标准和程序，加强日常监管，健全慈善组织退出机制。

一、细化慈善组织认定标准

慈善组织是非营利组织中的一类组织，具有非营利组织的共性，即非政府性、非营利性、自治性和志愿性等，同时又有自己的个性。

首先，目的的公益性。同为非营利组织，各组织从事的活动领域相同，但慈善组织与其他非营利组织的区别之一就在于活动宗旨，即慈善组织的目的是公益性的，以不特定多数人的利益为唯一目的。

其次，以捐助行为设立。世界各国，无论英美法系还是大陆法系都遵循这一基本原则。所谓以捐助行为设立就是指，设立该组织的公益法人，是由捐资创办人根据捐助法规依法定程序组建董事会，由董事会完成公益法人登记，同时所捐赠的资产将一并转交给公益法人所有。

最后，法人资格及产权界定。慈善组织的法人资格与产权界定是一个问题的两个方面，要想了解其产权问题，必须首先明确组织的法人类型。

在英美法系的国家，政府、公司和慈善组织都可注册为“公司”(corporation)这一法律形式，非营利公司、协会和慈善信托是慈善组织的主要法律形式。英美法系的国家一般没有专门的法规来规定慈善组织的公益法人性质，但这些国家会通过一系列的法规来具体规定、有效规范各类慈善组织的公益性法人的本质属性。

慈善组织无论采取财团法人、慈善信托，还是慈善公司的形式，其应然状态下都是以捐赠资产为基础、以公益目的为唯一宗旨而建立的非营利组织。尽管公益捐赠与慈善信托的法律形式有所不同，但在这个过程当中都出现了捐赠人、受赠人与受益人或委托人、受托人与受益人的三方主体分离。那这笔资产为谁所有，谁对这笔资产的运作与管理负责，这就涉及慈善组织产权的问题。

如前文分析，在大陆法系中，慈善组织是通过捐赠设立的财团法人。财团法人以捐资人的意志所制定的“捐助章程”为基础而设立，如我国台湾地区慈善组织的设立程序是：先拟定捐助章程，同时组织董事会，随后募集资金，再由相关主管部门向有关部门提出登记申请，最后到当地法院办理法人登记手续。公益信托与上述形式相似，但是信托制度对信托合约的要求更加严格，并对以下所列信托特征进行了特别说明：第一，信托财产具有独立属性；第二，资产所有权和受益权必须相分离；第三，受托人负有限责任；第四，公益信托不能因受托人的变故而终止，而必须以“尽可能类似形式”的准则将信托不断延续。

总之，慈善组织设立时所存在的关系是多元的，这种多元的关系使得慈善组织的产权既不同于所有权明晰的私有产权，也不同于所有权主体是国家而使用权是代理人的国家产权。慈善组织的产权实际应属于公益产权，包括政府在内的任何主体都不可以随意侵占、私自挪用慈善组织的公益财产。慈善组织的公益产权具有如下特征：第一，没有一个完整的产权持有者，即慈善组织的利益三方主体均不是慈善组织产权的完全所有者；第二，慈善资产的剩余控制权和剩余索取权分离，受托人在规定范围内拥有剩余资产的控制权，可遵循“尽可能类似”的原则将其资产转移给与该慈善组织性质、宗旨相似或相同的慈善组织；第三，处理资产的受约性，即在授权的范围内对慈善资产进行处分、经营和管理；第四，不享有慈善资产的自由转让权，无论信托人、委托人、捐赠人、受赠人还是受益人，他们都不能将资产自由转让。

基于上述分析，本书认为我国应从组织目的、组织资源和产权三个核心要素出发搭建慈善组织认定标准的基本框架。第一，申请认定的组织必须以慈善作为唯一宗旨。第二，以捐赠为设立基础。第三，具有法人资格，其符合公益财产属性。详见表4-5。

表 4-5　关于我国慈善组织认定标准的原则性建议

	特殊性	具体表现
组织目的	1. 利他主义 2. 慈善为唯一宗旨	1. 即为他人而采取行动或无偿给予他人福利，这是慈善组织与“互益型社会组织”的最大区别； 2. 即必须是完全为了公益慈善宗旨，而不能在公益慈善宗旨中夹带其他非公益慈善宗旨。
组织资源	以捐赠为设立基础	虽然慈善资金的来源呈多元化发展的趋势，但既然慈善是“把公民志愿帮助穷人和完善社会福利的愿望转化为具体行动的努力”①，那么自愿捐献就是其资金来源的一个必要且重要的部分，尽管各国所占比例各不相同。
产权	独立法人属性， 公益产权	具有独立的法人资格，同时其财产具有如下特征： 1. 没有一个完整产权的所有者； 2. 剩余索取权和剩余控制权分离； 3. 使用权受到限制与约束； 4. 任何人都不能自由转让资产； 5. 受益主体不特定。

二、尽快实现慈善组织认定与相关优惠政策的有效衔接

如前所述，对慈善组织和相应的慈善捐赠分别给予税收减免和税前抵扣优惠是各国的惯常做法。当前，我国慈善组织税收优惠政策落实效果不佳，其中财税部门缺乏有效的公益性认定标准是面临的主要障碍之一。随着我国慈善组织认定制度的确立和相应标准的细化，慈善组织免税资格的认定及税前扣除资格的确认中关于公益性的认定都将变得有法可依，有据可查。然而，现行慈善组织的税收优惠政策与《中华人民共和国慈善法》缺乏有效衔接，比如，未能涵盖全部慈善活动和各种形态的慈善组织，

① 徐麟:《中国慈善事业发展研究》，中国社会出版社 2005 年版，第 182 页。

各实体法对同一慈善事项所实施的政策协调配合度较低，税收优惠比例偏低、缺乏结转机制、范围仍然过窄，对于捐赠非现金资产行为未给予优惠待遇等等。[①] 基于此，有必要尽快在法律层面实现《中华人民共和国慈善法》和税收相关法律的有效衔接，将全部类型的慈善组织纳入免税、减税、税前扣除等税收优惠体系之中，扩大慈善组织受惠覆盖面。同时，财政、税务和民政等部门间应尽快建立慈善组织信息沟通协调机制，对慈善组织免税资格和公益性捐赠税前扣除资格申报认定的周期由每年一次增加逐渐过渡到每季度一次、每月办理一次，简化免税资格认定和税前扣除资格确认的流程，提高服务便捷性，让慈善组织税收优惠政策真正发挥其激励效果。

三、强化慈善组织认定及后续监管

（一）成立专门的慈善组织认定机构

鉴于慈善组织认定的重要地位和影响，借鉴国际经验，结合我国国情，为保证慈善组织认定的独立性、权威性和科学性，建议探索成立独立的慈善组织认定机构。成员由民政、财税等部门专业人员、律师、会计师、专家等人员组成。

（二）加强慈善组织的税收管理

在促进慈善组织发展方面，税收优惠既是重要的激励手段，也是不可或缺的监管手段。就目前我国慈善组织税收政策执行中出现的监管有待加强问题，建议从国家层面增加慈善组织的税收登记门类，从加强慈善组织税务登记信息管理入手，为掌握更全面和准确的涉税信息提供保障。随着2016年“三证合一”统一代码制度在社会组织登记领域的推行，原来成立社会组织必

① 王海南等：《慈善组织税收优惠政策研究》，中国社会组织公共服务平台，2016年中国社会组织建设与管理理论研究课题成果，http://www.chinanpo.gov.cn/700106/108307/newswjindex.html。

须办理的社会组织登记证书、组织机构代码证、税务登记证将合并为加载有统一社会信用代码的社会组织登记证书。在“三证合一”背景下，税务部门与民政部门之间应加快建立省级统一的信用信息共享交换平台，实现登记信息的实时传递和互通。

（三）加强对慈善组织的审计监督

应将审计监督作为慈善组织认定后序监管的专业且基本手段。将慈善组织纳入政府审计范围，加强对重点项目和重大资金的政府审计力度。同时，有效调动社会审计力量，强化慈善组织日常审计监督。近年来，一些省市创新社会组织审计监督工作机制，实施向社会购买审计服务即委托财务审计制度，取得了较好效果。建议将慈善组织委托审计制度纳入政府采购目录，加大公共采购资金投入，健全规范和流程，提高监督力度。

（四）完善慈善组织退出机制

退出机制是慈善组织认定后续监管的最后一个环节，也是保障慈善组织公益性和维护慈善市场秩序不可或缺的重要环节。《中华人民共和国慈善法》统一了慈善组织的退出标准和程序，但这些退出机制仍然是原则性的，未来应进一步细化退出标准，健全退出后的财产处置和责任约束制度，提高退出程序的可操作性。

第五章　过程监管改革：以推动慈善组织信息公开为重点

通过公开和透明的机制对慈善组织运作的全过程进行监督是国际上慈善组织监管体制的普遍做法。[①]《中华人民共和国慈善法》中最具刚性约束和最核心的制度安排是信息公开。[②]《中华人民共和国慈善法》不仅要求慈善组织要及时公开相关信息，而且要求县级以上政府也要及时公开有关慈善组织和慈善活动的信息。随着信息公开的全面实现，以入口审批为主的传统监管体制将逐渐转向以信息公开为重点的全过程监管体制。

为了推动慈善组织信息公开，政府应发挥什么作用？是主导作用，抑或辅助作用？前一种观点主张政府主导推行慈善组织信息公开制度，通过政府监管机构等的努力，使慈善组织做到信息公开并向政府负责，由政府向社会保证慈善组织不出问题；后者认为慈善组织信息公开是向社会负责，是慈善组织自己的选择，如果慈善组织不公开，社会将自发作出放弃该慈善组织而拥抱信

---

① 褚松燕：《中外非政府组织管理体制比较》，国家行政学院出版社2008年版，第238页。

② 《实施半年，慈善法的普及情况如何？——专访清华大学公益慈善研究院院长王名》，《中国社会报》2017年3月23日。

息公开好的慈善组织的选择。而在这一社会选择过程中，政府只应起辅助作用。[①]事实上，本书认为上述争论指向的是两种状态，即计划体制下的全能政府和社会高度自治下的理想格局。从传统体制下的全能政府向理想的社会选择机制转变的过程中，如何结合中国慈善组织发展的实际，转变慈善组织信息公开过程中的政府监管职能定位，创新监管方式，是我们需要重点研究和思考的问题。本章将从当前我国慈善组织信息公开的现状入手，分析慈善组织信息公开滞后背后的原因，尤其是政府监管存在的缺陷和不足，进而对如何有效推动慈善组织信息公开，提出政府监管方面的改革建议。

第一节　我国慈善组织信息公开的现状及其原因分析

一、我国慈善组织信息公开的整体状况

（一）慈善行业整体透明度低

近年来，我国公益慈善事业整体呈现快速发展，但慈善行业的透明度和公信力也面临前所未有的挑战。尤其是2011年我国慈善行业遭遇了严重的信任危机。在此背景下，国内开始出现多家机构对慈善行业透明度的统计调查（详见本章第二节），推动慈善透明，同时也为相关研究和决策提供参考。通过对比分析，我们发现基金会中心网的中基透明指数（简称FTI指数）是以排行榜单为呈现形式的基金会透明标准评价系统，这是目前国内民间最具连续性的一套慈善透明指数。因此，本书采用FTI指数描述目前我国慈善事业整体透明度。同时，考虑到与其他类型的慈善组织相比，基金会的信息公开水平相对更高。因此，慈善行业

① 陶传进：《应尽快转变政府主导的公益模式》，《南方都市报》2011年7月11日。

的真实透明度可能比 FTI 指数所反映的水平还要更低一些。

2013 年至 2015 年 FTI 指数的分值如下：2013 年的总分为 129.40 分，2214 家入榜基金会透明度得分均值为 49.62 分；2014 年的总分是 107.20 分，2600 家入榜基金会透明度得分均值为 46.10 分；2015 年的总分是 100.00 分，3046 家入榜基金会透明度得分均值为 50.88 分。由于每个年度的满分标准不同，无法将每年的得分均值直接进行比对，为此将透明度得分按照年度中基透明指数满分比例进行折算，可以更清楚地反映动态的变化趋势。从 2013 年到 2015 年连续三年入榜 FTI 的 2194 家基金会中，每年的透明度得分率（即得分在满分中所占的比例）从 2013 年的 38.56% 上升到 2014 年的 44.51%，再上升到 2015 年的 51.36%。与此同时，中值得分率从 2013 年的 42.16% 上升到 2014 年的 44.03%，再上升到 2015 年的 49.60%。这在一定程度上可以反映我国基金会行业的透明度在 2013 年至 2015 年在稳步提升（见图 5-1）。①

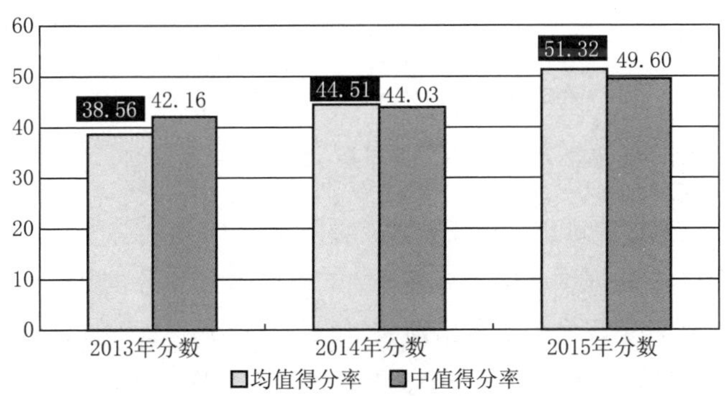

图 5-1　入榜基金会 FTI 得分率比较（2013—2015）

资料来源：基金会中心网。访问日期：2015 年 5 月 31 日

① 基金会中心网：《中国基金会透明度发展研究报告（2015）》，社会科学文献出版社 2015 年版，第 7—8 页。

2016 年之后，基金会中心网纳入评分的基金会数量明显增加，但透明度得分却不容乐观。中基透明指数（2016）的总分为 100 分，5265 家基金会透明度得分均值为 49.62 分；中基透明指数（2017）的总分为 100 分，6290 家基金会透明度得分均值为 33.55；中基透明指数（2018）的总分为 100 分，6854 家（数据收集时间为 2018 年 9 月 11 日）基金会透明度得分 34.98（见图 5-2）。可见，我国仍有大部分的基金会信息公开处于不及格状态，整体透明度低。

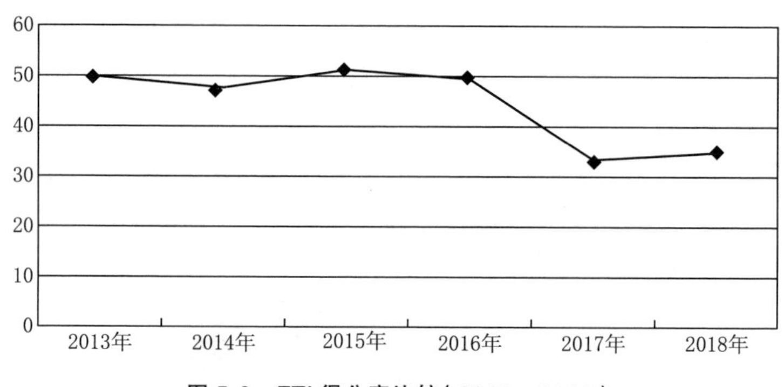

图 5-2　FTI 得分率比较（2013—2018）

资料来源：基金会中心网。访问日期：2018 年 9 月 11 日。

（二）慈善组织透明度地区差异显著

图 5-3 展现了全国各省基金会 FTI2018 年得分排名前十的情况，这在一定程度上折射出慈善组织信息公开程度的地区差异十分显著。结合 2015 年至 2016 年各省基金会排名情况，可以发现浙江、北京、重庆、上海等地名列前茅。

（三）慈善组织透明度与公众期望之间的差距大

中民慈善捐助中心《2014 年度中国慈善透明报告》显示，“在公众对慈善组织信息公开的整体满意度中，‘较满意’的受访

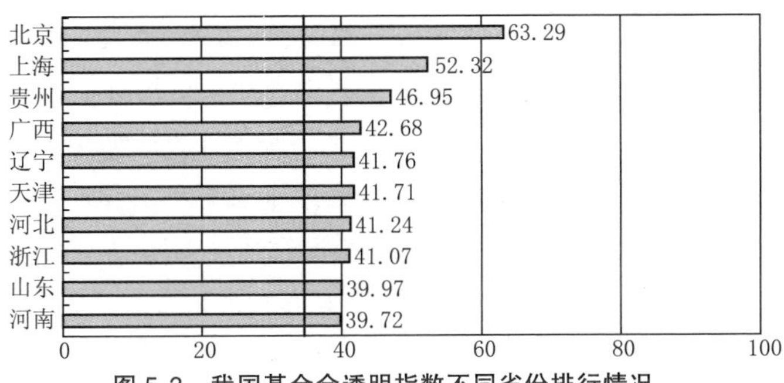

图 5-3　我国基金会透明指数不同省份排行情况

资料来源：基金会中心网，http：//fti.foundationcenter.org.cn/，访问日期：2018 年 10 月 9 日。

者为 28%，‘较不满意’的受访者占 50%”，[①] 此两组数据的反差说明大部分公众对于当前慈善组织的信息公开还是持较不满意的态度。之所以出现这种情况，需要深入研究背后的原因。已有研究发现，慈善组织信息公开所面对的需求主体和需求内容已经发生深刻变化，如何让信息需求者读懂相关的慈善信息也是十分突出的问题。

1. 核心信息需求者正在转变

慈善组织信息公开最重要的受众对象就是核心信息需求者，他们对信息透明度的满意与否直接影响慈善行业公信力的构建。若某几个组织的信息公开不让人满意，很容易影响整个慈善行业的形象和口碑。传统观点认为，捐赠人和受益人是慈善组织最核心的信息需求者，特别是捐赠人，因此对于善款的流向和效用有着强烈的信息需求动机。而事实上，互联网社会的发展，传统信息需求者已经被稀释，一方面，网民作为自封的“侠客”，追求公

① 《中民慈善中民慈善发布〈2014年度中国慈善透明报告〉》，http：//sz.ce.cn/sy/gd/201409/19/t20140919_1825926.shtml。

平正义、阳光透明，对于信息公开的内容、方式、程度、时限等具有强烈的敏感性；① 另一方面，一些中介评估机构对于慈善组织信息公开也较为关注，实时收集信息按照各自的透明度标准体系评出各种榜单，直观展现在公众眼前。因此传统的公开方法可能满足捐赠者的意愿，却满足不了越来越庞大的潜在核心信息需求者。

2. 公众对期望信息公开的内容正在发生转变

“郭美美事件”的爆发以及接连发生的慈善丑闻冲击着公众的心理底线，公众最想了解的便是慈善组织接受多少捐款、善款的流向等财务信息。与此同时，公众对于慈善组织信息公开内容的要求也在发生转变，不只停留在财务数据和年度报告层面，还希望对组织重大事项和具体项目运作情况有更深入的了解。比如：一些重要人员的背景和变动，组织是否存在关联交易；慈善募捐重大事项的决策依据和决策过程；一定金额的不定向善款为何捐助给了此地区此群体而非彼地区彼群体；一些项目的运作是否只有开始，最终不了了之；公众捐款的具体使用情况，有多少比例被用于行政管理费支出，有多少比例到了具体的受助人手中，产生了怎样的社会效果，等等。这些日渐细化的问题已经反映出社会公众对于慈善行业的关注程度和信息需求内容的变化，以往蜻蜓点水式的信息公开已然与公众期望值存在巨大差距，无法满足不断提升的慈善信息需求。

3. 慈善组织公开的信息不能有效传达给其需求者

近年来，慈善组织为了重塑公信力，争先恐后“公开”信息，厚达几百页的报告书，全是数据分析和报表，谁来审核这些信息的真实性？即使业内人士也难以在短时间内查看清楚。许多慈

① 党生翠：《慈善组织信息公开的新特征：政策研究的视角》，《中国行政管理》2015 年第 2 期。

善组织简单地将机构的年报、审计报告、捐赠人名单贴到官方网站，但这些公开的信息能否有效传达给受众则无人问津。由于无法看懂各类复杂的图表和数字，也就无法对一个慈善组织的运行情况形成理性的认知和正确的判断。因此，同样的信息，由于表达方式不合理，仍然没有达到公众期望的效果。

（四）互联网成为推动慈善组织信息公开的新生力量

先进的互联网技术为慈善组织信息公开开启了更加便捷多元的渠道和方式。以微博、微信为代表的即时微平台，使指尖上的交流成为可能，微慈善应运而生。2011 年 4 月 17 日，邓飞通过微博直播了河南两所小学正在进行的免费午餐行动，数以万计的网友转发微博，最终获得捐款 90 万元。①“免费午餐”通过官方网站、官方微博、第三方公开平台以及引入公益审计等方式进行信息公开，每一笔捐款的流向都尽量公开，项目运行的每一步进展都公示在阳光下。2015 年 11 月，“免费午餐”基金和 APP 随手记联手合作为 30 所捐赠学校免费提供财务透明记录。慈善组织可以用 APP 软件进行记账，而捐赠人和公众也可以利用此软件进行监督。公众下载软件客户端到手机、iPad，方便快捷地查看公益账本。同时，软件通过各种形象直观的图表形式，将财务状况、资金使用情况呈现给信息需求者。我们还应当看到，当前我国“互联网＋慈善”刚刚起步，仍然面临许多阻力，比如慈善组织对互联网的认知水平、运用互联网的技术能力、专业互联网人才缺乏，等等。

二、我国慈善组织透明度低的原因分析

（一）慈善组织信息公开动力弱、能力低

1. 部分慈善组织行政色彩浓厚

近年来我国正在推进慈善组织“去行政化”改革，部分慈善

① 基金会中心网：《中国基金会透明度发展研究报告（2015）》，社会科学文献出版社 2015 年版，第 73 页。

组织行政色彩仍然浓厚，长期依赖政府行政权力运行，无法实现财务的独立，社会属性淡化。这种长期“剪不断理还乱”的行政关系，使这些慈善组织对信息公开重视程度不够，慈善信息公开的动力弱，透明度低。

2. 组织决策层不重视

当前慈善组织信息公开的外在压力（如来自社会和媒体的压力）已经日渐增大，有些慈善组织的决策层对信息公开的重要性认识不足，认为将年检报告上交登记管理部门就万事大吉了。从近年来的一些公众事件看，信息不公开不透明遭到质疑才被动公开的情况并不鲜见。

3. 工作人员专业化程度低

缺乏专业化的信息公开工作人员是当前我国慈善组织普遍面临的一个问题。据公益调查资料显示，全国44.8%的慈善组织中全职工作人员少于3个，近半数慈善组织没有专业的财务人员，大部分是由机构负责人兼职代理。① 对于那些刚刚成立或处于发展初期的慈善组织，拥有信息公开的意愿，但缺乏慈善事业管理的经验和专业能力，不知如何公开；信息公开需要成本，有些组织缺乏必要的经费支持，没有能力聘请专业人员。

（二）行业自律有所发展，但作用范围有限

近几年，随着慈善行业的壮大，一些自发的慈善组织结合成联盟，或者与政府合作推出行业规范，制定相对于法规文件更严格、更具操作性的指标体系，实现了对政府机构监管的有效补充，有的还成为政府实施监管职能的信息来源和依据。其中，具有一定影响力的慈善透明指数有如下几个。

---

① 党生翠：《慈善组织信息公开的新特征：政策研究的视角》，《中国行政管理》2015年第2期。

1. 中国慈善透明指数

中国慈善透明指数由中民慈善捐助中心（以下简称“中心”）开发创建。中心是由民政部主管的民办非企业单位，注册于 2006 年，业务范围涵盖慈善数据调查采集和分析、构建信息发布平台、促进行业内部机构和人员的交流等方面。从 2009 年开始，受民政部委托，着手研发“中国慈善组织透明度评估体系”，以《中国慈善透明度报告》为载体，截至 2018 年 1 月，已先后发布十份年度慈善行业透明研究成果。该透明指数是 2013 年发布的，指标共分三级，最细化的三级指标共计 54 个（见表 5-1），通过不同的维度来衡量慈善组织的信息公开情况，根据每个指标进行分项打分，再结合各指标所占权重，计算出组织的年度透明得分。

表 5-1　中国慈善组织透明度评估指标

<table>
<tr><th>一级指标</th><th>一级指标权重</th><th>二级指标</th><th>三级指标</th></tr>
<tr><td rowspan="16">1 基本信息</td><td rowspan="16">20%
（系数 0.51）</td><td rowspan="10">1 注册信息</td><td>1 组织名称</td></tr>
<tr><td>2 组织机构代码</td></tr>
<tr><td>3 登记管理机关</td></tr>
<tr><td>4 业务主管单位</td></tr>
<tr><td>5 法定代表人</td></tr>
<tr><td>6 宗旨</td></tr>
<tr><td>7 成立时间</td></tr>
<tr><td>8 注册资金</td></tr>
<tr><td>9 网址</td></tr>
<tr><td>10 章程</td></tr>
<tr><td rowspan="2">2 年度信息</td><td>1 机构年度工作报告</td></tr>
<tr><td>2 机构年检结果</td></tr>
<tr><td rowspan="4">3 联系方式</td><td>1 联系人</td></tr>
<tr><td>2 联系电话</td></tr>
<tr><td>3 电子邮箱</td></tr>
<tr><td>4 联系地址</td></tr>
</table>

续表

一级指标	一级指标权重	二级指标	三级指标
2 治理信息	20%（系数 0.44）	1 组织结构	1 主要负责人
			2 理事名单
			3 监事名单
			4 机构部门设置
			5 专职工作人员数
			6 志愿者数
			7 信息发布负责人
		2 利益相关方	1 主要发起人
			2 主要捐赠人
			3 主要受益人
			4 主要合作方
		3 重大事件	1 主要工作会议
			2 其他重大事件
		4 内部制度建设	1 财务制度
			2 人事制度
			3 项目制度
			4 信息公开制度
3 业务信息	30%（系数 0.71）	1 筹款信息	1 筹款数额
			2 筹款来源
			3 捐赠人权利义务
			4 所筹款物使用方式
		2 项目信息	1 项目名称
			2 项目时间
			3 项目实施地域
			4 项目受助对象遴选标准
			5 项目相关方
			6 项目受益对象
			7 项目资金使用计划
			8 项目决算
			9 项目进展
			10 项目效果

续表

一级指标	一级指标权重	二级指标	三级指标
3 业务信息	30%（系数 0.71）	3 机构动态	1 机构动态
			2 社交媒体
4 财务信息	30%（系数 2）	1 财务会计报告	1 审计报告
			2 业务活动表
			3 资产负债表
			4 现金流量表
			5 会计报表附注

资料来源：《中国慈善组织透明度评估体系》，http：//www.docin.com/p-1309102134.html。

2. 中国非公募基金会信息公开指标

该指标由基金会论坛（以下简称“论坛”）发起设立，由 14 家主办单位与项目承办方——北京瑞森德管理顾问有限公司研究制定。论坛是由一批优秀的非公募基金会自行发起的行业自律联盟会议，倡导非公募基金会的公开透明。论坛通过借鉴国内外政府信息公开的流程和途径，研究上市公司信息公开指标和权重，研发出非公募基金会信息公开指标体系。指标确定信息公开内容分为定期和临时两类，其中定期信息公开主要由九个一级指标组成；临时性信息公开主要由五个一级指标组成。定期指标与中国慈善透明度指标差异不大，因此不再详列。而临时性信息公开属于该指标的一个亮点，其中的一级推荐公开指标仅次于必须公开指标，组织可以根据自身建设和发展需要，自主选择性公开此类指标。

3. 中基透明指数 FTI

中基透明指数 FTI 是由基金会中心网联合清华大学廉政与治理研究中心于 2012 年首次共同开发制定。该基金会中心网于 2010 年 7 月正式成立，是由国内多家规模较大的基金会联合发起，目的是构建基金会行业信息沟通与互动平台，促进廉洁自律和信息透明。中基透明指数是一套系统性的指标评价体系，包含要素、内容权重、信息公开渠道、内容完整性等评价项目，通过加权运算之后，以榜单的形式列出基金会透明度排名。中基透明指数 FTI 总分等于 41 个指标的分数之和，满分 100 分。中基透明指数 FTI 分数由四个参数决定，包括：指标是否披露 Ti、指标权重 Wi、信息披露渠道 Si 和信息披露的完整程度 Ci。某家基金会的透明度分数 FTIn 等于单个指标对应的四个参数的乘积的合计，公式如下：①

$$FTIn = \sum(Ti \times Wi \times Si \times Ci)$$

n：基金会序号，如 1，2，3……

i：指标序号，值介于 1 至 41

Ti：第 i 个三级指标是否披露，值为 0 或 1

Wi：第 i 个三级指标的权重，值范围为 1 至 9

Si：第 i 个指标的信息来源，来源官网时 Si 值为 1.2，来源其他渠道时 Si 值为 0.8

Ci：第 i 个指标信息披露完整度，值介于 0 到 1，完整度越高值越接近 1（该参数仅用于主要项目信息分数的计算）

近年来，FTI 每年都会根据情况变化更新指标和权重，如 FTI2013 涵盖 2210 家基金会，共有 60 个指标，满分为 129.40 分；FTI2014 涵盖 2600 家基金会，根据行业发展情况将指标调整为 47 个，满分 107.20 分；FTI2015—FTI2018，指标为 41 个，满分 100 分。FTI 对入榜基金会的分数和名次每月会更新一次。

---

① 基金会中心网：《中基透明指数FTI指标及算法详解（2017年第二版）》，http://fti.foundationcenter.org.cn/fti_new/preinterpretation.html。

4. 中国民间公益透明指数 GTI

中国民间公益透明指数（Grassroots Transparency Index，简称 GTI）由壹基金联合 USDO 自律吧委托清华大学创新与社会责任研究中心和清华大学廉政与治理研究中心于 2013 年制定。USDO 自律吧成立于 2009 年，是由 100 多家公益机构共同发起并支持的独立公益网络平台，发起机构通过签署自律规范，协议共同维护慈善公信力，在慈善行业中具备良好口碑，截至 2018 年 9 月，来自全国 27 个省级行政单位的 170 家公益组织已经加入 USDO 自律吧。[①] 由 USDO 自律吧牵头开发的 GTI 透明指数涵盖组织基本信息、治理与管理信息、业务或项目信息、财务信息四个维度，共包含 58 个三级指标，指标设计征求业内专家学者、民间慈善组织的意见，并严格按照德尔菲法确定指标权重，具有较高的科学性。GTI 得分在 0—100 分之间，得分越高，表明此组织透明度越高；反之，则透明度越低。慈善组织申请加入 USDO 自律吧，必须提供五项基础资料——登记证书、理事会会议纪要、财务管理制度、项目资料和劳动合同。

除上述慈善组织透明度指数外，国内还有如福布斯中文网以及其他的评价标准，由于篇幅原因，在此不一一详列。通过对几个指标体系的比对和追踪，可以发现一些明显的问题。一是有些指标体系自提出之后未能及时更新和升级，指标体系自身的科学性有待提升；二是不同的指标体系由于侧重点不同，对于同一组织或是同一地域的透明度评价有较大差别。如基金会中心网 FTI 评估的各省市得分与 USDO 自律吧 GTI 评估的结果就有较大差异，信息需求者可能无所适从；三是不同的指标体系达到满分的难易程度不同。总体上看，慈善组织行业自律已经开始发展发

① http://www.chinausdo.org/.2018-10-07.

育，但在发展过程中存在不少缺陷和问题，导致其行业自律的功能还比较有限，需要政府的有效引导和规范。

（三）信息公开实际执行层面缺乏合力与协调

慈善行业蓬勃发展的初期，由于组织承担的项目数量少，组织接受捐赠款额小，组织机构规模也小，因此信息公开相对容易。特别是对于那些以几个重点项目为主营业务的慈善组织而言，信息公开的内容相对集中，流程也相对简单。但是随着慈善组织规模的持续壮大以及互联网行业的飞速发展，组织运行涉及的业务范围逐步扩大，在空间上也完全突破了地域限制，项目的运作遍布全国甚至扩展到海外。信息公开对于这些跨领域、突破地域限制的大型慈善组织提出了全方位、多层次的时代要求。慈善组织如果能够得到更加专业的支持型机构的辅导和指引，信息公开工作将更加有序和有效。除慈善组织自身加强内部管理和慈善行业的专业机构扶持之外，慈善行业信息公开的有序推进，还离不开政府的有效监管和正确引导。

第二节　我国慈善组织信息公开领域政府监管现状评析

一、慈善组织信息公开政府监管制度概览

1.“两份意见”规范监督管理成常态

（1）《工作意见》

2014 年 11 月 6 日，民政部和财政部联合下发《关于加强社会组织反腐倡廉工作的意见》（以下简称《工作意见》），从反腐倡廉的角度，对加强社会组织财务管理、实行社会组织信息公开制度和强化社会组织审计和执法监督等作出明确规定。为了从体制机制上加强对慈善组织信息公开的监督管理，《工作意见》

从内部监督和外部监督两方面对慈善组织提出了要求。在内部监督方面，要求社会组织设立监事会，建立健全内部约束机制，以此来推进慈善组织诚信建设；要求慈善组织定期向代表大会、理事会、监事会报告财务收支状况，自觉接受监督。在外部监督方面，《工作意见》通过建立慈善组织信用体系，提高慈善组织行业自律水平；实行慈善组织信息公开制度，并分别规定了不同类别的慈善组织的具体公开内容：基金会要严格按照规定定期公开年度工作报告和财务审计报告，并及时向社会公众公开募集资金的使用计划，公益资助项目的评审及确定流程等信息；社会团体要主动向会员公开会费收支情况、年度工作报告、财务工作报告等信息，及时向社会公开组织章程、组织机构、接受捐赠以及承接政府购买服务事项等信息；民办非企业单位要向服务对象公开服务承诺、服务收费标准等信息。为了便于社会各界的有效监督，《工作意见》同时要求各级监督管理机关制定慈善组织信息公开办法，自建或者利用有权威的信息公开平台，为慈善组织发布信息和接受社会监督提供便利。

（2）《指导意见》

2014 年 12 月，国务院出台《关于促进慈善事业健康发展的指导意见》（以下简称《指导意见》），对慈善组织信息的公开透明有了更高要求：慈善组织应向社会公开组织章程和机构代码、主要管理人信息、年检报告、财务审计报告、慈善项目实施等信息；慈善组织对公开款物募集情况和慈善项目运作等情况都应以半年为界限进行及时公开；慈善组织应通过机构官方网站或民政部门指定的平台及时发布信息。为了确保信息透明度，《指导意见》要求慈善组织开展募捐活动时，尊重公众意愿，引导自愿捐赠，同时依据法律规定及时、完整地公开款物募集总额、如何管理和使用等状况。

2.《中华人民共和国慈善法》专章规范慈善组织信息公开

2016 年 3 月 16 日，慈善法草案在经历了反复讨论和争辩之后，终于尘埃落定。《中华人民共和国慈善法》对慈善组织信息公开单列一章，区分不同主体、不同环节，对信息公开作出了专门规定，具体内容归纳如下：

（1）在统一信息平台发布信息

《中华人民共和国慈善法》规定，民政部门应当在统一的信息平台向社会公众公开真实有效的慈善监管信息，为那些没有能力或没有合适渠道进行信息公开的慈善组织免费提供帮助和服务。慈善组织应当依法履行信息公开责任，在指定的统一平台及时公开信息，并保证内容客观真实。同时，政府应当建立健全信息统计制度，为大数据的分析和运用提供条件。

（2）提出民政部门应该公开的慈善信息

以往的法规政策都是重视慈善组织自身的信息公开，而没有涉及主管部门的信息公开。《中华人民共和国慈善法》提出民政部门应该公开的慈善信息，包括慈善组织的登记事项、慈善信托的备案事项、具有公开募捐和税前扣除资格的慈善组织名单、促进措施、购买服务和检查评估的信息以及表彰、处罚结果等。

（3）对信息公开的时限做了明确规定

《中华人民共和国慈善法》规定民政部门和慈善组织根据各自职责，分别向社会公开信息，要求民政部门和慈善组织“及时公开”相关信息。慈善组织须及时向社会公众公开募捐情况和项目运作情况；实施周期较短的，随时公开；周期大于半年的，至少每季度公开一次，在项目结束后 90 天内全面公开；向特定对象募捐的，应当及时告知捐赠人募得款物的管理使用情况。

3.“两个办法”推进慈善组织信息公开

2018 年 1 月《社会组织信用信息管理办法》正式施行。2018

年 9 月《慈善组织信息公开办法》正式实施。民政部一年内先后出台两部行政规章专门规范慈善组织信息公开，促进慈善组织领域的“放管服”改革。

（1）《社会组织信用信息管理办法》

其目的在于强化社会组织责任和诚信意识，加快社会信用体系的建设。围绕建立社会组织信用约束机制，主要分为五部分内容：一是明确社会组织信用信息范畴；二是规定社会组织信用信息管理的基本原则；三是要求登记管理机关基于对基础信息、年报信息、行政检查信息、行政处罚信息和其他信息等社会组织信用信息的管理，建立社会组织活动异常名录和严重违法失信名单制度；四是确定信用监管的程序要求，包括认定程序、移出程序、异议处理等；五是明确守信激励和失信惩戒措施。

（2）《慈善组织信息公开办法》

其规定，慈善组织应当在民政部门提供的统一信息平台及时向社会公布基本信息、年度工作报告和财务会计报告、公开募捐情况等七类信息。其中，对公募慈善组织提出特别要求：一是要求公开人员报酬等信息，公布本组织出国（境）的经费、车辆购置及运行费用、招待费用、差旅费用的标准；二是要求公开募捐活动全过程对外公开；三是要求慈善项目至少每三个月公布一次进展情况，项目结束后还要作全面公开。

4. 社会组织统一信用代码制度

2015 年 6 月 11 日，国务院发布《关于批转发展改革委等部门法人和其他组织统一社会信用代码制度建设总体方案的通知》（国发〔2015〕33 号），随后，国家民政部办公厅印发关于《社会组织统一社会信用代码实施方案（试行）》的通知。2016 年初各地区纷纷出台改革措施，关于慈善组织统一社会信用代码制度开展逐渐推开。

统一社会信用代码是根据国家相关法律法规，将原来三部门——民政、质量技术监督、税务分别核发不同证照，改为由民政部门统一发布社会组织社会信用代码登记证书。此次社会组织统一社会信用代码制度涉及各类社会组织，每个社会组织都拥有一个18位代码，并且具有唯一性，如同我们每个人拥有的身份证号。各省级民政部门汇总该省份所有组织的代码信息，然后发布到全国统一信用信息共享交换平台，以方便民政部的数据采集。这项自上而下发起的社会组织信用代码改革措施，通过自下而上的信息汇总和收集，形成完整统一的社会组织信用档案，为社会组织信息公开创造了有利条件。

政府发起的社会组织社会信用统一代码制度，实现了“多证合一”“一照一码”。这不仅简化了社会组织的办事程序，更能通过一个独有号码方便查询，到各个单位填表申报也只需记住这一个号码。近年来，一些不法组织打着正规社会组织的旗号到处招摇撞骗，擅自开展非法集资募捐活动，牟取非法利益。由于社会组织众多，名称复杂容易混淆，公众难以辨别真假，因此给人民群众的合法财产造成损失，也给整个慈善事业带来严重的负面影响。社会组织统一社会信用代码后，政府部门和社会公众就可以通过组织的唯一代码，通过信息的关联比对，对社会组织的正规与否快速作出判断，使不法组织无藏身之所。同时，将各个地区各个领域的社会组织的代码和社会信用记录汇总起来，形成完善的电子档案，实现信息共享。

二、慈善组织信息公开监管存在的问题分析

近年来，随着相关法规的颁布实施，我国慈善组织信息公开的相关法规制度正在渐成体系，从客观上为我国慈善组织信息公开领域的政府监管提供了法律依据，对推动慈善组织信息公开步伐创造了有利的外部环境。如何使这些监管法规尽快落地，并在

法规执行中不断修订和完善相关制度规范，是慈善组织信息公开领域社会关注的焦点。受长期以来社会组织管理体制惯性等因素的影响，现阶段慈善组织信息公开领域的政府监管问题依然比较突出，对扭转慈善信息公开的落后局面和新法规的落实有着不利影响。

（一）监管理念亟待转变

受计划时期管控理念的影响，我国政府形成了规制色彩浓厚的管理思想，被学界称为“管控型政府”。管控型政府强调严密控制，使得慈善组织失去了本该有的活力，缺乏自主性，限制了慈善组织和公民社会的发展。从我国历年颁布的法律法规中关于信息公开的具体措施可以看到，政府要求的信息公开多是从管制的角度出发，慈善组织每年要接受政府的年检，提交相关信息，但是年检涵盖的慈善信息较为有限，且政府监管能力有限，不可能一一核查所有的信息，信息真实性难以保证。年度工作报告和信息公开主要服务于政府的统计功能，是一种注重结果的定期监管，难以发挥社会公众的监督作用。

我国慈善组织传统监管体制下对除年检外的过程监管是缺位的。良好的信息公开是经常性的信息公开，是一种促进组织健康发展和公众信任的工具和手段，而不是仅仅追求通过政府年检的目的。然而，长期以来，政府着重追求的是对于慈善组织年度工作报告的强制性管控，却忽视了对于慈善组织日常过程性信息公开的要求、指导和培训。政府对于慈善组织日常性的信息公开没有明确规定，许多组织对日常的信息汇总、整理和公开不重视，民众对这些组织的情况知之甚少，信息不透明则容易谣言四起，各种猜测、质疑严重阻碍了慈善组织的健康成长和正常运行。我国慈善组织对信息公开不重视，不能做到普遍化和常态化，长期以来政府监管的不足是一个重要原因。

（二）政府监管主体分散

关于慈善组织信息公开的监管主体，散见于一些单行条例中，不同的文件有不同的规定。立法的不统一造成监管主体不统一。综合各政策法规以及具体实践，对慈善组织信息公开实施监管的行政主体有各级人民政府、慈善组织登记管理部门、各级财政部门、税务部门和审计部门等。

1. 各级人民政府

人民政府对于慈善组织有天然的监管职责，国家对于慈善事业的政策制定和监督引导都由各级人民政府参与和执行，从这个意义上说，政府可以被称为最广义上的监管主体。有的法律比较笼统地规定了政府的监管责任，如《红十字会法》第五条就赋予了政府对于红十字会的监督权；《北京市促进慈善事业若干规定》也规定了各级人民政府协助和服务辖区内慈善组织发展的义务。[①] 有的法律法规则以其他的名称规定了政府的监管责任，如《公益慈善捐助信息公开指引》规定社会捐助行政管理机关鼓励信息公开主体依据该《指引》做好信息公开工作，此处“社会捐助行政管理机关”即为政府。

2. 各级登记管理部门

近几年出台的法律法规已经明晰各级民政部门是慈善组织的登记管理部门。自 2013 年起，四类社会组织实行直接登记，取消了业务主管单位的监管。因此，大部分的监管责任落在了民政部门，从备案登记到组织注销，从项目申请到年度报告，从指导落实法律政策到违法处罚，都是民政部门的职责所在。

3. 财政部门、审计部门和税务部门

《工作意见》由民政部会同财政部颁布，对于慈善组织财务

---

① 《北京市促进慈善事业若干规定》（北京市人民政府令 250 号）。

信息公开的监管，财政部门有监督的责任，审计机关也有审计的监督职能。《指导意见》也对财政部门和税务部门职责进行了规定，财政、税务部门要依据法律规定对慈善组织的财务状况、税前扣除资格和统一票单使用等情况进行审查。[①]

总体上看，目前在推进慈善组织信息公开方面，政府各个监管部门间的任务分工仍然不够明确，部门间信息沟通和协调机制尚不健全，尚未形成一体化的行政管理体系。

（三）政府监管手段单一、低效

慈善组织信息公开的监管手段，是指政府采取何种行为和方式对慈善组织信息公开的行为开展监督和管理，以使其达到信息公开的法定要求。根据现有法律规定，针对慈善组织信息公开的政府监管手段只有年检、等级评估和行政处罚等有限的手段，但监管难度大，实际效果并不理想。

1. 年报制度

年报制度是每年年初慈善组织向登记管理部门递交上一年度的募款、捐款、慈善项目等各明细，主要包括年度工作报告和财务会计报告。年报制度是较早形成的监管制度，早期的《社会团体管理条例》《民办非企业管理条例》和《基金会管理条例》等都对年报制度作出了规定，如《基金会管理条例》规定每年3月31日前向登记管理机关报送上一年度的工作报告，接受年度检查。后来颁布的法规政策都将年检列入，成为例行的规则。《中华人民共和国慈善法》规定“具有公开募捐资格的慈善组织的财务会计报告须经过审计”。但是，年报制度属于定期监管，每年仅有一次，对于慈善组织日常的监管却无能为力。其中，也不免有些组织为了应付检查，在年度报告中弄虚作假。如何确保年检

① 《国务院印发关于促进慈善事业健康发展的指导意见》（国发〔2014〕61号）。

信息的真实性，需要监管部门加大审查和抽查力度。离开监管部门的监督执法，年检制度就会陷入一种程序和形式上的审查，其监管效果难以得到保障。

2. 评估制度

对慈善组织的等级评估制度，能够较为客观全面地衡量一个慈善组织的项目运行和组织发展状况，给公众更为客观的参考依据。等级评估不全部来自行政机关，有的也来自第三方评估机构，通过开展组织的等级评估和认证，可以成为公众捐款和政府购买公共服务的选择依据。通过等级评估建立竞争机制，敦促慈善组织按照既定的宗旨来开展慈善活动。目前，我国慈善组织等级评估具有政府主导的特点，政府评估结果的公信力不足。另外，目前参加评估的慈善组织的比例仍然很低。

3. 行政处罚

2004 年 3 月 8 日公布的《基金会管理条例》首次提到了慈善组织违反信息公开而需要承担的法律责任——“不履行信息公布义务或者公布虚假信息的”由登记管理机关给予警告、责令停止活动；情节严重的，可以撤销登记。随后颁布的政策文件都提到了此项法律责任的承担，如《指导意见》中提到要对“拒不履行信息公开”的慈善机构依法进行处罚，将负面信用黑名单公之于众，不论慈善组织还是直接负责人信息，都要进行公示。然而，通过查阅文献资料以及网络信息，笔者发现鲜有慈善组织因为信息公开不到位而受到处罚。究其原因，主要在于各级民政部门往往被动接收举报信息，加之执法队伍严重短缺，执法经费不足，并不能将应有的处罚落到实处。

综上所述，凭借年报、等级评估和行政处罚等手段，并不能对慈善组织信息公开进行有效监管。有些监督手段仅仅停留在法律条文中，并未真正落地。监管乏力是造成当前我国慈善组织信息不透明的重要原因。

第三节　我国慈善组织信息公开平台的探索实践

近年来，为了寻找慈善组织信息公开的有效监管方式，一些地方进行了慈善组织信息公开平台方面的建设和探索，取得了初步成效，信息公开平台成为连接政府、慈善组织和社会公众的纽带。从国家层面，全国慈善组织信息公开平台——“慈善中国”的推出也标志着平台监管将成为一项重要的监管方式。本节将以上海市慈善组织信息公开平台和“慈善中国”为例，考察平台监管的运行特点和监管效果。

一、上海市慈善组织信息公开平台——“上海社会组织”

经过几年的实践，在促进慈善组织信息公开方面，上海市的慈善组织信息公开平台建设和管理得到了民政部和专家学者的认可，在全国具有典型性和示范性。

（一）“上海社会组织”平台概览

上海市是中国经济发展的前沿地区。近些年来，上海慈善组织发展迅速，活力增强，慈善组织透明度位居全国前列。中基透明指数 FTI2018 显示，纳入指数的 4960 家基金会的 FTI 均值为 33.55，其中满分基金会数量达到 110 家。在各省份排名中，第一名为北京市（均值 57.80），上海市为第二名。根据基金会中心网的数据显示，截至 2018 年 9 月初，上海市共有基金会 465 家，占全国基金会总量的 6.78%，净资产总额为 161.21 亿元，占全国基金会净资产总额的 11.68%，透明指数为 52.21，比全国透明指数（34.93）高出 49.47 个百分点。在上海市社会团体管理局的指导下，“上海社会组织”（http://www.shstj.gov.cn/）搭建完成，成为上海市社会组织的官方网站。该网站主要包括政府信息公开、网上办事、基金会信息公开、年检结果公示和网上调查等板块。

值得注意的是，“上海社会组织”的信息发布责任明晰，平台以服务和引导功能为主，平台主办方不对发布内容进行详细审查，且不作主观评价，只是客观呈现发布者的信息内容。发布者如基金会等慈善组织掌握着各自平台发布的账号和密码，可以登录平台直接进行发布，发布者自身对发布内容承担责任。如果社会公众及各界媒体对公开的信息产生质疑，发布者则需要进行说明，发布内容即是对社会公众的承诺。①

（二）“上海社会组织”运行状态

“上海社会组织”网站是上海市社会组织的官方网站，由上海市社会团体管理局主办，属于党政机关牵头建立的社会组织服务平台，是集政府信息公开、网上办事、网上调查、互动服务等功能于一体的综合性信息服务平台。2007 年 9 月 20 日，上海市民政局制发《上海市基金会信息公布实施办法》（沪民社基〔2007〕1 号，以下简称《办法》）规定了基金会信息公布的内容、方式和监督管理。2015 年 4 月 30 日，上海市民政局发布《关于延长〈上海市基金会信息公布实施办法〉的通知》（沪民法发〔2015〕6 号，以下简称《通知》），《通知》称《办法》经评估需要继续实施，将有效期延长至 2020 年 4 月 30 日，因此，该《办法》依然是上海市基金会信息公开最基本的规范。《中华人民共和国慈善法》颁布实施之后，上海市制定了《上海市社会组织信息公开办法（试行）》，吸纳《中华人民共和国慈善法》对慈善组织信息公开的要求，进一步明确社会组织信息公开的内容、途径、形

① 基金会中心网：《中国基金会透明度发展研究报告（2015）》，社会科学文献出版社 2015 年版，第 83—84 页。

式等，规范社会信息公开行为，保护社会组织及利益相关方的合法权益。

“上海市社会组织”服务于社会团体、民办非企业单位和基金会三大类慈善组织的信息公开。通过主页右下侧子网站进入“社团版”“民非版”和“基金会版”，三个子网站的版面设计、栏目内容大体相同的，每一版的页面基本包括一网通办、信息公开、要闻动态和公众服务几个模块。其中，“信息公开”模块包括“通知公告”“主动公开”“政策法规”“政策解读”和“规范性文件”五个子模块，是政府部门公开社会组织相关管理和政策信息的平台。

“上海社会组织”通过“社会组织信息公开搜索”功能模块为社会组织提供了信息公开的专门渠道。在“社会组织信息公开搜索”一栏输入“社会组织名称或社会组织信用代码”，就直接链接到“上海社会组织信息公开平台”（http：//xxgk.shstj.gov.cn），查询到社会组织的一系列相关信息。其中，包括登记管理机关公示信息、社会组织公示信息、社会组织信用信息等（见图 5-4）。截至 2018 年 9 月 11 日，此平台公开了上海市 259 家基金会最新版本的年报公示，并且处于动态数据更新中。所列条目直接链接到基金会的基本信息，报告原文都可直接下载，极大地方便了公众查阅。最顶部标明基金会的“统一社会信用代码”，就好比公民的身份证号，是每一个组织特有的标识，通过信用代码便可以查询到这个组织的社会信用状况。年检报告书和审计报告书都是高度清晰的扫描版，详细列支了各项条目，包括收支明细、公益活动情况、受监督管理等公众最关心的问题，使浏览者对于每一个基金会的财务状况有非常直观的了解。除此之外，上海社会组织信息公开平台还有一个创新点，就是“年度检查信息”模块，该模块将慈善组织年检结果以“年检合格”“年检基本合格”“年检不合格”三种形式最直观地展现出来。

图 5-4　上海社会组织信息公开平台示例

资料来源：上海社会组织信息公开平台（http：//xxgk.shstj.gov.cn/showInfo/detailedInfo）。访问日期：2018 年 9 月 11 日。

（三）“上海社会组织”平台运行效果

首先，“上海社会组织”的上线对上海市慈善组织整体信息透明度的提升产生了积极作用。截至 2018 年 9 月初，在此平台登记发布年检报告书和审计报告书的基金会达到 250 余家。根据基金会中心网中基透明指数显示，上海近些年的透明度排名一直稳居前列。2018 年 9 月，上海市基金会 FTI 平均得分为 52.21 分，名列全国各省市第二名，仅次于北京市。其中 16 家基金会得到满分，在全国范围内享有盛誉。

其次，上海市慈善组织信息公开平台实现了信息的“纵向”传递，即政策与信息从行政级别上的贯通。通过信息的收集、采样、传递、分析、反馈和应用，政府部门建立起更加强大的数据库，在互联网思维的引导下，通过大数据分析对所有的慈善组织进行分类和整改，更加方便了政府部门的监督和管理。

（四）“上海社会组织”的启示

上海市慈善组织相关管理部门本着主体法定、活动备案、行为规范的工作原则，注重监管系统的整合，积极发挥引导和服务的综合监管作用，在上海市慈善组织信息公开发展过程中起到了重要推动作用。

对慈善组织而言，平台以引导和服务为主。“上海社会组织”的主办方并不直接详细审查慈善组织发布的信息，只是对公开什么信息、如何公开信息提供技术支持和服务，而将信息的监管和质疑权交给了慈善行业中介组织、媒体和社会公众。这样的责任分配，一方面可以柔性手段鼓励慈善组织积极发布信息；另一方面，可大大鼓励社会各界力量加入对慈善组织信息公开进行监督的队伍，给公众自主的捐赠选择权。同时，对社会公众而言，平台设计更加人性化。个性化的服务对于公众快速定位想要了解的组织提供便利，使得在最短时间内浏览到页面的核心内容成为可能。

在慈善行业信息公开的起步阶段，需要发挥政府的积极作用，充分行使好信息公开的服务功能，提高信息公开平台的使用效率和专业化。通过慈善组织信息公开平台的建设，引导提升社会公众的监督意识，依靠社会公众的力量对慈善组织行业进行“多维度”“全方位”的监督，这也符合“简政放权”的行政体制改革理念。将来自社会的资本和权利交还给社会，政府更多地做引导性和服务性的工作，这样就大大提高了政府部门的工作效率。

二、全国慈善信息公开平台——“慈善中国”

《中华人民共和国慈善法》实施以来，民政部积极推动慈善组织的信息公开，全国慈善信息公开平台——“慈善中国”应运而生。

（一）“慈善中国”平台概览

依据《中华人民共和国慈善法》对信息公开的相关要求，民政部于2017年9月4日正式开通全国慈善信息公开平台，用于慈善组织、慈善信托受托人等慈善活动参与主体面向社会公开慈善信息。目前，此平台主要包括慈善组织查询、慈善信托查询、募捐方案备案、慈善项目进展、慈善组织年报、募捐信息平台和慈善数据统计等七大版块，提供如下四项基本服务功能："一是基于慈善组织登记信息公开、公开募捐资格管理、公开募捐活动备案，为各级民政部门提供信息录入、审核、发布、查询服务，方便在线办公。二是基于公开组织治理信息、申请公开募捐资格、开展公开募捐备案、发布慈善项目进展情况，为慈善组织提供信息录入、提交、发布服务。凡开展公开募捐活动，应通过该平台获得'一号一源'、可追溯识别查询的募捐备案编号。三是基于公开慈善信托事务处理情况及财务状况，为慈善信托受托人提供信息报送、发布服务。四是与民政部指定的慈善组织互联网公开募捐信息平台相衔接，便于互联网慈善募捐信息校验。"①

（二）"慈善中国"平台的初步运行效果

截至2018年9月14日，全国慈善信息公开平台实时公布了全国4822家慈善组织信息，与2017年9月4日开通时（2134家）相比，翻了一番。平台公布了102件慈善信托备案信息，慈善信托合同总规模约16.4亿元。在4822家慈善组织中，具有公开募捐资格的1313家，已公布6878项募捐方案，展示了5173条慈善项目信息。

作为目前全国性的统一慈善组织信息公开平台，"慈善中国"在初步运行中也暴露出来一些问题有待改进。截至2018年9月初，有4800多家慈善组织入驻此平台，包括基金会、社团、红十

① 《民政部办公厅关于全国慈善信息公开平台上线运行的通知》（民办函〔2017〕246号）。

字会等，但公开其年度工作报告的只有2400多家基金会，这一数字较“基金会中心网”收录的6800多家基金会相差甚远，这说明有一半以上的基金会并未按照《基金会管理条例》及相关规定公布其年度工作报告。而且，已经公开其年度工作报告的部分基金会也仅仅是将基本信息和机构建设情况公布于众，但对于《基金会管理条例》要求的公益事业（慈善活动）支出和管理费用情况、财务会计报告、接受监督管理的情况和履行信息公开义务情况并未清晰、完整列出。此外，慈善数据统计功能也有很大的开发空间。

第四节　优化我国慈善组织信息公开监管的建议

慈善不透明是现阶段我国慈善行业发展的一大弊病。“政社分开”并不意味着对慈善事业撒手不管，恰恰相反，政府应该承担起培育和管理的重任。只不过政府的这种管理不再是科层制的刚性管理，而是多方位的柔性化管理。在慈善组织开始重视信息公开的起步阶段，政府作为最强有力后盾，既要做好服务和引导，又要承担起监管职责，使慈善组织在正确、规范的发展道路上，打造更透明的“玻璃口袋”。

一、坚持依法、公开、适度的监管原则

（一）依法监管

现阶段我国深入贯彻依法治国理念，依法监管原则就来源于依法行政。法律法规是政府对慈善组织信息公开监管的依据。要做到依法监管，在完善慈善法律法规的基础上，执法能力的提升是关键。只有将处罚落到实处，才能起到法律应有的震慑作用。要提高慈善组织信息公开执法监察力度，应注重以下几点：

（1）加大对违法违规慈善组织的查处力度。应变被动执法为主动执法，通过慈善组织信用信息平台和慈善组织统一社会信用代码等日常监管手段，对不依法公开、公开信息不真实等违法违规行为，应做到及时发现，果断处罚。（2）执法监察与其他监管手段相结合。综合运用多种监管手段，将说服教育与督促整改相结合，将年度检查与重点查处相结合，将日常走访与抽检巡查相结合，提高执法办案的数量与质量。（3）规范慈善组织信息公开执法行为。执法活动本身要进一步法治化，要讲究方式合理恰当，执法行为规范化，并力求将全部案宗存储于电子档案，与慈善组织社会信用统一代码制度相衔接。

（二）公开监管

公开原则强调的是慈善组织信息公开监管的程序性问题。行政公开的目的就是保证政府监管的透明度，加强社会公众对行政权的监督，保护公众合法权益，防止权力寻租。政府对于慈善组织信息公开的监管要做到公正透明，主要针对两大对象。第一是保证被监管对象——慈善组织的知情权。慈善组织作为被监管对象，有权知晓政府机关制定的相关政策的程序是否科学、合理，针对其作出的处罚决定是否有理有据，对侵犯合法权益的行为有提出异议和申诉的权利。第二是保证社会公众和媒体的知情权。社会公众和媒体监督是当前慈善组织监督体系中的重要组成部分，监督成本小，监督效果佳。公众和媒体有权了解慈善组织是否与政府存在依存关系，政府的定向补贴和支持是否符合法律规定，政府对于慈善组织丑闻事件的处理是否公平合理，慈善组织之间是否存在关联交易等信息。只有政府在慈善组织的监管中做到公正透明，才能使慈善组织消除顾虑，增强对于政府的信任，安心做慈善，社会公众和媒体也能正确客观地监督和评价政府的监管行为。

（三）适度监管

适度监管与行政法上的比例原则有着相似之处。适度监管原则就是要求政府对于慈善组织信息公开的监管要有边界。一方面，我国慈善事业起步较晚，慈善组织信息公开处于初级阶段。政府应该给予慈善组织一个宽松舒适的发展环境。监管过于紧张便会适得其反，限制慈善组织发展的自主性和活力，不利于充分调动社会公众参与慈善组织监管的积极性。另一方面，慈善事业发展关系社会公共利益，慈善组织的运行必须规范有序，如果监管过于松懈，会给一些不法分子以可乘之机。要在全社会形成人人向善、人人能够放心行善的良好风气，就需要宽严相济的政府监管模式，监管过松或监管过严都不适合慈善事业的发展。对那些冒用慈善之名而谋一己之利的不法行为要严惩不贷，对踏踏实实做慈善的组织就需给予更多的支持和引导，鼓励善心善行。同时，慈善组织的信息公开也并非越细越好，2013 年至 2014 年，周筱赟实名举报嫣然天使基金一事的发生就引发了学界对信息公开边界的思考。我们认为，首先信息公开是有成本的，公开的信息多了，成本就大，也就意味着用于项目运行的成本就低了，有更多的人去做信息公开，那么用于做项目的人力资源和精力就少了。信息的公开应以最有限的投入，达到最有效的公开。

二、构建强力的制度保障

《中华人民共和国慈善法》的宗旨在于弘扬我国社会主义核心价值观和乐善好施、扶贫济困的优秀传统文化。《中华人民共和国慈善法》在全国人大会议上表决通过，说明国家将慈善行业的这部专门法律视为同《中华人民共和国民法通则》《中华人民共和国刑法》等基本法律同等重要，足以见得其基础性、综合性的法律地位。《中华人民共和国慈善法》指出了慈善组织信息公开的几大重点：一是强调政府应健全慈善信息系统建设，以列举的方式明确指出政府部门的有关信息公开责任；二是首次以公募行为和非公募行为对慈善组织进行分类，并针对不同的募捐行为规定了不同的公开信息；三是规定建立或指定慈善组织信息统一公开平台，有利于方便公众查阅和监督。但是，作为一部基本法，《中华人民共和国慈善法》的内容仍有较大提升空间，如仍然偏重原则性内容，操作性不足；对于关联交易的信息公开义务不全面，等等。因此，还应进一步完善我国慈善组织信息公开制度法规。

（一）规定信息公开的底线

信息的公开并不意味着全方位、无死角的公开，慈善组织科学合理的信息公开需要有底线。一要考虑个人隐私。慈善组织信息公开主要涉及捐赠人和受赠人的隐私。可以在项目中设置伦理道德委员会对慈善组织公开的信息进行审核，例如项目当中一些孩子的照片，当事人不希望公开的，就不宜刊登；一些匿名捐赠的，也须尊重当事人的意愿。二要考虑到商业秘密。慈善组织在接受企业捐赠时，企业作为捐赠人需要填写并提交一些登记表作为备案，或者企业与慈善组织开展项目合作时，会在无形之中透露出一些不便公开的信息，慈善组织作为这些商业信息或商业秘密的知晓者，应当替企业作好保密工作，以免扰乱正常的市场秩序。

同时，慈善组织必须公开的信息内容也应当明确。根据《中华人民共和国慈善法》的规定，慈善组织应当按照及时充分公开下列信息：组织的章程、统一社会信用代码、组织负责人等基本信息；项目决策、执行以及监督机构的成员信息；年度工作报告、财务会计报告以及开展募捐活动、接受捐赠情况、慈善财产的管理使用情况等信息。

（二）信息公开应根据对象分清层次

信息公开应根据其公开的对象分清层次。可以将慈善组织信息公开的对象分成三类。第一类是慈善组织的登记主管部门。慈善组织应向其登记主管部门及时提交年度工作报告，以方便政府部门的监督和管理。第二类是捐赠者。对于捐赠者，慈善组织必须及时告知其募捐情况、募得款物的管理使用情况及善款流向和处理措施。如果捐赠者对某一问题提出疑问，慈善组织必须详细解答和说明。第三类是受助者。慈善组织可以有选择性地向这一群体公开信息，但与此受助者相关的信息，慈善组织应该详细公开，比如受助者的选定标准和流程以及资助金额等信息。第四类是社会公众、媒体、慈善研究机构等。随着互联网的发展，这一群体成为异军突起的慈善监督者，慈善组织做好组织机构网站建设，以畅通信息公开渠道和互动沟通渠道。

（三）增加项目动态信息公开的权重

在出台慈善组织信息公开指引的规范中，项目信息公开应当成为重中之重。在以往的信息公开中，由于项目公开比较复杂，许多慈善组织仅将项目的结果进行公开，而对于项目的明细公开重视不足。项目公开的完整与否直接影响公众对善款流向的明确与否。慈善组织作为善款的经办人和管理者，既有义务把指定捐赠信息传达给受益者，也有责任把受益者的受资助情况反馈给捐赠者和社会公众。但是在现实中，情况往往这样：受益者只是被动接受，不知道帮助他的人是谁；捐赠者也往往不清楚自己所捐赠的款物流向何方。慈善组织如果对项目的信息公开不完善、不全面，就会产生信息不对称，甚至导致公益事业的信任危机。因此，政府应引导慈善组织在公开静态的基本信息、财务信息的同时，着重公开公益项目的信息，推动公益项目信息公开从“结果公开”逐渐转向“过程公开”。

（四）细化信息公开的法律责任

首先，不予公开的法律责任。不予公开是指根据法律规定，针对申请人对于相关信息的正当合法申请，慈善组织应当公开而拒绝公开，或者对于主管部门要求公开的信息，慈善组织不予公开。此时，慈善组织应当承担行政责任和民事责任：（1）行政责任。当申请人提出合法正当的信息公开要求时，如果慈善组织拒绝公开，则申请人可以寻求法律救济途径——向该慈善组织的登记管理机关申诉，登记管理机关经过调查核实，应当给予慈善组织相应的处分：情节轻微的，由登记管理给予警告，责令及时答复申请人；情节严重的，给予信用不良记录，责令改正行为；情节特别严重，造成恶劣社会后果和影响的，应当撤销登记。（2）民事责任。由于慈善组织的不及时公开，对申请人造成实际的财产或精神损失，慈善组织应当承担相应的赔偿责任。

其次，虚假公开的法律责任。虚假公开是指慈善组织在信息公开活动中采用弄虚作假、伪造数据、隐瞒财产等不法手段所导致的信息公开内容不真实、不准确的行为。慈善组织除了承担与“不予公开”相当的行政责任和民事责任，情况严重的，损害国家和集体利益的，还应承担刑事责任。如果慈善组织工作人员以发布虚假信息而挪用慈善组织财产或由其经手的救灾、抢险、防汛、扶贫等特定款物，应当承担相应的刑事责任。

三、运用多重手段提升慈善组织信息公开能力

（一）灵活运用行政指导

行政指导具有较大的自由裁量空间，在慈善事业发展上升期是切实可行的。慈善组织的独立性和民间性决定了强制性行政监管手段不利于公益慈善的良性发展。事实证明，行政指导由于可以采取温和方式，更容易被接受，政策效果更明显。对于自愿公开的信息，政府采取建议、劝告、鼓励等行政指导的方式，以

慈善组织自愿接受为前提，会使信息公开的工作更加顺利并易于被慈善组织认可接受，从而有利于实现慈善组织公开透明的目标，实现社会整体利益和个人利益的综合平衡。

（二）加大信息公开能力的专业培训

首先，慈善组织信息公开能力的培训具有公共产品的性质，政府应加大这方面的投入，通过购买专业培训机构服务的方式开展。对慈善组织而言，信息公开是组织“推销”的重要手段，将组织的理念、领导层的观点和运营思路清晰地传达出去，就需要从领导层的高度对整个慈善组织的信息公开作出部署，全方位地展现从决策到运作一系列流程。其次，全面深入的信息公开需要项目信息高度透明的助力，而项目信息具备的复杂性特征对准确、及时、详细的公开工作提出巨大的挑战。这就需要对专业的项目人员进行培训，使其能够做到及时整理信息、汇总信息并报送信息。第三，慈善组织要将关键的财务信息有效传达到公众，并能使公众一目了然，就需要对信息进行深度加工。因此在一些原始数据材料的基础上，要对一些专业的、晦涩的、复杂的财务术语和计算公式作进一步的解释，使语言通俗易懂，又不至于失去本来的含义。因此，慈善组织要善于运用图表、图片和宣传片等大众容易接受的形式，使公众快速领悟到有价值的信息，而这些都是需要经过系统性的培训才能更好掌握的技能和手段。基于上述分析，本书认为政府培训项目的重点应瞄准提高慈善组织决策层对信息公开的认知力，以及公益项目专员、财务部门和传播部门对信息公开的实际运用能力。

（三）加大政策支持

慈善组织的公益性和非营利性决定了政府机关需要对其进行必要的扶持。政府应以多种政策手段鼓励慈善组织信息公开。比如，对一些信息公开优秀的慈善组织进行必要的政策倾斜和奖励；将慈善组织信息公开的表现与政府购买服务结合起来，对那些信息公开良好、评估等级较高的组织可以优先承接政府的外包项目。

四、强化慈善组织信息公开平台监管的有效性

由政府牵头搭建的致力于推动慈善事业透明发展的网络平台，为慈善组织信息公开提供了宽广的空间和有效的技术支持。为了提高慈善组织信息公开的质量和效率，政府可以作为“中间人”，在慈善组织与公众之间搭建桥梁，助力于慈善组织公信力的提升以及慈善行业的可持续发展。

要将慈善信息平台打造成“云平台”，实现信息、服务、资源一体化的整合，离不开大数据的建设。① 大数据的建设不是一蹴而就的，当前慈善数据库建设还处于起步阶段，存在技术上的盲点。一方面，“云平台”这一先进技术是一柄双刃剑，信息的过度共享可能会侵犯个人隐私和组织的安全运行，因此在创新设计方面，需要反思、研讨大数据策略在公益慈善领域的可行性，做到趋利避害；另一方面，需要关注用户体验，避免由于数据量过大而无法准确提炼有效信息。因此公益数据库的构建，除了通过云存储、网页登记等方式，还应该对数据进行整理、归纳、分析，认真研究民众对慈善组织的喜恶偏好，寻找最佳的市场和客户需要，创新慈善模式，开拓公益市场，打造个性化、多元化的服务平台，为慈善组织插上飞跃发展的科技之翼。全国慈善信息公开平台——“慈善中国”是当前全国性的慈善组织统一信息公开平台，平台运行后，已有 4800 多家慈善组织入驻。接下来，政府在尽快提高平台数据对行业组织信息覆盖率的同时，更应重视信息公开的“质量”，让“慈善中国”进一步成为值得公众信任的平台。

---

① 袁桢：《大数据背景下的微公益平台建设》，《经济视角》2014 年第 4 期。

五、鼓励、引导行业自律和社会监督

构建以政府监管为主体，行业自律为依托，社会监督为保障的三维立体监督体系势在必行。政府除了履行自身的监管责任外，还应该积极鼓励和动员慈善行业自律和社会公众的共同参与。

（一）鼓励行业自律

在美国，慈善行业的服务型组织非常活跃，它们的存在使得慈善组织公开的信息应用范围更广泛，实现了信息共享的价值。与慈善组织信息公开相关的著名机构有三类：美国慈善导航、美国明智捐赠联盟和美国基金会中心。这些中介机构除了具备方便公众信息查询的基础功能外，也有明确的分工：基金会中心主要负责全美慈善数据库的构建；明智捐赠联盟则是信息发布机构，开发了著名的“慈善诚信标准”（Standards for Charity Accountability），目前已经有3000多家慈善组织加入联盟，并按联盟所要求的20项标准进行信息公开①；慈善导航是美国最主要的独立评估机构，目前为5400个美国慈善组织提供评估服务。②

目前在我国，能够专业地发挥监督问责作用的此类支持组织还比较缺乏。但是，我国慈善组织行业的内部已经开发出多种针对慈善组织透明度的评分体系，这对于科学合理地评价慈善组织信息公开程度具有重要意义。目前各个评价体系的设计标准不同，导致不同的指标体系对同一慈善组织的评价分数不同，各组织的评分之间相互冲突，失去了创立评分体系的本来意义。为了避免各民间团体盲目跟风，只追求指标体系设计的数量，却不注重评分系统的质量，应当引导民间开发多元化、各有侧重的评

---

① 《美国明智捐赠联盟官方网站》，http：//www.bbb.org。

② 《美国慈善导航官方网站》，http：//charitynavigator.org。

价指标体系，并在慈善组织全面、科学的评价中形成互补共生的关系。

（二）引入公益诉讼制度，加强社会监督

应考虑将公益诉讼制度引入慈善组织社会监督过程，拓展与捐赠或受赠不直接相关、无直接利益纠纷的社会公众作为监督主体的法律救济渠道。通过引入公益诉讼，非利益相关者也可以提起公益诉讼，可以更客观地追究慈善组织虚假公开信息或者蓄意隐瞒信息的违法责任，改变社会公众对慈善组织“有监督方法、无追究途径”的困局①，进而更完善地保证公民的知情权，形成更紧密的法律监督体系，提高全民参与监督的积极性。

① 邹世允：《加快建设慈善组织信息公开制度》，《光明日报》2014年4月20日007版。

第六章　评估监管改革：慈善组织第三方评估制度优化研究——以基金会为例

组织评估是现代慈善组织监管的重要手段，通过评估可发现问题，规范引导，防范风险，分类管理，提高监管效率。从一般意义上讲，基金会作为人类社会发展中出现的一种重要的组织制度创新形式，是基于捐赠的公益财产以基金形态存续并得到相应的法律认可和保护的非营利组织的一种基本形式，具有明确的公益宗旨和用益，其本质是在捐赠基础上形成的公益财产及其社会关系。与其他慈善组织相比，基金会最显著的特点在于它是以捐赠为基础形成的公益财产的集合，是以基金形式存在的公益财产。① 基金会第三方评估是指由同时独立于政府部门和被评对象的第三方评估机构，依据科学的评估指标体系，通过基金会自评、评估专家组实地考察与初评、评估委员会审核与公示等环节，对我国基金会的基础条件、内部治理、项目运作、社会责信等方面，给出一份专业性强、公信力高的评估报告的过程。本章将以基金会为例，梳理我国基金会第三方评估的产生与发展历

① 王名、徐宇珊：《基金会论纲》，《中国非营利评论》2008 年第 7 期。

程，以北京市和山东省基金会第三方评估为个案，考察当前基金会第三方评估的具体实践，系统总结分析其存在的主要问题和不足。借鉴美英等国经验，提出我国基金会第三方评估制度优化的具体建议。

第一节　我国基金会第三方评估制度的产生与发展历程

自2004年《基金会管理条例》颁布以来，我国基金会获得长足发展。《基金会绿皮书：中国基金会发展独立研究报告（2017）》的数据显示，我国基金会的数量由2004年的不足1000家快速增长至2015年的近5000家，非公募基金会数量已经达到公募基金会的两倍之多。2018年10月9日，基金会中心网的数据显示，我国基金会数量已达6881家，净资产为1379亿元，比2012年的920亿元增长了近50%。① 在数量和规模增长的同时，我国基金会的发展仍然普遍面临着规模偏小、内部治理不健全、透明度低、公信力不足等突出问题。

从2005年起，政府为加强对基金会的培育和监管，民政部民间组织管理局开始着手与基金会评估相关的工作。2007年，我国先后出台了两部政策性文件②，以规范基金会的评估工作。随后，民政部首次启动了全国第一批基金会的评估工作，共有69家已登记注册的基金会参与，评出6家5A级基金会。随后，基金会评估工作逐渐在全国范围陆续展开。在基金会评估发展的

① 基金会中心网，http://fti.foundationcenter.org.cn/，访问时间：2018年10月9日。

② 两部全国性政策文件分别指《民政部关于推进民间组织评估工作的指导意见》和《全国性民间组织评估实施办法》。

初期，政府主导起了至关重要的推动作用。然而，政府评估的弊端也备受争议，如民政部门人力、资源、精力有限；评估的公正性不强、专业性不高等。在第一次评估工作的基础上，各地开始总结经验，探索优化评估制度。随着政府行政管理职能转变和社会组织管理制度创新，政府部门加大了向社会组织购买公共服务的力度。在此背景下，由政府委托实施的基金会第三方评估开始崭露头角。

2008 年开始，全国各地陆续开展基金会评估工作、由于各地的基金会发展阶段与特点不同，各地在评估内容、评估模式上也依据自身情况开始了探索与创新。2009 年后，北京、福建等地开始出现基金会第三方评估团队。

在前期理论研究和各地实践摸索的基础上，2010 年 12 月，民政部出台《社会组织评估管理办法》，进一步改进评估制度。此《办法》重新规定了评估机构的权责体系，尤其是复核委员会。2011 年 8 月，民政部修订了基金会评估指标，部分调整了一些三级指标的设定，如法人资格中添加了“名称”指标。

2011 年之后，全国许多地方包括贵州、青海、新疆等地，均不同程度地开展基金会评估工作。第三方评估也已成为基金会评估的发展趋势。北京、上海、广州等地的第三方评估模式正趋向成熟与稳定。2015 年 5 月 20 日，民政部出台《关于探索建立社会组织第三方评估机制的指导意见》(民发[2015]89 号)，就探索建立我国社会组织第三方评估机制提出了指导性建议与意见，评估工作采用了更为有效的政社合作评估方式，开启了评估工作的新时代。2016 年通过并正式实施《中华人民共和国慈善法》，在法律上正式确立了慈善组织评估制度，同时鼓励和支持第三方机构对慈善组织进行评估，并向社会公布评估结果。

第二节　我国基金会第三方评估实践：以北京市和山东省为例

目前我国的基金会第三方评估是政府委托下由第三方机构对基金会的内部治理和规范化运作进行的综合评估。纵观全国及各省区市基金会评估的主要做法可以发现，基金会第三方评估由三大主体共同完成，即政府、第三方和评估委员会，体现了我国现实国情下由政府主导的评估向完全社会化评估转变的过渡性特点。政府部门与第三方评估机构之间构成合作关系，再由评估委员会作为监督机构加入其中，对评估结果进行最后的检验及把关。三者之间相互制约，共同组成我国目前第三方评估的主体。

对于第三方评估主体的组织类型，中央和地方不统一。在全国性基金会评估中，民政部民间组织服务中心承担具体评估工作，它内设办公室、登记服务处、管理服务处、培训宣传处、人才服务处。其中，管理服务处主管民间组织评估的相关工作，其主要职责是参与研究制定民间组织评估标准、工作程序和实施方案；组织评估专家数据库、对专家进行培训；组织开展评估工作、接受复议申请等。在一些省份，比如山西、广东、云南、天津等地先后成立社会组织评估中心，北京、广西、上海等地则委托专业评估机构进行评估，甘肃、宁夏、青岛等地由社会组织负责评估工作。无论是成立社会组织评估中心，还是委托专业评估机构或社会组织进行评估。值得一提的是，广州市实行分级评审，对于申报 1A、2A 评估等级的参评组织，只需经过“单位自评、评估委员会再审核”即可确定评估等级；而对于申报 3A 以上评估等级的，需要在单位自评之后由评估专家实地考察得出初评结论，最终由评估委员会终评。

就省市级而言，北京市是我国基金会第三方评估起步较早、实践经验较丰富的地区之一，形成了独具特色的评估模式，颇有研究价值。相比之下，山东省基金会第三方评估于2014年起步，发展较缓慢，评估模式未定型，实践操作中仍有许多值得反思与改进之处。本书基于北京市、山东省两地的代表性，分别对其基金会第三方评估实践进行了调查，以期更全面地理解当前我国基金会第三方评估的实践特点。

一、北京市基金会第三方评估实践

（一）发展历程

1. 2008年首批公募基金会评估

2008年北京市开始着手对于社会组织的评估实践工作。同年8月，北京市民政局社会团体管理办公室（简称“社团办”）开始对首批17家公募基金会进行评估。评估工作的指导文件为《全国性民间组织评估实施办法》和《民政部关于推进民间组织评估工作的指导意见》。评估指标采用的是民政部研究的民间组织评估指标的初稿，分别从基础条件、内部治理、工作绩效、社会评价四个方面进行综合评估。北京市社团办成立基金会评估委员会作为评估工作机构，同时通过购买服务的方式，委托第三方评估机构——北京市无形资产开发研究所组建评估工作小组，具体实施现场评估工作。这次评估自8月上旬开始准备，至10月下旬现场考察结束，历时三个月。评估等级按照规定分为5A、4A、3A、2A、1A五个等级。被评为首批5A基金会的有两家：北京青少年发展基金会和北京绿化基金会。

2. 2010—2015年全面实施基金会评估

由于经费问题，2009年北京市社团办并未开展基金会评估工作。直到2010年下半年，随着经费问题的解决，此项工作才重新恢复。随后，与基金会评估相关的法律政策文件，也渐渐完善。2010 年 11 月 12 日北京市民政局正式发布《北京市社会组织评估管理暂行办法》。2011 年民政部正式修订基金会评估指标。2015 年民政部发布《关于探索建立社会组织第三方评估机制的指导意见》。2010—2015 年北京市的基金会评估均委托北京师范大学社会公益研究中心作为第三方评估机构，坚持“政府指导、社会参与、分类评定、动态管理、客观公正”的评估原则，形成了有特色的“第三方机构独立评估”机制。2012 年的评估实践中新设“复核委员会”，负责对评估结果有异议的复核工作。

（二）2015 年北京市基金会评估的具体做法

2015 年北京市基金会评估的对象为 2014 年 12 月 31 日前在北京市民政局注册成立已满两年且未参加过评估的基金会，以及参加过评估但评估等级已满有效期的基金会。项目内容覆盖科、教、文、卫等众多领域，多样性与差异性明显。

1. 评估组织机构及评估工作程序

评估工作的开展从准备、动员到结果公示通常要持续六个月左右，共分为八个阶段：准备和宣传动员阶段、基金会自我评估阶段、实地初评阶段、评估委员会审核阶段、评估结论公示阶段、复核阶段、确认评估等级与公告阶段、总结与颁证阶段。其核心阶段为基金会自我评估及第三方实地初评，共历时两个月左右。

评估组织机构由评估委员会、复核委员会、第三方评估机构共同组成（具体职责分工见表 6-1）。根据相关要求，北京市社团办成立评估委员会由有关政府部门、研究机构、社会组织、律师事务所、会计师事务所等单位人员组成，人数为 7 至 15 人。它主要负责拟定评估实施方案、选聘第三方评估机构、审定评估结论、公示评估结果等。复核委员会则负责对基金会评估的复核和对举报的裁定工作。其组成人员大体与评估委员会相似，人数为 5 至 9 人。

表 6-1　北京市基金会评估组织机构的职责分工

评估组织机构	评估委员会	复核委员会	第三方评估机构
主要职责	1. 制定评估实施方案； 2. 选聘评估机构、组建评估专家组； 3. 组织实施评估工作； 4. 审核评估机构的初评结果； 5. 公示评估结果、发布公告，并将审核意见与评估结果报送民政部门。	1. 负责社会组织评估的复核与对举报的裁定工作； 2. 复核结果必须经全体委员半数以上通过； 3. 复核决定应于作出决定 15 日内，以书面形式通知申请复核的社会组织。	1. 制定评估工作程序与评估实施具体方案； 2. 接收、审核被评机构的申请材料； 3. 组建评估小组对被评者进行实地考察与初评； 4. 向评估委员会提交初评意见； 5. 评估委员会委托的其他事项。

资料来源：作者自制。

评估委员会选聘专门的评估机构负责北京市基金会的实地考察工作。2015 年，该工作再次通过公开招投标的方式委托给北京师范大学社会发展与公共政策学院社会公益研究中心完成。自 2010 年来，双方已形成了较为稳定的合作关系。在具体的操作过程中，社会公益研究中心按照评估指标体系共分为行政办公、组织治理、项目管理、财务管理、公开透明与社会责任五个独立的评估小组，每个小组有 2 至 3 名成员，其中 1 人主导，主导者通过前期单核材料、实地考察及后期汇总讨论三个环节，来明确所有参评基金会该部分的详细情况。同时，所有指标的打分严格按统一标准进行。对于财务管理模块，社会公益研究中心将其外包给中证天通会计师事务所有限公司进行评估，以确保其专业性。由此，北京市民政局、社会公益研究中心、中证天通会计师事务所三者之间形成了相互独立、相互制约的三方评价机制。中证天通会计师事务所就财务管理指标评估对社会公益研究中心负责；社会公益研究中心作为第三方评估机构就实地初评工作向北京市民政局负责；北京市民政局对评估实施全过程性的指导、监督。

2. 评估指标

北京市基金会的评估指标建立在民政部评估指标体系的基础上，同时社会公益研究中心基于过去年份参加评估的北京市基金会的实际情况，又对评估指标进行了局部修改与完善，尤其是对公益性、专业性、社会影响及公开透明等内容继续了增补、修改以及拔高。评估指标的设置旨在反映北京市基金会实际的运作特点、存在的问题，切实符合北京市基金会的实际发展情况。具体的评估指标体系由四级组成，一级评估指标包括基础条件（60分，包括合法性与操作规范），内部治理（405分，包括组织治理、财务资产管理、员工管理），工作绩效（335分，包括公益项目与社会捐赠），社会意义与社会影响（80分，包括项目的辐射作用），社会责信（120分，包括信息公开与对捐赠人的社会责任），共计1000分。在实际操作中，北京市基金会评估还制定了具体的操作手册。

3. 第三方评估主体的评估流程：预评估 + 实地考察

在实地考察前，评估小组成员会以前期参评基金会提交的自评材料和网上查找的相关材料为依据进行预评估，主要查看基础条件、公开透明及社会责信相关指标。进入实地考察阶段，评估小组每次会派出评估人员6至10人，平均每家基金会的考察时间约半天，耗时三小时左右（具体流程见图6-1）。为了迎接评估小组的现场考察，参评基金会在当天会提前准备好有关基金会近年内部治理与项目运作的资料，如PPT等，以备在现场考察伊始作一个简短的自我介绍。具体的考察流程包括：

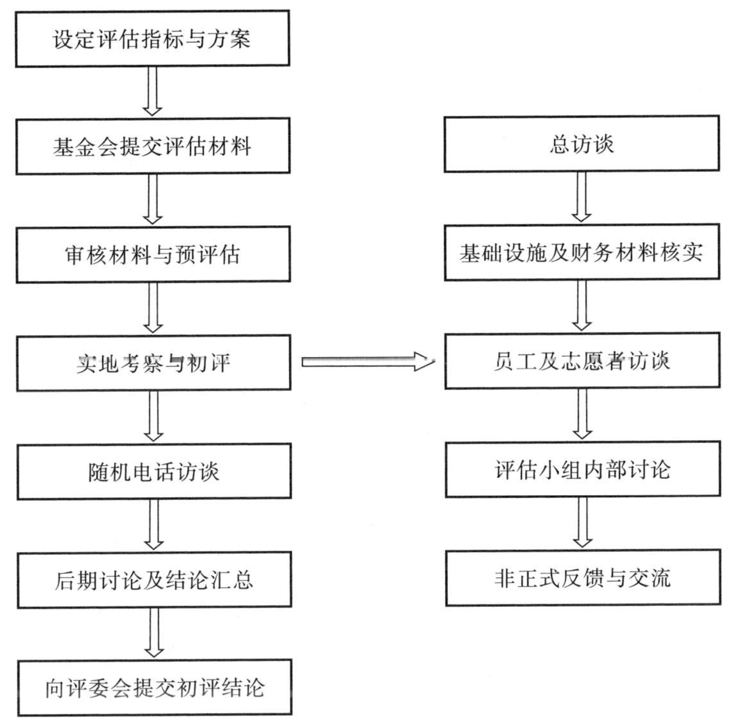

图 6-1　2015 年北京市基金会评估流程

材料核实与访谈：评估小组总负责人首先简介现场考察的流程以及“以评促建”的评估目的，接着由评估小组分头进行基础条件及材料的核实工作、与员工及志愿者等的小组访谈工作；与此同时，评估小组总负责人与基金会主要负责人、项目主要负责人进行总访谈，内容围绕基金会运作管理的理念、项目开展的情况等，时间长度依不同基金会的不同发展状况而不同，力求挖掘基金会项目运作及综合管理背后的公益理念、战略思维，不拘泥于评估指标体系的表面文字。无论总访谈还是小组访谈，全程都有录音记录，以备提交初评结论时一并提交给评估委员会。

评估小组内部讨论：根据分小组访谈与材料核实，以及总负责人通过总访谈发现的不足及亮点，评估小组内部展开讨论。所有小组成员都可表达自己的观点，讨论结果最后由每部分负责人总结。此过程需要参评基金会所有相关人员暂时回避，同时也要录音作记录。

非正式反馈与交流：评估小组总负责人将现场考察中发现的基金会的优秀做法以及不足之处，向基金会负责人与项目负责人等进行反馈。基金会负责人可以就反馈的内容与评估小组进行简单交流，最终达到以评促建的真正目的。

现场考察环节结束之后，评估小组会在几天后开展随机电话访谈，访谈对象为基金会的相关利益群体，比如基金会的理事、捐赠人、志愿者等。通过多角度的访谈，增加对基金会的了解。最后阶段是资料的整理与总结。评估小组每部分负责人都要进行评分并汇总结果，形成评估子报告，最终汇合成初评阶段的评估报告；同时有专人负责整理访谈录音及访谈所有相关资料，以备提交。

（三）评估特点总结

自2010年之后，北京市基金会评估积累了不少经验，形成了独具特色的“北京模式”，评估效果明显。

第一，坚持独立第三方评估。北京市基金会第三方评估工作从2008年就开始试点，成为全国为数不多的率先开始基金会第三方评估的城市之一。按照北京市民政局2010年发布的《北京市社会组织评估管理暂行办法》的要求，基金会评估一贯坚持“政府指导、社会参与”的原则，政府不再扮演主导评估的角色，而是为评估机构提供支持、服务、帮助。总体来看，不仅是基金会评估，北京市对民非、社团均委托独立第三方进行评估。目前，北京的独立第三方评估机构超过十家，除北京师范大学社会公益研究中心外，还包括互联社会组织资源中心、德诚社会组织评估与促进中心等。

第二，评估专家队伍相对稳定、专业性强。北京师范大学社会公益研究中心作为第三方评估机构，在多年实践中形成了以陶传进教授为带头人的评估团队，并形成了自身的特色。与其他省市临时从评估专家库中抽调评估专家的方式不同，其社会公益研究中心有一支相对稳定的评估队伍，除陶传进教授之外，大多是来自七悦社会公益服务中心的人员。他们与陶传进教授现在是或者曾经是师生关系，既有扎实的社会组织评估理论基础，又参与多次评估实践活动。这一点保证了评估人才的专业性和稳定性，对于每年评估工作的顺利开展具有至关重要的作用。

第三，评估过程严谨规范。社会公益研究中心的评估队伍在评估过程中建立了严格的内部管理制度，以确保评估过程的公正、规范、合理。例如，每个评估小组在现场考察时都拥有独立决断的权限，但对于小组成员有疑问、有争议的地方，当时及时记录并在回去之后集体汇总，最后找评估委员会及时裁决。另外，每个评估小组在打分时，由小组负责人主导，保证小组成员间统一标准；对外咨询时，评估小组也要采取统一口径的标准。

第四，第三方评估机构被赋予较大的自主空间。为遵循全国的一致性和具有可比性，北京市将基金会评估指标体系建立在民政部基金会评估指标体系的大框架下。同时，为契合北京市基金会自身特点与实际发展状况，更有针对性地促进北京市基金会完善运作和管理，北京市社团办和评估机构对部分指标进行了局部调整与改进。尤其是第三方评估机构被赋予了修改评估指标的特殊权限。这与第三方评估机构在实地考察环节与基金会面对面接触，能以更敏感、直观的视角发现其优点及不足是密切相关的。目前，北京市基金会评估指标体系分为适用于公募和非公募基金会两套，评估指标由基础条件、内部治理、工作绩效、社会影响、公开透明与社会责任几个模块组成。结合近几年的评估实践，北京市基金会的评估倾向于探索强调基金会运作的公益性、专业性、独立性等方面的指标。以“公开透明度”评估指标为例，北京市单独设立“社会责信”指标（120分），并且下设“公开透明”二级指标（80分），包括“基础公开透明、公开透明的系统性做法、对社会的开放程度”三项三级指标。与民政部的“信息公开管理”指标内容不同的是，北京市对基金会公开透明度的要求更为具体、细致，富有操作性。

二、山东省基金会第三方评估实践

山东省第一次着手对包括基金会在内的省管社会组织进行评估始于2013年，这年8月山东省民政厅发布了《关于开展省管社会组织评估试点工作的通知》。此次评估对象为2010年年底之前在省民政厅登记成立，2011年和2012年均年检合格的省管社会组织，参加评估的社会组织均为自愿。其中，山东省社会组织管理局从基金会中选择了20至30家开展评估试点工作。自8月20日发布评估通知至12月确定评估等级，历时约四个月。

2013年8月，山东省民政厅根据我国现行评估法律文件，结合山东省实际情况，参照全国其他省份的评估指标体系，印发了山东省基金会评估指标。该评估指标体系与民政部的基金会评估指标体系在内容上大致相同，同样覆盖了四个版块，只是内部治理与社会评价所占分值略有不同。此次评估由省民政厅成立省管社会组织评估委员会和评估复核委员会，共同组织协调具体的评估工作。而第三方评估工作委托于山东省应用统计学会承担。此次评估试点工作拉开了山东省对省管社会组织进行第三方评估的序幕，激发了山东省各市区参与评估的积极性。值得一提的是，此次评估提出要建立评估与监管联动机制，这也是充分利用评估结果的体现。根据评估结果加强对于存在问题的社会组织的监管工作，督促其整改，否则取消其社会组织的资格。

在2013年第一次评估试点工作经验的基础上，2015年9月山东省民政厅印发《第二批全省性社会组织评估工作》的通知。当年共有21家省管基金会参与评估，包括山东省武训教育基金会、山东大学教育基金会、青岛市见义勇为基金会等。评估组织机构依然是在评估委员会下设评估办公室，负责评估委员会的日常性工作，同时评估办公室设在山东省社会组织管理局。但是，与第一次评估试点不同的是，此次评估的具体工作委托的是山东省标准化协会。山东省标准化协会成立于1982年，是一家专门从事标准化研究与管理工作的社会组织。9月25日，山东标协联合省社会组织管理局举办了评估专家培训会议，使评估专家们提前熟悉评估指标体系。在会议上，北京久其软件股份有限公司的技术人员还对评估信息系统的使用进行了演示。该信息系统为日后评估各个阶段的数据汇总提供了良好的技术支持。9月下旬至11月上旬，实地考察环节正式开始。由评估办公室从评估专家库中随机抽取3名左右评估专家组成一个评估小组，其中一人为小组负责人，对每家申请评估机构开始为期半天的实地考察。

在省级社会组织评估试点工作的带动下，山东省潍坊市、济宁市等市区也相继开展了市级社会组织评估工作。例如，山东省潍坊市2015年10月开始了第二次社会组织评估工作。潍坊市鸢都义工公益服务中心作为此次评估工作的第三方评估机构，通过邀请北京市著名高校公益领域的杰出教师、资深会计师，山东省优秀院校里此领域的杰出教师等组成专家团队进行实地考察工作。

此后，山东省社会组织评估工作无论省级还是市级，参评社会组织的数量、规模都在逐渐增长，评估试点工作也积累了一些实践经验。但由于起步较晚，成熟的第三方评估机构数量少，第三方评估工作的专业性和稳定性仍然不足。

第三节　我国基金会第三方评估存在的主要问题

一、制度规范缺失

健全的制度规范是基金会第三方评估稳定、长期、健康运行的必备条件。然而，目前我国基金会第三方评估相关制度规范处于严重缺失状态，主要表现为两个方面：其一，专门针对第三方评估的法律法规缺失；其二，基金会的法律法规不健全。前者旨在规范评估活动本身，后者旨在为评估提供标杆或依据。

民政部颁布的与基金会评估相关的制度规范有：《关于推进民间组织评估工作的指导意见》（民发〔2007〕127号）、《全国性民间组织评估实施办法》（民函〔2007〕232号）、《社会组织评估管理办法》（民政部令〔2010〕39号）、《关于探索建立社会组织第三方评估机制的指导意见》（民发〔2015〕89号）。其中，《社会组织评估管理办法》较为系统地对社会组织评估工作涉及的评估对象及内容、评估程序和方法、评估机构和职责、评估等级管理等方面内容进行了规定。而第三方评估的专门规范是2015年的《指导意见》，该文件提出了建立社会组织第三方评估的总体思路和基本原则，对第三方评估机构的准入门槛、遴选程序、资金保障机制、评估结果的使用等内容简单作了一些原则性规定。在制度层面，现有法规仍然存在许多不足：

第一，未赋予第三方评估机构以合法地位，也没有对第三方的主体资格进行清晰界定。尽管《社会组织评估管理办法》明确规定了作为评估主体的评估委员会以及复核委员会的相关职责，但却并未明确提及第三方评估机构的主体资格。

第二，对第三方评估机构的权利义务缺乏明确规定。第三方评估机构享有哪些权利，承担哪些义务，是对评估行为的必要规范。缺乏权利义务规范就会使得评估实践中很容易出现第三方评估机构与评估委员会、评估对象之间的冲突与混乱。

第三，对评估结果运用的规定不够详细。《关于探索建立社会组织第三方评估机制的指导意见》"提倡把评估结果作为社会组织承接政府转移职能、接受政府购买服务、享受税收优惠、参与协商民主、优化年检程序、参加表彰奖励的参考条件，鼓励把评估结果作为社会组织信用体系建设的重要内容"，这样的规定法律效力低，实际激励效果有限。

《基金会管理条例》是目前唯一对基金会进行管理规范的专项法规，是基金会评估工作的重要参考标杆和依据。目前该条例正在修订之中，评估需要参考的许多条款和标准仍需要进一步修改和优化。

二、第三方评估机构有待培育

成熟和壮大的第三方评估机构是基金会第三方评估的基础和前提。目前，我国很多省份已经积极探索委托第三方机构开展社会组织评估的工作，各地也涌现出一些评估机构，但第三方评估机构的组织类型多样、发展水平参差不齐，仍然无法满足我国目前的评估需求。北京市采取委托专业的社会评估机构进行评估的办法。广东省委托社会组织评估中心、安徽省委托安徽省社会组织联合会、云南省委托第三方社会组织评估中心等负责社会组织评估日常工作，这些机构与民政部门有着密切的联系。由于评估机构数量少，符合评估资质要求的更少，各级民政部门有时采取直接委托的方式，确定评估机构，也带来了评估机构遴选不公开和不透明的问题。

从全国范围看，我国社会组织的第三方评估机构发育水平还不高，评估机构数量少、力量弱，亟待培育和发展。

第一，第三方评估机构独立性不足。事实上，我国目前的评估模式仍由政府委托，第三方评估机构受托完成政府购买的评估服务。这样的评估模式并不是真正意义上的独立第三方评估，势必导致评估机构要受政府部门的限制和束缚，评估机构缺乏独立性。而且，受政府部门青睐的多是有浓厚官方背景的社会组织，草根型、普通的社会组织想要进入评估机构的队伍序列不是易事。

第二，第三方评估机构专业性不够。在评估实践操作中，评估工作是一个有门槛的工作，第三方评估机构的专业性直接影响评估结果的有效性。然而，目前我国评估机构在主体方面，真正具备评估专业知识背景与技术的人才相当缺乏。尤其是面对评估指标体系中一些很难量化却又个性很强的指标，评估机构能否把握其中的精髓，并且透过它捕捉到参评机构的运作本质，这是对其专业能力的一项挑战。举个简单的例子，基金会的制度化程度是越高越好吗？不同的评估专家可能给出不同的见解。北京师范大学的社会公益研究中心经过多年的评估实践，已经形成了自己相对固定的评估专家队伍，可以独自承担起现场考察工作。同时，北京市社团管理办公室还给予第三方评估机构以修改评估指标体系的权力，这样大大方便了评估机构依据评估中发现的实际问题及时调整评估指标。而山东省委托的第三方评估机构目前只是负责组织、协调评估专家组的现场考察工作，没有一支专业化的评估专家队伍。不固定的评估专家队伍，事实上在现场考察评估后期的打分汇总、内部小组讨论环节，都存在难以再次集中人员的不便。例如，山东省基金会评估的现场考察环节末尾，需要评估专家现场以填表的方式反馈对该被评组织的总体印象，这样不仅会占用评估方与被评方的非正式交流时间，而且造成了评估专家之间可能标准不统一，对评估中发现的问题难以及时交流和研讨。

第三，评估机构资金依赖委托方。我国的基金会第三方评估工作是由政府委托，由政府全部承担评估经费。在《社会组织评估管理办法》的第七章附则中明确规定了评估经费的来源，应从社会组织的专项管理工作经费中列支。从全国的情况来看，有的地区将社会组织评估工作经费纳入年度财政预算，例如北京、吉林、上海、广东、广西、甘肃、安徽等省份。有的地区是从民政行政经费中列支评估经费，例如新疆、西藏、湖北、重庆等省份。还有些省份选择了从福利彩票公益金中划拨经费的方式，比如河南省。① 在本书的调研与访谈中我们也发现，政府部门在社会组织管理工作经费方面的投入仍然比较少，评估经费的保障机制不健全，资金匮乏在一定程度上仍影响着第三方评估机构的积极性与评估工作的开展。例如，评估机构聘请评估专家的劳务费过低，涉及对利益相关方的调查工作因成本较高而难以真正有效落实，等等。

三、基金会参评积极性有待提升

基金会第三方评估是提升基金会自身能力和创新基金会内部管理体制的重要手段和有效路径。一方面，评估专家能够全面、科学地考察基金会的发展现状，由此形成的评估意见和建议可以为基金会寻找内部管理漏洞、激活项目运作思路、规避财务

① 王永奎：《社会组织评估需重点把握的几个原则》，《社团管理研究》2010 年第 10 期。

风险等提供专业指导，为基金会参与评估提供了内部动力。另一方面，基金会评估指标具备较强的引导性。获得较高评估等级的基金会为其他基金会树立了榜样，再结合评估结果应用的奖优罚劣的规则，为基金会参与评估又提供了外部动力。然而，目前我国基金会参与评估的积极性仍然不高。截至 2015 年 5 月底，我国参评基金会数量共 217 家，不到总数的 5%。[①]

总体而言，基金会参评积极性低是综合因素作用的结果。一是基金会对评估重要性的认识不足，对基金会评估规范组织发展、提升组织能力的重要意义认识不到位，不愿意投入大量人力、时间、精力对以往工作进行针对性的梳理，以迎接基金会评估。二是部分基金会因为登记注册不久，正处于起步发展阶段，担心机构的发展现状无法达到评估指标的要求，而没有主动申请参评。三是评估结果未给参评机构带来免检、免税、政府购买等实质性利益，感到参与基金会评估工作可有可无。

四、评估结果运用不充分

基金会评估的真正目的是“以评促改、以评促管、以评促建、以评促发”，而促成这一目的达成的关键是评估结果的运用问题。然而，目前我国基金会第三方评估结果的运用不充分。其中，主要原因在于有关评估结果应用的规定操作性差。《社会组织评估管理办法》第六章第二十八条中规定：“评估等级在 3A 以上的社会组织，可以优先接受政府职能的转移和相应的政府奖励。”无论中央还是地方对基金会评估结果的应用很大程度上停留在文本的规定层面，具体操作性和应用性的案例较少，而且评估等级事实上在很多应用方面只是作为参考条件，并不是硬性规定。其

① 《〈民政部关于探索建立社会组织第三方评估机制的指导意见〉解读》,《中国民政》2015 年第 7 期。

次，评估结果的应用范围也有待进一步拓宽。根据《社会组织评估管理办法》的相关规定，评估结果的应用仅涉及税收优惠、免检、承接政府购买服务项目等方面。

五、评估指标体系有待完善

早在2007年4月民政部就公布了“中国民间组织评估指标体系”，其中包括基金会的评估指标。2011年民政部民间组织服务中心管理服务处，依据评估工作的实际情况对评估指标进行了部分调整，但整体框架没有大的变化。评估指标体系包括四级评估指标和具体的操作手册。一级评估指标包括基础条件（90分，包括合法性与登记、备案），内部治理（370分，包括组织机构、人力资源及财务资产管理），工作绩效（440分，包括公益性、项目开发与信息公开），社会评价（100分包括，内部、公众及管理部门评价），共计1000分。以此为模本，我国各省份参照制定了当地的基金会评估指标体系。

综合分析我国部分省份的评估指标体系，不难发现一些问题。

第一，有些关键指标设置不足或缺失。比如，在一些省份的评估指标体系中，“公开透明”一块所占比重都不大。山东省的基金会评估指标体系中关于公开透明的评分标准只停留于表面的有无公开或宣传，但对于公开或宣传的具体方式、具体内容、具体效果不在评估之列。

第二，一些评估指标区分度低、存在“造假”的可能性。我国现行的基金会评估指标体系中存在一些表面化、低档次的评估指标。通过观察全国各省份的评估实践可以发现，诸如办公文件及相关的规章制度的指标，很多都是被评机构在短时间内“制造”出来的。这样将导致那些真正在这些评估指标方面做得很好的基金会，在评估中并不占优势。

第三，对项目的专业性、公益性，关注不够。基金会举办的公益项目，如同企业生产的产品一般，往往最能体现其核心理念。然而，现行的评估指标在专业性与公益性的设置上较为模糊，对于是否瞄准了当今的某一社会问题，项目方案的设计与规划、实施、评价与反馈等方面的评估仍然十分缺乏。

第四节　国外慈善组织评估的实践及经验

第三方评估最初是作为一种评价和改进政府绩效的有效工具，被广泛应用于世界各国的政府治理实践当中。伴随着公民社会的逐渐成熟，西方国家的慈善事业在20世纪90年代后期进入快速发展时期。与此同时，针对慈善组织的各类评估实践活动也渐渐开展起来。本书选取美英两国为例进行国外经验考察，一是两国慈善事业发达，二是其慈善组织评估较为成熟，评估模式特色鲜明。通过考察有代表性的国家的基金会评估实践，从中总结其经验，可为我国基金会评估制度改革提供有益的参考。

一、美国慈善组织评估：民间主导的多元模式

早在1977年，美国就成立了一家专门评估社会组织的机构，即“认可委员会”(COA)。COA根据既定的评估标准评估提出申请的社会组织，并且将评估结果提供给政府作为参考。①然而，美国的评估机构真正受到政府和社会公众的重视，是1992年美国最大的慈善丑闻之后。1992年，联合慈善基金会曝出了主席阿尔莫尼私自挪用善款等丑闻。该丑闻严重挫伤了美国普通民

---

① 张晓红:《公共治理视角下加强政府购买公共服务监管的思考》,《财政监督》2014年第11期。

众的慈善热情，也同时带动了美国慈善评估机构的相继成立与政府对慈善机构监管的加强。

当前美国慈善组织评估最显著的特征是民间性，按照运作模式的不同主要分为三种类型：一是采用大众点评模式，如卓越的非营利组织（Great Nonprofits，简称 GN）；二是认证机构的模式，如马里兰州非营利组织联合会（Maryland Association of Nonprofit Organizations）；三是同样由专业人士进行评估之后，再将评估结果向社会公开，但并不提供资格认证，如慈善导航（Charity Navigator）。

1. 大众点评模式

2007 年成立的卓越的非营利组织（GN），是美国慈善领域一家大众点评类评估机构。其运作模式类似于国内的“大众点评网”，网站本身不评价任何机构，它只是提供一个平台，让与慈善机构有过接触的人对评估机构进行打分并发表一些自己的切身体会以及看法，从而提供直观、真实、鲜活的机构评价。另外，网站上的所有信息均向社会公众免费开放，任何公民都有权登录网站查看并打分。在 GN 网站上，社会公众可以对美国凡是能搜索到的非营利组织进行评价，评分范围是一星到五星。GN 通过慈善服务领域的不同将这些非营利组织提前进行分类，并且会根据社会公众的总体评分统计出每个领域里的排名，以方便社会公众的快捷查询。① 作为一家非营利机构，GN 的资金来源渠道主要是社会公众的捐赠。GN 模式的最大优点是，慈善机构无论规模大小，都可以通过一手的大众评价而获得社会认可和捐赠。

① 沈慎：《美国慈善组织评估机构概述》，《社团管理研究》2012 年第 2 期。

2. 认证机构模式

马里兰州非营利组织联合会成立于1992年，是美国最大的非营利组织联合会之一。著名的针对非营利组织的认证项目——“通向卓越的标准”就是该机构于1998年推出的。该机构主要是对向该联合会提出申请的非营利组织提供机构认证。机构认证的标准，也就是评估指标的八大维度，其中包括理事会的内部治理、公开透明、项目运作等。该机构开展认证项目的经费来源主要是申请者的认证申请费、授权使用费和会员费。评估工作中最突出的亮点是可以申请利害关系者回避。[①]卓越标准的评估标识有效期限为三年。总体来看，该评估机构一方面向社会公众推介具备评估资质的评估机构；另一方面有助于提升受评机构的社会认可度和公信力，增加筹集善款的号召力。

3. 民间评估机构模式

慈善导航成立于2001年，同样也是一家非营利组织，至今已评估了美国超过5500家的非营利组织。它的评估对象仅限于那些依赖于个人捐赠的慈善机构。申请者需要向机构提交纳税申报单和990表（美国免税组织每年度向国税局提交的关于其财务状况的申报表）。慈善导航的评估人员依据这些表格以及机构网站上的信息，对申请机构的财务健康状况、社会问责及透明度状况等进行评估。与那些提供认证或排名的评估机构大不相同的是，它的评估结果并不涉及排名，只会在每项指标形式上提供与其得到的星级评价相对应的得分。但这一方法遭到很多美国学者的批评，他们认为根据990表做出的评估结论往往存在失真情况。

---

① 高鉴国：《美国慈善捐赠的外部监督机制对中国的启示》，《探索与争鸣》2010年第7期。

总体来看，美国的评估机构，最显著的特点就是完全独立于政府。三类评估模式各具特色，各有侧重。总体来说，它们的评估对象大多集中于公募型慈善组织，评估方法主要以材料审查为主，评估指标集中于财务健康状况、问责与公开透明上，评估资金来源主要是社会捐赠和服务收入。

二、英国慈善组织评估：政府与民间并行的双元模式

20 世纪 60 年代，英国社会上不断出现慈善丑闻以及对违法活动的投诉，这些事件激发了英国对慈善组织评估的政府需求和社会需求。事实上，英国政府早在 1601 年就开始从立法层面对慈善组织进行监管，颁布了世界上第一部规范公益性事业的法律《慈善用途法》。直到 1853 年，伴随着《慈善信托法》的颁布，英国正式成立了慈善委员会。作为一个专门负责登记管理慈善组织的政府机构，2006 年的《慈善法》赋予慈善委员会正规的法律地位。慈善委员会是一个独立的政府机构，直接对英国议会负责。英国《慈善法》对慈善委员会的基本职责做出明确规定，并通过一套完善的日常监管制度得以实现，包括年度报表制度、审计与独立财务检查制度、公益募捐管理制度、访问制度、调查制度等。① 其中的访问制度就是慈善委员会专门成立一个“评价访问组”(Review Visits Team)，对已注册登记的公益组织进行实地访问，每个组织的访问时间大约为半天。访问前，该“评价访问组”需要做好相关准备工作；访问过程中，通过与公益组织进行直接对话、咨询、提供服务性帮助的方式，评估该组织近期发展现状。事实上，这也是慈善委员会的监管方式之一。从这个角度理解，英国的慈善委员会虽不是专业的评估机构，却很大程度上

① 徐彤武：《慈善委员会——英国民间公益性事业的总监管》，国务院法制办公室，http：//www.chinalaw.gov.cn/article/dfxx/zffzyj/200706/20070600057239.shtml.2016 年 3 月 16 日。

承担着英国政府对慈善组织的评估职能。

在慈善委员会之外，社会上独立的第三方评估机构也在慈善组织评估中扮演着重要的角色。例如，英国社区联合会和明智捐赠。英国社区联合会旨在为公众服务，主要评估慈善组织的慈善行为与效率；英国明智捐赠（Intelligent Giving）则主要开展慈善组织排名活动，进而影响公众的捐赠行为。因此，目前英国既存在慈善委员会的政府官方评估模式，也有社会上独立的第三方评估机构的评估形态。一方面由慈善委员会对民间公益性组织进行资格认证（也就是进行注册评估进而拥有开展公益活动的资格）、日常监管等，评估资金来源于政府财政；另一方面由独立的第三方评估机构根据评估指标系统对公益性组织进行项目活动的评估或排名，评估资金的主要来源为社会公众的捐赠。

三、国外慈善组织评估的经验启示

由于历史背景、文化习惯、慈善组织发展规模等因素的影响，不同国家慈善组织评估模式也不尽相同。美国的社会组织和公民社会发展较为成熟，独立的第三方评估机构在社会上竞相出现，以民间为主导的评估模式自然盛行起来。而英国的慈善法律监管自19世纪以来就形成一套自己的体系，慈善委员会的资格认证与日常监管架构起了慈善评估的主要框架，同时民间独立的第三方评估也取得了较快发展，共同推动着英国慈善事业的发展。

纵观这些国家第三方机构参与慈善评估事业的发展历史，不难发现一些共通之处。第一，评估机构的专业性是其权威性的基础，同时评估机构间的分工可以更好地满足多元化的社会需求。美国曾经对非营利组织的评价过于关注财务健康状况，而忽视组织内部治理等，导致许多非营利组织被误导走了弯路。专业的评估机构、科学合理的评估指标体系对于引导基金会的健康发展极其重要。同时，随着第三方评估机构数量的不断增长，评估机构之间的合作可以充分发挥各自的优势，全面而准确地了解每家参评基金会的实际运作状况，满足潜在捐赠者的多样化评估需求。第二，探索适合我国的“民办公助”的评估模式。我国的慈善事业起步晚、发展缓慢、公民社会的土壤不够成熟等等，都促使我国的慈善第三方评估模式不可能照搬西方国家的套路。完全由政府来评估，很容易造成因垄断而带来的种种弊端。完全倚靠民间评估机构的力量，在我国还不具备条件。因此，在我国第三方评估机构的发展初期，由政府提供资金资助和资质认证，购买评估服务，并借此向社会公众推介评估机构，提升其社会认可度，可能是更加现实的选择。

第五节　我国基金会第三方评估制度的优化建议

一、建立第三方评估机构的准入和遴选制度

第三方评估机构在基金会第三方评估工作中扮演着十分重要的角色。第三方评估机构需要具备什么样的资质？需要经过怎样的遴选程序？建立与完善第三方准入与遴选制度是我国基金会第三方评估制度优化的过程中首先应予以考虑的内容。

首先，应建立第三方评估机构的资质认证体系。2015 年民政部发布的《关于探索建立社会组织第三方评估机制的指导意见》提出如下四点要求：第一，能独立地承担民事责任；第二，有一支稳定、专业、独立的评估队伍；第三，内部管理规范；第四，社会信誉良好。其中，能够独立承担民事责任是硬性资质，是一个机构成为评估机构的最低要求；后三条则共同构成软性资质，共同决定着评估机构的专业性和公正性。同时，该《指导意见》

中还提出发展形式多样的评估机构的建议，包括民非、社团、事业单位、市场中介机构等。广东省民政厅于2014年3月发布的《社会组织等级评估工作第三方评估机构遴选公告》中就承接主体的资质要求，除上述四点要求外，还包括：一是具有承接政府购买服务项目的经验；二是被列入本省承接政府购买服务的资质目录。这是对评估机构的更高资质要求。我们认为，政府应建立专门的第三方评估机构的资质认定标准，实现认定的规范化、标准化。地方可以根据自身实际，制定地方性的资质认定标准。

其次，应建立第三方评估机构的遴选机制。具备了相应资质的评估机构，如何才能被政府部门遴选为承接评估服务的第三方机构呢？根据《中华人民共和国政府采购法》等相关法规的规定，应遵循市场规则、公开择优的原则遴选评估机构。以招标、邀标的方式向社会公开发布遴选公告。公告中要对评估工作的项目及其内容、遴选流程、资质要求等条件进行详细说明。同时，公告里必须对评估机构的具体服务内容、服务期限、权利义务等进行明确具体的规定，使得那些内部管理与项目运作规范、专业能力突出、社会认可度高的评估机构在竞争中获胜。

二、重视第三方评估机构的能力建设

基金会评估是一种监管方式，评估结果对引导和规范基金会的健康发展具有重要的影响，第三方评估机构自身能力的建设是规范评估运作机制、提升其社会公信力的基础。我国的第三方评估机构从产生之初到现在不到十年。面对当前我国的评估机构力量弱小、水平参差不齐的现状，评估机构的培育工作刻不容缓。民政部《关于探索建立社会组织第三方评估机制的指导意见》强调，促进第三方评估机构的健康发展，需要建立相关管理制度，同时加强评估人才的培养，使评估机构更好地完成政府部门委托的评估工作。这意味着评估机构的能力建设内容相当丰富。当前我国评估机构的培育工作需要结合当前我国基金会评估的现状、困境对评估机构提出的要求来进行。

首先，保证独立性是前提。缺乏独立性的评估机构，不论其专业性如何，其评估结论会缺乏说服力，评估过程不可避免地有失公正性。回顾北京市近几年的评估实践，北京师范大学社会公益研究中心作为第三方评估机构在评估过程中与北京市社会团体管理办公室相互独立。现场考察前，评估机构被赋予修改完善评估指标的自主权限。现场考察过程中，评估专家队伍独立进行实地走访、考察。可见，只有处理好评估机构自身与政府部门间的权责关系，评估机构与评估人员都做到与相关利害关系回避，才可能确保评估流程的独立性与评估结果的客观性。

其次，提升加强评估人才队伍建设是关键。基金会评估人员对评估指标的专业解读和对评估流程的整体把控，是决定基金会评估的公正性和权威性的重要因素。为此，要加强评估人才的日常培训与行业内的交流学习。行业内的经常交流、学习有利于促进其业务能力的提高。政府部门可以每年定期召开针对上一年度评估工作的总结大会，创造经验交流的环境与氛围，规范评估市场，推动评估工作。

第三，加强评估机构的相关制度建设。完备的工作制度是保证第三方评估机构顺利开展评估工作的重要条件，包括内部管理制度、信息公开制度等。依据评估工作出现的新问题新情况，评估机构在执行原有相关制度规定的同时，也要注重不断更新评估工作机制。信息公开为评估机构的利益相关者，如政府部门、基金会、社会公众等获取评估信息资源提供了重要渠道。在信息公开方面，评估机构要充分利用现有资源和条件，如自己的网站主页，及时主动更新评估工作的相关情况，自觉接受评估对象、政府部门及社会公众的咨询与监督。

三、健全责任匹配与权力制衡制度

随着我国基金会第三方评估制度的建立和评估实践的发展，“政府—第三方评估机构—评估委员会”的三主体评估模式逐渐形成，如何建立主体间的责任匹配制度与权力制衡制度是保障评估活动公正和有效的关键所在。

我国《社会组织评估管理办法》中明确规定，各级民政部门负担发布评估通知或公告、确认评估等级、结果公示、发布证书及牌匾的职责。可见，目前我国政府部门主要承担动员、引导基金会参与评估、对评估结果进行权威化的公布及结果有效运用等行政责任，是指导者、服务者、资金保障者、协调者的角色。而评估的具体工作由评估机构承担。评估机构对被评对象进行实地走访、考察、访谈，最终给出结论。这一结论意味着评估机构对其作出的评估结果负有专业性和公正性上的责任，并且要经受得住来自被评估方、评估专家委员会、政府部门、社会公众等主体的问责。《社会组织评估管理办法》对评估委员会的审核认定权力还作出详细规定，涉及评估委员会召开的出席人数下限、通过方式等。总体看来，这样的行政与专业分工的责任匹配机制，使得政府部门与评估机构能够各司其职、各尽所长，共同促进我国基金会第三方评估工作的顺利开展。

没有有效约束的权力会导致腐败问题。评估机构掌握着对被评对象进行评估的实实在在的权力，如果评估机构的权力失去制衡，评估结果的客观、公正、专业性将无从保证。因此，对评估机构的权力制衡十分必要。通常，制衡可以分为两个层次：一是内部的权力制衡机制；二是外部的权力制衡机制。首先，评估机构内部要设定权力制衡机制。实地考察的过程中，评估专家组的每位成员都有“打分”决断各自负责模块的权力，但这种权力并不是没有边界，它必须以客观事实为依据。同时，评估专家组的带队人员要从整体上进行把控，保证各专家“打分”的尺度是统一的。除此之外，作为评估团队的监督机构的评估委员会，它负责对初评意见进行审核，有权对评估团队的结论提出质询甚至否定初评结论。

与此同时，来自外部的权力制衡机制也不可忽视。《关于探索建立社会组织第三方评估机制的指导意见》明确规定，民政部门有权调查了解评估机构给出的评估结果的社会认可度，有权定期检查第三方评估机构和评估过程的相关资料记录。事实上，政府对评估机构的培育和监管更多是指导性的，而不是主导性的。政府部门对评估机构的监管方式需在宽松与严格之间找到最佳平衡点，既能充分发挥好政府部门的组织协调功能，又不妨碍评估机构发挥自身的专业优势。从这一意义上讲，政府部门对第三方评估的介入是一门艺术。

信息公开是最好的监督渠道。社会公众、被评对象、其他相关部门等都可以对评估机构的工作进行监督，前提是信息公开。《关于探索建立社会组织第三方评估机制的指导意见》对民政部门和第三方评估机构的信息公开内容作了如下规定：民政部门应向社会公开对于第三方评估机构的招标公告，其中应包括评估的项目、内容、周期、资质、评审流程等，同时在确定中标机构之后，也应向社会公开有关第三方评估机构的详细信息，比如它的权利义务、违约责任等内容，以便社会监督的实现。对于第三方评估机构，它应将资金使用情况、评估工作进展情况向社会公开，同时积极配合民政部门的定期检查，做到评估工作中出现疑难问题积极向民政部门汇报。除此之外，有学者还提出动态地发布评估结果，科学地规制信息发布渠道、流程、规范格式等，同时建立信息公开与答复、纠偏等制度，从而实现多元主体间的良性沟通与理解。笔者认为，应在政府部门、基金会、第三方评估机构之间建立一个广泛覆盖社会组织的信息公开互动网络平台，最终形成信息获取、处理与分析、发布上的联动机制，各个部门各取所需信息资源，输出有效信息资源，共同推动我国基金会第三方评估工作的信息公开透明度，提升各部门工作的社会公信力。

四、优化评估指标体系

评估指标体系对基金会的发展起导向作用。合理的评估指标体系，不仅仅是在它背后有一套系统的理论框架作支撑，还要经受得住实践的检验。只有结合当前我国基金会的发展现状以及基金会评估工作的实际问题，科学地细化各个评估指标的具体内容，才能真正设计出一套把握我国基金会发展实质的指标体系。为进一步规划我国的基金会评估工作，加强评估标准化建设，需要进一步完善评估指标体系。

第一，与时俱进，推动评估指标从资质评估向能力评估转变。事实上，目前我国大多数地区所开展的基金会第三方评估工作是根据民政部制定的指标体系进行的一般性资质评估，是对基金会的一种初级评估。但随着我国基金会数量的不断增长及其在社会事务中发挥的作用越来越大，评估指标体系也应实现从初级评估到高级评估的转变。在评估具体操作过程中，应完善浅层次的基础性指标，提升反映基金会项目运作理念的深层次指标的比重。以北京市为例，2013 年重新修订的北京市基金会评估指标，对民政部的评估指标体系在很多地方作了调整。将“公开透明”单独拿出来放在“社会责信”第五模块中，在四级指标的设置上更为细化、贴合实际、可操作性强，更关注基金会的专业化程度及其公益项目的运作理念。

第二，在指标的精准量化与开放定性之间把握平衡。如果评估指标的每一项评判标准都制定得“过死过严”，评估专家团队的主动性和参与性就会大打折扣。即使围绕评估指标有相应的访谈，可深层挖掘的内容也少之又少。但如果不对评估指标有一定评判要求，专家团队的自由裁量权不仅可能无限制地扩大，而且评判的主观性和随意性也随之增强。因此，在评估指标的设定上，需要充分考虑精准量化与开放定性之间的平衡。当然，搜集相关的评估资料应不仅局限于评估指标上的打分项，评估团队还应通过访谈与查看现场资料等方式，全方位地准确把握相关评估信息。

五、健全评估工作机制

（一）建立评估经费保障机制

长期充足、稳定的评估资金是我国基金会第三方评估工作得以顺利开展的重要保障。民政部门应实现评估资金保障的制度化。一方面，民政部与财政部应联合制定相关政策文件，将评估经费纳入财政列支项目这一措施制度化；另一方面，民政部要向下级民政部门定期拨付一定福利彩票公益金，作为评估工作基本运行的经费。与此同时，在政府购买公共服务工作如火如荼开展的大背景下，政府部门加大对第三方评估机构评估服务的购买力度，既是顺应当前政府与社会合作治理大趋势的关键举措，又能确保评估资金的长期稳定来源。同时，评估资金的规范和管理工作也是必不可少的。提高资金使用效益是提升服务数量、质量和效果的重要保证。因此，资金使用情况应做到公开化、透明化，向社会公开。

另外，政府部门并不是唯一的评估经费来源，民政部还应倡导社会力量的参与。应积极引入社会力量，倡导社会加大对于社会组织第三方评估的资助，避免评估资金来源的单一化。参照国外第三方评估工作的经验，以美国的慈善导航为例，Charity Navigator 基金会就是该评估机构筹款机构。因此，应将建立评估公益资金提上日程，以保证基金会第三方评估工作可以持续、稳定、常态地开展，为我国基金会第三方评估提供坚实的经费保障。

（二）强化评估结果的应用

第三方评估不是目的，通过评估促进基金会的管理、改革和发展才是最终目标。加大对评估结果的应用程度，是相关各级政府部门需提上日程的重要事项。

首先，建立与被评估方关于评估结果的反馈与交流机制。在评估团队的实地考察与初评工作中，利用与被评估方的沟通便利优势，将发现的问题及时以非正式沟通形式反馈给被评估方，被评估方不仅可以就相关疑问当场与评估团队充分沟通、交换想法，还可以增加被评估方对评估结果的认可程度，树立评估工作的公信力。

第二，要探索建立关于评估结果应用的激励制度。在评估结果运用方面，应进一步细化制度规范，增添具有实用性的操作性规定。应强化政府各部门间的协调与合作，而且很多地方做了不少有益尝试。例如，福建省民政厅、财政厅和省编办根据社会组织评估结果，协同制定政府购买服务的相关配套政策。

（三）改进评估工作方式与程序

评估机构的评估工作方式与程序是影响第三方评估的重要因素。评估方式直接关系评估结果的形成。评估程序更是体现评估机构独立性、专业性、公正性的重要领域。随着我国基金会评估成为登记管理机关的日常工作、基金会的数量逐渐庞大，登记管理机关面临的评估工作压力也将日益增大。为此，改进评估工作方式与程序成为提高评估工作效率、改善评估工作质量的重要手段。

改进评估工作方式应做好以下四个方面的工作。第一，充分利用现代化网络技术提高审批速度。在这方面，福建省尝试利用网络评估手段，将评估工作与年检、审批的线上工作有机结合，确保评估信息的及时发布，使评估过程更透明、评估结果更真实、评估工作更高效。第二，适当增加评估工作频次，加快评估进程，缩短评估等级公布时间。上海市为解决目前面临的参评组织数量过多、评估进程被拖延、评估等级无法按时公布的困境，一方面充实、调整评估委员会，强化评估委员会的工作职责；另一方面，将评估委员会会议由一年一次调整为一年两次，以便及时审定评估等级。第三，创新第三方评估机构参与基金会评估的方式。在社会评价的评估环节，第三方评估机构不局限于被评组织提交的有关此方面的资料，还可以直接介入这一环节。广东省在评估实践中，采用由第三方评估机构直接邀请参评机构的登记管理机关、业务主管单位和其他相关管理部门直接填写问卷、直接收回的方式，确保社会评价的客观真实性。第四，做好评估总结，健全评估反馈机制。在评估过程结束之后认真做好总结，包括评估指标是否有地方需要改进、哪些评估经验值得保留、哪些被评基金会的特色工作值得宣传等。评估反馈机制应包括初评结束后的复议流程的设置、评估等级反馈、各级评估指标反馈等。

第七章　绩效监管改革：政府购买公益服务绩效评估制度优化研究——以社会工作服务为例

绩效评估是保障政府购买服务政策效果的重要手段，是优化政府购买服务政策管理的一项基本制度。聚焦项目、体现“物有所值”和偏重“结果导向”是政府购买的公益项目评估区别于组织评估的根本所在。本章以我国政府购买服务的全面推广为背景，以社会工作服务项目为典型个例，考察当前政府购买公益项目实施第三方绩效评估的地方探索，分析绩效评估制度及其运行机制层面面临的突出矛盾，并提出改革和制度优化的具体建议。

第一节　我国政府购买社工服务及第三方绩效评估的发展概况

一、我国政府购买社工服务的发展现状

我国政府购买社工服务是随着社会组织的快速发展而出现的。2003 年，上海市禁毒办等部门以购买社会工作岗位方式向三家社会工作机构购买社会工作服务，由此开启了我国政府购买社工服务之路。在这之后，深圳、广州、北京等地也逐步开始探

索政府购买社会工作服务，且已初具规模。2007年，浦东新区政府发布《关于着力转变政府职能　建立新型政社合作关系的指导意见》，首次系统梳理了政府与社会组织的职能边界，并提出将理应由社会承担的职能归还给社会组织。2009年10月，民政部《关于促进民办社会工作机构发展的通知》的发布，对于推动全国社会工作组织发展、在全国层面实施政府购买社工服务有着重要指导意义。2011年9月，广东省出台《关于加强社会工作人才队伍建设的实施意见》，引导当地建立政府购买社工服务机制。2012年11月，民政部、财政部共同发布了《关于政府购买社会工作服务的指导意见》（以下简称《指导意见》），标志着政府购买社会工作服务在国家层面上得到认可，政府购买社工服务机制在我国初步建立。

在《指导意见》的指导下，全国各地进一步推进政府购买社工服务的实践探索，投入资金持续增加：2008年，广州推出了政府购买项目模式，并自2010年起将社会工作发展资金纳入市、区两级财政年度预算；从2008年至2014年，广州市累计投入财政资金11.07亿元，增长高达60多倍。[①]依据各地实践开展情况，我国主要存在项目购买和岗位购买两种模式。其中，岗位模式是由政府依据实际需求确定社工岗位所需数量，按照薪酬标准委托购买社工机构岗位；社工服务机构与政府签订合同之后，主要负责社工专业人员的招聘和指派，指导社工人员进入服务岗位开展工作并对其进行有效管理；项目模式则是指政府购买项目整体，委托社工服务机构开展社会服务，并依据服务内容、服务目标等对服务成本进行综合测算，结合服务开展情况支付购买资金。一般而言，在政府购买社工服务初期，相关配套机制缺位的环境

① 李拉：《广州政府购买社工服务七年花费11亿》，《南方都市报》2014年7月23日。

下，岗位购买程序简单，更加容易操作，有利于政府购买社工服务工作的开展和推进，但独立性不足往往导致社工岗位行政化倾向严重；随着政府购买社工服务实践的逐步推进，项目制成为政府购买社工服务的重要模式。

为进一步推进政府购买社工服务项目，民政部于2014年12月24日发布了《儿童社会工作服务指南》（MZ/T 058-2014）和《社会工作服务项目绩效评估指南》（MZ/T 059-2014）两项推荐性行业标准，为各地政府购买儿童社工服务项目以及项目评估提供了重要参考；2015年9月，山东省出台《政府购买社会工作服务实施办法》（鲁民〔2015〕54号），明确政府购买社会工作服务的承接主体是依法登记，拥有专业队伍，内部治理结构完善、规章制度健全、社会公信力良好、公益项目运营管理和社会工作专业服务能力较强的社会组织，为承接主体资质认证提供参考。2016年1月，民政部发布《老年社会工作服务指南》（MZ/T 064-2016）推荐性行业标准，在总结各地老年社会工作实务经验的基础上，推广先进做法，科学规范、正确引导社会工作专业人员的服务行为，从而充分发挥老年社会工作者在养老服务业中的专业作用；2016年12月6日，我国民政部发布了《社区社会工作服务指南》（MZ/T 071-2016）推荐性行业标准，为各地开展社区社会工作服务、开发设置社区社会工作岗位、评估社区社会工作成效提供了依据，为社区社会工作服务机构、站点和广大社区社会工作者提升专业服务质量、建立行业公信提供了参考。这四项社会工作服务推荐性行业标准，初步确立了政府购买社工服务项目及项目评估的行业规范框架，具有重大的指导意义。据民政部统计，2016年，各地投入社会工作资金总量达42.68亿元，其中，政府购买社会工作服务资金总量超过25亿元。[①]2017年12月，

---

① 民政部：《政府购买社工服务25亿元》，http：//news.sina.com.cn/o/2017-03-27/doc-ifycspxp0022668.shtml. 2017年2月25日。

民政部发布《社会工作方法个案工作》(MZ/T 094-2017)，为社工服务提供个案工作伦理与原则、理论与模式、技巧等内容，为社会工作者工作提供具体指导。

二、政府购买社工服务第三方绩效评估的发展现状

随着政府购买社会服务项目制的推行，为确保资金的有效使用、推进项目实施进度，保证目标达成，绩效评估成为促进项目规范化运作的一个有效方法。项目评估按主体进行分类，可分为内部评估与外部评估。内部评估是指参与项目的工作人员对项目自行开展的评估，即自我评估，而广义的自我评估包含政府评估和社会组织的自我评估；与之相对应，外部评估则是指项目之外的组织或个人进行的评估。两种评估类型各有优劣，内部评估相较于外部评估，能够更清楚整个项目的实施过程，但在评估的真实性与可信度上有所欠缺；而与内部评估相比，外部评估可以更加公正、客观地看待整个项目的运作。第三方评估作为外部评估的一种，源于西方国家，由具有权威性的专业组织制定一系列评价标准来对业内各组织进行评定，最终出具令人信服的评估报告。与其他评估模式相比，第三方评估不仅更加客观与公正，同时在专业性上也更胜一筹。因此，为加强对社会服务项目的监督管理，提升社会组织的能力建设，弥补自我评估的不足，政府开始逐渐引入第三方评估机制，委托第三方对我国社会组织及社工服务项目进行监管。

2011年，东莞市发布《政府购买社会工作服务考核评估实施办法(试行)》，其中明确提出：评估工作采取内外部评估机制相结合方式，即政府相关部门联合第三方评估机构对服务量、服务质量及运行管理等内容进行评估。2013年7月，国务院总理李克强在研究推进政府向社会力量购买公共服务时强调，各地方政府应建立包含购买主体、服务对象及第三方机构的综合评审

机制，全面公开购买服务的信息，将政府购买社工服务纳入严格的监督评价体系中，实时且准确地向社会公布评估结果。2014年2月，财政部发布《关于政府购买服务有关预算管理问题的通知》（财预〔2014〕13号），提出对政府购买的公共服务实施预算绩效评价，旨在通过财政预算实现对购买服务的资金监管。民政部在2014年年底发布了《社会工作服务项目绩效评估指南》，明确了社工服务项目评估的基本要求和规范，为各地社会工作服务评估实践发展提供指导。结合当地政府购买社工服务实践，2014年年底东莞市发布《政府购买社会工作服务考核评估实施办法》，指出考核评估由政府部门委托第三方评估机构实施，主要考察社工机构专业性、服务量、服务成效标准、服务项目和机构管理四个方面，对各地探索购买社工服务第三方评估实践具有重要的指导意义。

目前，我国已经在实践中培养孕育出一批从事第三方评估的社会组织，其中上海、广州、北京、济南等地陆续成立多家专业的第三方评估机构，它们在我国政府购买社工服务进程中发挥了重要作用。作为第三方的评估，独立性、专业性、权威性的特性使其能够客观、公正、科学地评价项目的整体概况，给出的评估结果也具有一定的权威性和效力。随着各地第三方评估实践的不断深入开展，2018年7月，财政部《关于推进政府购买服务第三方绩效评价工作的指导意见》（财综〔2018〕42号）明确提出2018—2019年在全国10个省市开展政府购买服务第三方绩效评价工作试点。

然而，不可否认的是，我国第三方评估尚处于起步阶段，评估机构的发展面临着众多困境，相关政策与文献研究也很少。接下来，本章以济南市历下区为例，通过访谈与资料搜索，了解第三方评估在政府购买社工服务进程中的实际作用，分析其存在的制度障碍与自身发展困境，进而结合国内外先进经验提出促进第三方评估发展的建议，以建立政府与社会组织的良性互动关系，创新协同治理方式。

第二节　我国政府购买社工服务第三方绩效评估：济南市的探索

一、济南市政府购买社工服务概述

（一）购买主体和承接主体

济南市政府购买社工服务项目的探索最早开始于2008年。同年12月，济南市市委、市政府出台《关于加强社会工作人才队伍建设的意见》，提出购买社工服务的资金来源为市福利公益金。2009年，济南市首次由政府出资（市福利公益金）购买专职社工岗位，正式开启了济南市政府购买社工服务的实践之门。从2012年开始，济南市开始购买社工项目，并逐步形成项目为主、岗位为辅的购买模式。

济南市政府购买社工服务第三方评估最早开始于历下区。历下区管辖13个街道，85个社区，总面积100.89平方公里。近年来，随着经济的快速发展，历下区委、区政府把推进社会工作作为构建社会和谐社会、打造首善之区的重要举措，坚持群众路线为总纲，创造了“以民生工作为引领，以社区为平台，以社工组织为载体，以社工人才为支撑”的社会工作服务新模式。历下区民政局购买社工服务开始于2009年，经过多年的摸索和发展，已经取得初步成效，项目管理体系初步形成。2011年被民政部确定为“全国社会工作人才队伍建设试点示范区”；2013年，历下区正式将“社区开展社会工作服务”列入民生工程；2014年被民政部确定为“首批全国社会工作服务标准化建设示范地区”。历下区政府先后出台了《关于开展社会工作人才队伍建设试点工作的方案》《关于推进社会工作从业人员专业化、职业化工作方案》《历下区政府购买社会工作服务实施办法》《历下区政府购买社会工作服务评估实施办法》《历下区政府购买社会工作服务项目财务管理办法》等规范性文件，为区内开展社会工作人才队伍建设、政府购买社工服务、政府购买社工服务项目评估及财务管理提供了依据，引导历下区政府购买社工服务工作不断深入。

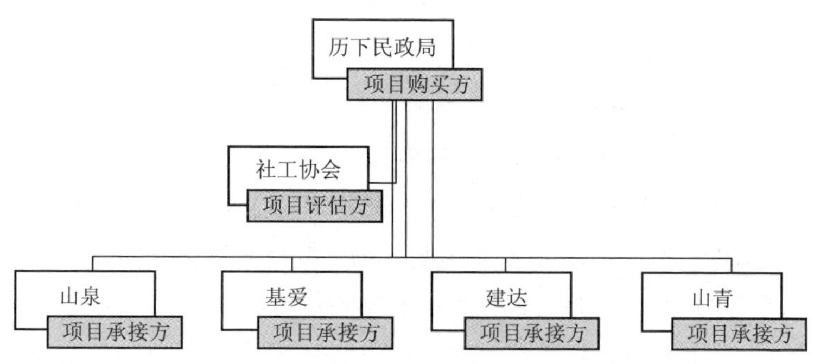

图 7-1　济南市历下区政府购买社工服务的组织架构

资料来源：作者自制。

发展至 2019 年，历下区已向多家社工服务机构购买了社工服务。为方便讨论，这里的承接方主要选取济南山泉社会工作服务社（以下简称“山泉”）和济南市基爱社会工作服务中心（以下简称“基爱”）。山泉成立于 2008 年 7 月，是一家建立在大学与政府部门紧密合作基础上的社会服务机构，亦是山东省首家综合性的民间公益社工服务机构，其服务范围涉及老年、青少年、家庭、社区、救助、医务等领域。2016 年 3 月，山泉荣获“2015 年度百强社会工作服务机构”称号。截至 2017 年，山泉承接了历下区民政局的 9 个服务项目，是接受第三方评估的第一批社工机构之一。

基爱于 2007 年在济南市民政局正式注册成立，是山东省内首家正式注册成立的社会工作专业服务机构。自成立之初，基爱便始终坚持专业服务项目的规范化运作和机构主体化运作模式，通过整体服务项目的形式不断推进专业服务发展。基爱主要面向社区，服务范围涉及弱能人士服务、社区居家养老服务、社区儿童及青少年成长服务、妇女与家庭服务、社区服务、党建服务等十余个社会工作专业服务项目。截至 2017 年，基爱承接了历下区民政局 5 个服务项目，最早于 2015 年接受第三方评估。

（二）政府购买社工服务基本情况

历下区设立政府购买社工服务项目的初衷是多元的。其一，为社区老年人、残疾人、儿童青少年和特殊群体等提供更好的服务，创新社区服务供给方式；其二，促进社会工作人才与社会工作机构的能力建设，推动建构社会工作服务标准化体系；其三，以社工项目为纽带，构建社工、社区、社会组织、社区志愿者的四社联动工作机制，促进社区建设（详见表 7-1）。经过几年的探索实践，历下区政府购买社工服务取得了初步成效。截至 2014 年年底，政府购买社工服务项目达 19 个，覆盖 13 个街道，辐射 52 个社区，直接受益达 50000 余人，间接受益达 15400 余人；社工人才队伍素质得到提高，队伍规模不断扩大，其中，学历为本科及以上的社工占总人数的 89.50%，持社工证人数达 187 人，一线社工人数为 47 人；志愿者队伍建设初具规模，“社工 + 义工”模式日渐成熟，区级志愿者服务组织 96 个，志愿者服务站 85 个，志愿者 43986 人；项目管理体系初步形成，包括政府购买程序公开，服务领域扩大，考核评估不断改进，合同管理不断规范等；政府购买社工服务项目的经费投入实现了较快增长，从 2009 年的 10 万元到 2012 年的 100 万，再到 2014 年的 500 万和 2016 年 600 万（见图 7-2）。

表 7-1　历下区政府购买社工服务的基本情况

	具体内容
购买目标	1. 推动改善受助人群的生活境遇，推动建构人性化的专业社会支持与保护网络； 2. 推动加强社会工作人才与社会工作机构能力建设； 3. 推动建构社会工作服务标准化体系； 4. 推动探索社会工作服务新模式，创新社区服务、社区治理。
购买领域	老年人、残疾人、社区建设、儿童青少年和特殊群体等。
购买内容	1. 以需求为本，针对社区不同群体需求开展专业服务； 2. 调动与链接社区、社会资源，帮扶困境人群； 3. 开展社区活动，丰富群众生活，协调社区矛盾，提升社区凝聚力； 4. 进行社区走访，为居民提供咨询、情绪疏导服务； 5. 协助社区处理危机事务，提供紧急救助服务。
预期成效	1. 服务：受助人群生活境遇得到改善，自身生活能力得到提升；“助人自助，助人以能”的社工宗旨贯穿服务始终，专业服务产生良好的社会效益。 2. 机制：包含社工、社区、社会组织、社区志愿者的四社联动工作机制形成；社工服务标准、工作规范成文，社会工作专业标准化体系建立。 3. 社工：社工自身专业能力得到提升，并形成有效的工作机制；机构管理更加规范，项目能力得到有效提升。 4. 社区：社会工作与社区工作紧密结合，社工队伍带动社区队伍素质明显提升。

资料来源：作者自制，相关数据资料由历下区民政局提供。

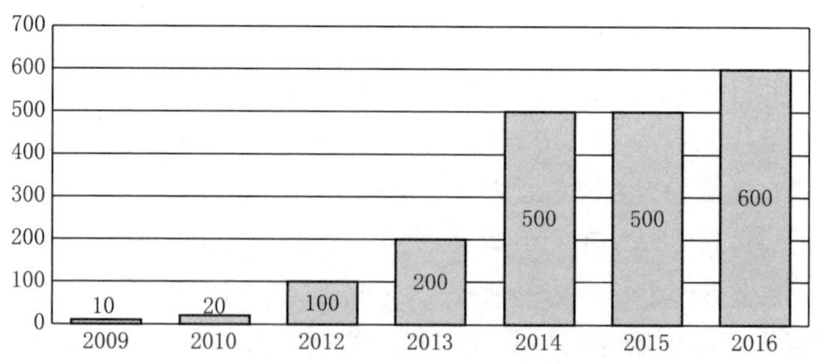

图 7-2　济南市历下区政府购买社工服务的经费投入（单位：万元）

资料来源：作者自制，相关数据由历下区民政局提供。

二、第三方绩效评估的引入

2014 年在政府购买社工服务取得初步成效的基础上，历下区民政局接受社工专家的建议，投入 10 万元委托购买济南社工协会的第三方评估服务项目，自此开启了济南市政府购买社工服务的第三方评估道路。购买评估旨在“以评促建”，即通过专业的社工机构对购买的社工服务项目进行评估，明确当前社会工作从业人员的实际服务范围与工作能力，发现专业社工机构存在的不足，进而针对性地采取措施加以解决，以提高社会工作人员实际工作能力，扶持并督促社工结构快速发展。2014 年济南尚未建立一家真正的第三方评估机构，历下民政局通过深思熟虑，最终选择委托济南社工协会作为第三评估方。

济南社会工作协会是经济南市民政局批准成立的专业性、公益性社会组织，成立时间较早，发展较为迅速和成熟，初具规模。首先，作为社会工作行业协会，单位会员 78 个，个人会员 534 人[①]，影响力较为广泛，这也是当初历下民政局选择济南社工协会作为第三方评估机构的重要原因；其次，协会包含 6 个职能部门，分别是秘书处、宣传教育部、督导评估部、社区工作部、基金项目部和会员工作部，分工较为明确；另外，在工作理念上，济南社工协会成立后，始终坚持“植根民众、服务社会、助人自助、献身公益”，不断提高自身能力建设，结合实践发展需求不断调整工作重点，对推动济南市社会工作发展进程发挥了重大作用。济南社工协会多次调整工作重点，随着济南市社会工作人才队伍建设工作的不断深入，协会在做好原有工作的基础上，于 2007 年开始承担全市社会工作人才队伍建设的具体工作，已形成完整的工作体系，具体包括社会工作专业培训、继续教育、资格认

① http：//www.jnshegong.com/list.asp？classid=6.2017-02-20。

证、信息交流、专项课题调研和社会工作者注册登记、社工岗位开发等内容。2011 年，协会开始承接政府社工服务项目，为此作了充分准备，面向全国范围，协会先后招聘了 130 名专职社工，在经过统一培训之后以社会工作项目服务形式，派遣到有关部门和基层单位开展专业服务。经过三年多的发展，济南社工协会承接服务项目方面取得了初步成效：服务范围涉及社区建设、社会救助、社区矫治、社区科普、婚姻家庭、妇幼维权、残障康复、哀伤辅导及青少年、老年人服务等领域，对政府购买社工服务领域的了解也逐步深入。在此基础上，协会于 2014 年夏开始承接第三方评估服务，一切从零开始，在实践中不断学习调整，已经承接了两次第三方评估服务项目（详见表 7-2），评估工作逐步进入正轨。

表 7-2　济南社工协会评估周期与资金投入

	评估时间	评估周期	评估次数（轮）	投入资金（万元）
第一轮评估	2014.7—2015.12	一年半	3	10
第二轮评估	2016.1—2016.12	一年	2	13

资料来源：作者自制，数据源自历下区民政局。

三、第三方绩效评估制度的具体内容

（一）评估流程

在第三方评估过程中，涉及的主体包括：历下区政府、济南社工协会和专业社工机构。三者通过论证大会、评估大会和反馈大会进行对话协商，确保第三方评估顺利开展（详细评估流程见图 7-3 和图 7-4）。

1. 论证大会：集中讨论评估前的准备工作，政府相关部门与第三方机构共同制定评估方案，具体包括评估对象的确定、评估

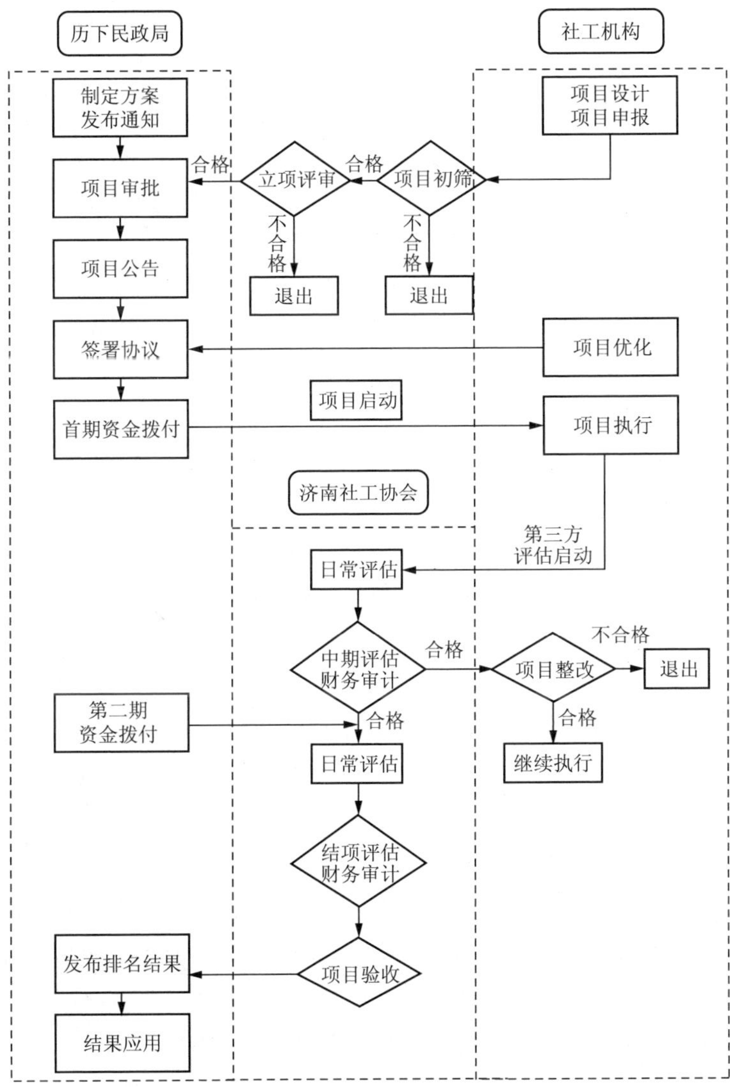

图 7-3　历下区政府购买社工服务项目及第三方评估流程

资料来源：作者根据调研访谈资料整理而得。

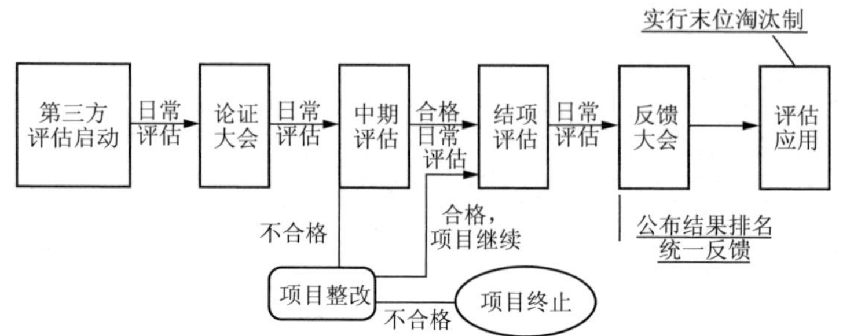

图 7-4　2016 年历下区民政局购买社工服务第三方评估流程

资料来源：作者根据调研访谈资料整理而得。

团队的组建、评估程序、时间进度安排、评估经费预算、评估内容大纲、评估标准等内容。

2. 评估大会：社工机构提交展示自评报告，评估团队进行打分。无论是中期评估还是结项评估，都包含评估大会和现场考察两种方式。

3. 反馈大会：评估机构发布评估报告，社工机构可以进行提问与反馈，评估机构予以解答；但值得注意的是，购买方主导评估结果的应用，济南社工协会和被评估机构并没有实际的决策权。

（二）评估团队

评估团队由领导小组、专家小组、工作小组和监督小组构成。领导小组由督导老师组成；专家小组的成员采取临时聘请方式；工作小组由济南社工协会工作人员组成，是评估的核心力量；监督小组由项目的购买方即历下民政局派遣 4 至 5 名工作人员组成，对评估过程进行动态监督管理。

（三）评估类型和评估方式

一般而言，按照评估介入的环节，分为需求评估、中期评估、结项评估和日常管理评估四个方面。目前，济南社工协会尚未参与服务项目的需求评估。日常管理评估具体包括项目人员的管理、项目进度管理、项目档案管理和财务管理等内容的评估，贯穿第三方评估全过程，是项目顺利开展的重要保障，是建立动态监管机制的重要形式；中期评估旨在考核项目实施进展情况，只有评估合格的项目才能获取另一半的服务经费，因此中期评估有利于避免项目实施脱离既定目标；结项评估则是对服务项目进行验收，关注既定目标的实施情况和项目效果，由济南社工协会出具项目评估报告和财务审计报告，并依据评估分数高低进行排名，实施末位淘汰制。目前，第三方评估的评估方式包括现场分散与会议集中两种，具体包括机构自评和陈述汇报，以及评估专家提问质询和实地查看相结合的方式进行。

表 7-3 济南市历下区政府购买社工服务第三方绩效评估的类型和方式

<table>
<tr><th>评估类型</th><th colspan="2">评估方式</th><th>评估结果
呈现形式</th></tr>
<tr><td rowspan="2">中期评估</td><td>现场分散</td><td>实地观察；现场质疑
专业对话；查阅档案</td><td rowspan="2">项目评估报告
财务审计报告</td></tr>
<tr><td>会议集中</td><td>审查材料；项目汇报
评委提问；财务审计</td></tr>
<tr><td rowspan="2">结项评估</td><td>现场分散</td><td>实地观察；现场质疑
专业对话；查阅档案</td><td rowspan="2">项目评估报告
财务审计报告</td></tr>
<tr><td>会议集中</td><td>审查材料；项目汇报
评委提问；财务审计</td></tr>
<tr><td>日常管理评估</td><td>现场分散</td><td>项目走访；随机抽查
项目暗访；材料审查</td><td>项目跟进考核表</td></tr>
</table>

资料来源：作者根据访谈资料整理而得。

（四）评估指标

2014 年历下区政府开始对购买的社工服务项目实施第三方评估，一级评估指标包括项目实施与完成情况、服务成效及满意度、项目团队与管理、财务绩效和社会综合效益五个方面，指标权重依次为：25、25、20、15和15。2016年年底，最新的评估指标体系有所调整：一级指标包含项目方案、项目实施、项目管理和项目成效四个层面，分值权重依次为：22、15、32和31。一级指标前后的变化及对比情况详见表7-4。笔者在访谈中还发现，评估指标体系的考察目标也有所升级，即由直接的绩效反馈开始转向对社工机构承接服务项目的能力评估，增加了反映社工机构项目运作理念的深层次目标。

表7-4　济南市历下区民政局购买社工服务第三方绩效评估一级指标

	一级指标	权重（分）
2014年	项目实施与完成情况	25
	服务成效及满意度	25
	项目团队与管理	20
	财务绩效	15
	社会综合效益	15
2016年	项目方案	22
	项目实施	15
	项目管理	32
	项目成效	31

资料来源：作者自制，相关资料由济南市社工协会提供。

四、第三方绩效评估的初步效果

2014年之后，历下区在政府购买社工服务项目中引入第三方评估方面不断探索实践。在对相关组织和机构的访谈中笔者发现，对于第三方评估的实际效用，三方主体的共同感受是：在一定程度上保证了评估结果的客观性和专业性，取得了一定成效。（1）在评估内容上：随着第三方评估机制的引进，各社会工作机构的项目计划书不断规范，同时济南社工协会依据实践不断细化评估标准，实现了主观与客观相结合，评估标准更加全面、客观；（2）加快了《政府购买社工服务考核评估方法》的出台，有利于实现社工服务标准化；（3）随着政府购买社工服务项目第三方评估的开展，社会工作机构相互之间的竞争程度得到提高，在提供更加优质的公共服务的同时，社会工作机构自身也得到了快速发展；（4）减少了项目的行政管理成本，提高了项目管理和服务的质量，实现了项目更加专业化的管理和服务；（5）对于被评估组织来说，第三方评估与机构自我评估实现了有效互补，以专业的视角通过外部施压引导社会组织的健康和可持续发展。

第三节　我国政府购买社工服务第三方绩效评估存在的问题分析

目前我国政府购买社工服务项目的绩效评估刚刚开始起步，尚处于探索阶段。随着评估实践的逐步展开，许多矛盾和问题也逐渐显现出来。从调研中我们发现，政府职能定位、第三方评估机构自身的能力以及评估体系等方面的问题比较突出。

一、政府职能转变不到位

研究发现，西方国家通常是先有数量众多、功能齐全的社会组织，后有以“降低成本、提高效率”为目标的政府购买社工服务，即政府职能转变的社会条件发展成熟；而我国社会组织（包括第三方评估机构）还不够发达，对政府有很强的依赖性，独立承接政府转移职能的能力还不足。从我国国情出发，政府不仅需要向社会组织放权，把适宜由社会组织完成的事项和职能转移出去，而且还需要承担起培育引导和监督社会组织发展的责任。这一点在政府购买公共服务项目的绩效评估中也有具体的体现。

然而，在政府购买社工服务及第三方评估的实践中，政府职能转变存在越位、缺位和错位的现象。(1)规范制定者的缺位。法律法规的缺失和不完备，导致相关主体的法律地位不明确，各主体之间的关系界定不清晰，职责权限难以明确和落实，导致第三方评估机构的合法权益缺乏有效保障。(2)政策引导者的缺位与越位。在评估标准层面，济南社工协会负责人表示："在第一次评估时，没有可以参考的实践经验，政府也没有出台评估标准指南，我们毫无头绪，只能立马采取行动，组织工作人员去香港、上海等地学习培训。"在评估阶段上，政府决定评估机构的进入时间，以历下区为例，政府在与社工机构签订合同，项目启动一段时间之后，政府方才引入第三方评估，即需求评估与项目立项由政府全权决定。而在评估应用方面，济南社工协会作为评估机构并没有决策权，只是负责将详细评估报告提交政府，政府占据绝对主导地位。(3)资金保障者的缺位。以济南市历下区为例，政府第一个评估周期出资 10 万元，第二个周期出资 13 万元，而在第三方评估之初，大量的资金都用于学习培训和外来专家聘用，真正用于开展评估工作的资金所剩无几。(4)监管者的错位和缺位。一方面，当前，政府在购买社工服务引入第三方评估大多采取委托型购买，政府与评估机构之间的信任关系很牢固，再加上许多工作人员对第三方评估重视不足，导致评估过程中的政府监管大多流于形式；另一方面，社会力量被拒于第三方评估大门之外。信息公开机制不完善，社会力量参与渠道不畅，许多评估信息被隐藏，被评估机构和社会公众只能接受最终结果。

二、第三方评估机构的发展困境

当前我国政府购买社工服务第三方评估仍然面临不少困境，导致评估的监督功能未能得到有效发挥。以下结合济南市的实际情况进行具体分析。

（一）合法性不足

当前，我国第三方评估在政府购买社会服务领域缺乏合法性基础，其法律地位、法律效力以及评估机构承担的责任，尚未在法律意义上建立起来，导致第三方评估机构在实践中处于尴尬地位。一方面，各地政府对第三方评估不够重视，评估结果只是政府购买项目决策的众多参考因素之一；另一方面，第三方评估机构与被评估方之间的关系较为复杂，第三方评估机构过于行政化，容易僵化自身与社工机构之间的关系。

以济南市为例，社工协会作为第三方评估机构，虽然参与政府购买过程，但由于相关法律规范的缺乏，在实际的评估过程中面临重重困难：（1）第三方评估工作能否顺利开展取决于政府决策，由于开展第三方评估的主要动力源自政府的考核需求，其评估效力来源于政府部门授权，当政府决策者认为自身考核评估足够的情况下，第三方评估连续性与稳定性就难以得到保障；（2）济南社工协会作为社会组织，在承接第三方评估服务的同时也提供其他的服务项目，与被评估的社工机构之间的关系紧密且微妙，常常面临着被孤立或被忽视的风险。

（二）专业性不足

专业性反映出第三方机构评估能力的高低，通常体现在以下四点：评估流程顺畅；第三方机构应熟悉评估理论，能够灵活使用评估工具并最终出具科学合理的评估报告；专业人才优势突出，评估专家依据实际发展需求，在政府政策和行业规范的指导框架下，做到评估指标体系科学合理，评估模型严谨科学、评估方法上定量与定性相结合；评估覆盖政府购买社工服务全过程，从项目立项到结项，第三方机构进行定期评估和日常跟踪评估，以确保评估结果具有更强的可检验性和可比性。我国政府购买社工服务第三方评估属于起步阶段，其专业性不强，第三方评估机构的人才优势并不明显，由于经费、精力有限等原因，专业社工人才流失严重，难以持续追踪评估对象的项目进展情况，个别评估结果的科学合理性有所欠缺。

从济南市的情况看，虽然济南社工协会成立十余年，承接社工服务也已经取得一定成效，但在第三方评估领域尚处于摸索学习阶段，不可避免会出现评估指标权重失衡、消费者满意度测评片面等情况。作为评估队伍中专业力量的专家小组，因为缺乏约束力，时常发生变动，评估缺乏连贯性。济南市在社会工作领域尚处于探索发展阶段，社工圈子较小，回避原则实施难度较大，但若聘请外来专家，又会面临成本高、效果不明显等问题。济南市第三方评估机构面临的这些困境在我国政府购买服务起步较晚和社会组织不够发达的地区具有相当的代表性。

（三）独立性不足

独立性是第三方机构作为评估方的独特优势，亦是第三方评估结果客观公正的保障。然而，在我国第三方评估实践中，第三方机构对政府部门的过度依赖导致独立性严重不足，究其原因是当前第三方机构遴选机制尚不完善，具体表现在四个方面：首先，尚未明确建立第三方机构的资格认证机制，且政府购买第三方评估多是委托型购买。许多第三方机构的入选并不是因为自身专业能力，而是取决于当地政府的偏好和倾向。其次，第三方机构入选之后，资金依赖导致独立性欠缺。政府依据完成情况进行资金拨付和实际运营，在此框架下，第三方评估机构不仅是政府购买社工服务的评估者，也是从政府得到资源的项目“实施者”，大大削弱了评估机构的独立性。第三，第三方评估机构的介入时间由政府决定，一般是在政府购买服务合同签订后、项目已经开始实施时介入，略过了需求评估阶段，对公众服务需求缺乏深刻认知，导致评估标准设定模糊，且也反映出第三方评估的动力来源于当地政府考核的需求，而非自身发展的要求。最后，决策权的缺位导致第三方机构在实际监管中更偏重于事务性与执行性，对于监管过程中发现的问题没有决策权，只能依赖于当地政府的意愿，使得第三方监督的效果被打折扣。

（四）公信力不足

对于第三方机构而言，公信力是建立在独立性和专业性之上的，稳定的人才优势、熟练的技术优势、广泛的信息采集来源、公开透明的评价过程以及长期以来的良好信誉等缺一不可。只有这样，第三方机构出具的评估结果报告方能被社会大众和被评估机构所信服和接受。

当前，第三方评估在我国尚处于初步发展阶段，第三方评估机构在被评估组织和社会公众心中尚未建立起其权威。首先，社会公众对其认知水平十分有限。受传统观念影响，政府购买服务的服务对象普遍缺乏评估意识，习惯于被动接受组织提供的服务，很少对服务表达不满。在评估实践中，服务对象一般都会心存感激，哪怕问题没有解决也不会表现出不满意。其次，尽管第三方评估机制是多元主体共同参与的综合性评估，但在实际过程中，除了对服务承接方进行系统评估之外，对于购买方、服务对象的第三方评估几乎没有实质性的开展，服务对象的反馈与意见不被重视，流于形式。再加上信息公开制度的缺乏，使得社会公众被拒于评估大门之外，进而导致社会公众对政府购买服务的信任度和认同度降低。

三、第三方绩效评估体系不完善

（一）需求评估缺位

健全的第三方评估机制包含需求评估、供给评估和结果评估三个层面，其中，需求评估是前提，供给评估是核心，结果评估是导向。所谓需求评估是在项目购买之前就须引入第三方评估，借助专业社工机构对社工服务“是否需要提供、如何提供、提供水平”等系列问题进行评估，明确服务对象实际需求，梳理和明确社会工作可介入的服务领域，这是连接需求与服务的重要环节。供给评估是在需求评估确定以后，作为购买方的政府基于服务方案的内容，通过引入第三方，对服务方案的可行性问题进行的专业化评估。政府购买社工服务的目的是提供丰富高效优质的服务，服务对象的满意度是判断政府购买服务质量的重要标准，因此，需要第三方对服务的效果进行及时有效的专业化监督，确保从根本上满足公众的利益需求。需求评估、供给评估和结果评估共同构成一个完整的第三方评估机制。

然而，在各地购买社工服务项目实践中，一个普遍的问题是：过度偏重项目实施过程及结果的评估，而忽略了购买之前对于公众需求方面的评估，往往导致服务受众需求与服务供给失衡。在购买项目的决策阶段，第三方机构通过需求评估，既可以给政府决策提供专业建议，也有利于之后评估环节的顺利开展。以济南市为例，历下区民政局确定购买的服务领域发布招标公告，专业社工机构自行选择社区调查研究并进行项目申报，政府依据机构资质条件进行筛选并签订合同。在项目开始实施之后，政府再购买第三方机构的评估服务，即济南市社工协会介入评估的时间较晚，并没有参与需求评估环节，只能依据政府提供的数据资料制定评估方案，对受众需求把握不足，直接影响其之后评估工作的方向判断。

（二）评估方案“一刀切”

一个完整的评估方案包含评估目标、对象、内容、方法与步骤、评估指标体系与积分方法等，是评估工作顺利开展的基础，是评估工作的制度规范。最优的评估方案是在满足预算约束的基础上，能具备一定灵活性，确保依据实践进行动态调整，以最大限度地实现评估目标，其主要体现在以下三个方面：

首先，服务项目不同，指标与权重也应不同。由于政府购买社工服务在不同领域发展程度不同，如在可操作性强的养老服务领域发展迅速，在量化困难的特殊群体服务领域却发展缓慢，在此背景下，评估机构应该采取不同的评估方案。但在实践中，由于专业能力的限制，评估主体往往以一套评估方案应对所有项目，灵活性不足，无法依据实践进展进行动态调整。以 2014 年济南市历下区购买的社工服务项目为例，在购买的 19 个服务项目中，老年人项目占 8 个，青少年项目占 5 个（见图 7-5），老年人和青少年群体稳定且配合度高，而起步较晚的特殊群体项目只有 1 个。对于不同领域的服务项目，项目进展快慢不一，评估指标量化程度也应有所不同。但济南市社工协会 2014 年首次开展的第三方评估中只能依据一套评估方案进行评估排名，“一刀切”式的评估标准导致评估结果的公正性受到质疑。

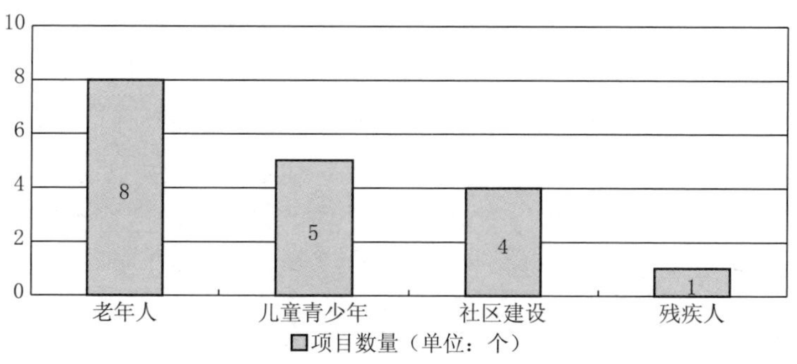

图 7-5　2014 年济南市历下区政府购买社工服务项目的领域分布

其次，评估阶段不同，评估目标不同，评估方式也应不同。然而，当前无论中期评估还是结项评估，都是依据一套方案，评估机构只对指标权重稍作调整，导致实际操作困难重重。以济南市历下区为例，其开展的第三方评估包括中期评估、结项评估和日常管理评估三项内容，分别对应政府购买社工服务的不同阶段，理应依据阶段特色制定不同评估方案，但现实并非如此。随着第三方评估实践的不断深入，问题逐渐显现。历下区购买的社工服务项目，一般是年初启动，5月份进行中期评估，11月份进行结项评估。接受评估的社工机构需要在4月份着手准备，即在专业督导老师的指导下进行自我评估。对于许多新加入项目来说，社工机构才刚刚结束漫长的准备工作，此时进行中期评估往往会出现以下问题：一方面，一些受时间因素影响的评估指标在量化的过程中难以进行准确评价，严重影响了对指标量化打分的实现，甚至无法进行打分；另一方面，无论中期评估还是结项评估，评估方式都是会议集中与现场分散相结合，对于很多刚起步的新项目来说，现场分散方式很难实现，仅凭权重变化很难确保评估结果的公正性。

第三，评估对象发展程度不同，评估机制设计也应不同。通常，政府购买社工服务项目的承接机构不止一家，但这些机构之间资质深浅不一，项目开展效果高低不同，如果将它们放到一起进行评估，如何确保评估结果的公正性，是项目绩效评估必然遇到的一个棘手的问题，它直接关系到评估结果的权威性，以及被评估机构参评的积极性。以济南社工协会评估为例，自2014年夏天开始至2016年年底，其先后进行了两轮评估。第二轮评估周期为2016年1月至12月，济南社工协会于5月份进行了第一次评估，通过分析发现由于承接机构成立时间不同，项目参与时间长短不同，统一的评估标准得到的结果差距明显。与基爱、山青、山泉等老机构相比，新加入的社工机构以及新购买的社工服务项目在评估中处于劣势，评估结果的公正性受到质疑。注意到这个问题之后，济南市社工协会与购买方和承接方开展了协商，决定采取适当加权的形式对评估结果进行调整。即已经开展三年的项目，其评估结果等于评估分数乘以96%；开展时间未超过一年的项目，其评估结果等于评估分数；开展时间为一年到三年内的项目，其评估结果等于评估分数乘以98%。但显然这种加权的方法只是权宜之计。从长远来看，会有更多的社工机构加入，开展更多的项目，需要对评估指标体系进行系统研究和优化并加以解决。

（三）评估指标设计科学性不足

在指标设置上存在量化与主观定性如何平衡的难题。自评估之初，政府、评估机构与被评估机构三者之间就存在着争论，究竟是量化好还是主观定性有利？在实践中指标体系的设计出现了两个极端：一是过于追求量化精准。这虽有利于评估标准化，但对专业优势明显的评估团队而言却是个不小的打击，严格限制了评估团队的随机发挥。同时，工作量的加大使得评估机构和被评估机构疲于应付，评估工作花费大量人力物力却只停留在表面，引发对第三方评估工作价值的怀疑。二是赋予评估团队过大的自由裁量权。自由裁量权的使用对评估人员的专业能力要求很高，容易导致评估工作难以开展。此外，缺乏量化指标的规制，评估过程随意性大，混乱且无章法。

（四）评估结果运用不充分

在政府购买社工服务项目引入第三方评估，旨在基于专业视角发现服务供给过程中的风险与问题，并提出改进政府购买服务政策的建议。从实践情况看，我国第三方评估的结果运用并不充分。由于第三方机构的评估效力来自政府授权，第三方机构在评估实践中更偏重事务性工作，在评估结果如何应用方面并没有决策权，评估结果被提交给委托方后，便被束之高阁。另外，第三方评估结果的运用尚未形成配套机制，不利于调动社工机构的积极性。某社工机构负责人表示，“花费了大量的人力财力得到的评估结果只是一个排名，奖励只是名誉上的并未落到实处，大家都感觉身心俱疲”。同时，作为购买方，政府对于购买社工服务及第三方评估的实际效用仍有疑虑，出于多方面因素的考虑，在开展第三方评估之初确立的惩罚机制即末位淘汰制并未得到贯彻实施。在此背景下，第三方评估机构主要对政府负责而非服务接受者负责，出于自身利益考虑，其在评估中往往会呈现出重过程而轻结果的倾向，评估结果难免流于形式。

在评估结果的运用方面，信息公开制度缺乏也导致社会监督缺失。第三方评估的结果并未得到充分的反馈与公示，社会公众和舆论媒体仍处于被动的阶段。以济南市为例，一方面，评估机构通过反馈大会对社工机构进行统一反馈，并未实现项目“一对一”的反馈，且最终的详细报告交由政府部门而不是社工机构；社工机构如果对结果有疑问，可以通过反馈大会与政府、评估机构进行对接，但其影响力十分有限，反馈渠道仍待进一步拓展。另一方面，虽然规范性文件强调第三方评估机构必须通过多种渠道公开信息，但实际过程中，只有最终结果呈现给社会公众，评估指标体系、评估方案、评估专家组成员及评估过程等信息，社会公众和媒体难以知晓。

第四节　建立我国政府购买社工服务第三方绩效评估制度的建议

公益项目绩效评价制度是监督政府购买服务政策效果和优化政策管理的一项基本制度。聚焦项目、体现“物有所值”和更偏重“结果导向”是政府购买公益项目的绩效评价区别于慈善组织等级评估的根本所在。当前转变政府与公众对第三方评估重要性的认识，是解决当前第三方评估困境的思想基础。在地方探索试点的基础上，国家应尽快建立规范的政府购买服务项目绩效评价制度，明确规则和程序，完善指标体系，加强评估的独立性、专业化和科学性。

一、明确法律地位，加强行业规范建设

国家应加快制定相关的法律法规，推进第三方评估的法治化与规范化，为第三方评估的发展提供良好的制度环境。一方面，应在法律上确立第三方评估的合法地位，明确其权利与义务；另一方面，促使第三方评估成为政府购买社工服务制度体系的必要组成部分，从国家法规层面对第三方评估的主体资格、参与程序、参与方式以及结果运用等方面作出制度化安排。

在相关法律法规缺位的情况下，行业规范与行业自律不失为规范第三方评估的有效路径。在加强行业规范建设中，有必要厘清行业规范与行业自律之间的关系。一方面，行业规范建设是促进行业自律的基础与保障；另一方面，行业自律为行业规范和法律法规的制定提供现实依据。尽管自 2014 年之后，民政部先后出台了四项推荐性行业标准，但只是初立框架，在具体操作方面仍需进一步细化和推展。2017 年 10 月 31 日，中国政府购买服务信息平台正式开通，在政府购买服务专栏会不定期更新各类指导性目录，以及各城市实践经验分享，依据目前实践情况，可以为各地实践提供行业标准与重要参考。

二、建立健全评估制度体系

（一）建立科学的第三方评估机构遴选机制

作为第三方评估的主体，评估机构的资质对评估的有效性具有决定性的意义。应尽快建立第三方评估机构的资质认证体系，为建立第三方评估机构遴选机制奠定基础。民政部《关于探索建

立社会组织第三方评估机制的指导意见》明确了第三方评估机构需要具备的四个要素：一是机构资质，能够独立承担民事责任；二是专业资质，评估人才队伍专业化程度高且较为稳定；三是内部管理规范，确保评估工作有序开展；四是社会信誉良好，具体体现为信用等级排名，这些要素共同决定着评估机构的专业性和公正性。总之，政府需要综合考虑机构资质、专业化水平、公信力等方面选出合格的评估机构。对于第三方评估机构的资质门槛，各地可以参照相关法规规定，结合地方实际情况进行细化与扩充。同时，在第三方评估发展初期，当地政府应将认证范围扩充到体制内外，鼓励民间社会组织参与评估。

政府应引入竞争，完善第三方机构遴选机制。利用市场力量培育优秀的第三方评估机构，淘汰不合格的评估者，推进第三方评估职业化，这是促使遴选机制科学化的有效路径。当前第三方评估在政府购买领域尚属于新事物，政府部门大多采取直接委托方式选择第三方评估机构，甚至是政府出于评估需求出资建立第三方机构，竞争机制不足，评估机构垄断现象较为普遍。因此，各地政府的当务之急是通过政策优惠，鼓励、支持并引导社工机构加入第三方评估，通过公开招投标的方式为第三方评估引入竞争机制，优胜劣汰，尽快培育出优秀的第三方评估机构。

（二）加强专业人才队伍建设

坚实可靠的专业人才队伍是保证社会组织服务质量的重要前提，政府应采取措施推进社工机构尤其是第三方评估的人才培训，促进第三方评估机构之间的交流学习。通过资金支持政策鼓励评估机构组队进行实地考察，切身把握不同地区的特色与优势，通过适当转化应用于实践。在评估专家队伍建设上，对于一些欠发达的地区而言，通过签订协议的方式邀请外来专家直接参与评估过程，不仅可以评估团队的专业操作能力，也可以确保评估专家队伍的稳定。

（三）建立科学的评估指标体系

在第三方评估体系中，评估指标体系是引导社工机构发展方向的重要工具。因此，应把研究建立更加科学的评估指标体系作为健全政府购买服务绩效评估制度的核心内容。首先，评估重点应由单纯的结果评估向全面的绩效评估转变。第三方评估发展初期，往往重点评估政府购买社工服务项目与政府直接提供相比，能否有效实现降低成本、提高效率等目标。随着评估实践的发展，应将社工机构对政府购买社工服务项目的管理水平、项目的社会效益以及是否可持续作为更重要的内容进行全面评估。其次，在指标性质上寻找精准量化与自由裁量之间的平衡。第三，在指标内容上，应依据服务领域、项目和地区性等特点进行科学设计，且应与预算相挂钩，方便评估实际操作。在发展较快的养老服务领域，由于发展时间较长，服务受众和一线社工人员都更加有经验，评估指标可以逐步追求精准量化，内容设置上还可以倾向于更深层次，如受众满意度的权重可以适当提高；而在特殊人群服务领域，发展时间较短，服务受众人群不稳定，区域不集中，工作开展效果与落地社区态度有着密切关系，在这种情况下，指标内容设置适宜直观、可量化，如服务频次、器材提供等。

（四）规范评估程序

作为评估引导者，政府必需提升评估工作的规范性，细化评估程序：（1）制定灵活的评估计划，以便评估机构根据实际开展情况及时调整；（2）构建科学化评估标准，引导评估机构制定评估指标；（3）从评估信息收集、评估计量方法选择到评估报告的撰写与公布，规范评估流程；（4）完善信息公开机制，明确评估结果反馈与应用机制，并建立责任追究机制，以使第三方机构评估工作有章可循，提升评估结果的公正性和可信度。

（五）完善评估结果运用机制

第三方评估结果的充分运用是评估价值的实现。应在以下方面着力建立评估结果综合应用机制。首先，在决策机制上引入第三方评估机构、社会组织和社会公众，逐步形成以政府为主导的，多元主体共同参与的结果应用决策机制，凸显社会公众的服务需求。其次，扩大评估结果运用范围。财政部门直接组织第三方评估的，应及时向购买方和承接方反馈结果，提出具体整改要求，并将评估结果作为以后年度预算安排的重要参考。购买主体组织开展第三方评估的，应及时向承接方反馈结果，将评价结果与费用支付挂钩，并作为以后年度选择承接方的重要参考。无论何种情况，都将被纳入社会组织信用等级和项目信用等级框架，接受社会力量的监督。第三，完善奖励与惩罚机制。在奖励层面，突出物质奖励与长期奖励。在惩罚机制上，将评估结果与社会组织等级评估、社会组织信用信息管理挂钩，并向社会公开。

（六）建立评估经费保障机制

长期稳定的资金保障是第三方评估工作顺利开展的重要条件。从当前实践来看，我国第三方评估资金的主要来源还是政府预算资金，这与我国社会组织的发展阶段和现实国情是相匹配的。为保障第三方评估资金长期稳定，政府须继续加大购买力度，实现评估资金的统一使用与常态管理。从长远看，为了提高评估的独立性，拓宽第三方评估机构的资金来源渠道势在必行。为此，政府应在明确第三方评估机构法律地位的基础上，扩大宣传和引导，将评估机构推向市场，提高社会认知度，倡导社会力量的捐助。

三、建立多元监督体系

（一）加强合同治理

应加强合同治理，政府购买第三方评估服务项目，应重视通过合同明确双方权利义务关系。政府应按照合同规定，拨付资金，及时监督检查评估项目的运行情况、资金使用情况，监督检查第三方评估过程的相关资料记录、第三方评估过程是否规范，督促评估结果公开。第三方机构对评估结果的公正性与专业性负责。

（二）完善信息公开机制

为提高第三方评估工作的公信力，保障评估工作的透明度，政府应建立健全信息公开机制，明确信息公开的主体、内容与方式。政府部门作为服务项目购买方，应通过政府官方网站、新闻媒体及时公布评估对象、评估机构、评估方案、评估标准、评估程序、评估结果以及相应奖励与惩罚名单等信息。社工机构作为被评估方，是社工服务的直接提供者，一方面，通过自评报告、资料信息及时公布服务项目进展、项目运作与机构管理等信息；另一方面，社工机构通过官方网站与新闻媒体及时公布自身运作情况，自觉接受来自政府、第三方机构和社会公众的有效监督。作为评估方，第三方机构应及时公布资金使用情况与评估开展情况，其中项目开展情况具体包括评估方案实施、评估团队构成与操作、评估指标权重与计算方法和评估报告等信息，其不仅需要接受政府的有效监督，还应该自觉接受评估对象和社会公众对评估工作及结果的咨询，并积极回应质疑。

第八章 慈善创新热点与政府监管改革

从动态角度看，创新与监管是一个相互作用的博弈过程。慈善创新的出现在一定程度上是为了规避政府的某种控制或管理行为。面对慈善创新活动，政府原有监管框架的有效性降低，政府会调整原有监管制度或设计新的监管制度。在新的监管框架下，如果有了新的收益或空间，慈善创新又会不断出现，直至监管与创新之间取得平衡。

站在某一时点上，慈善创新利弊并存。创新一方面会激发慈善组织活力，另一方面也会给慈善事业发展带来风险和不稳定性。在充分正视慈善创新利弊效应的基础上，政府应及时调整和完善现有监管体系，努力提高监管的有效性，实现慈善创新趋利避害。本章重点关注慈善商业化、网络募捐和社会企业等慈善创新热点，理论和实践相结合，国外经验与本土特色相结合，深入探讨相应领域的政府监管改革策略。

第一节　慈善商业化与政府监管改革①

慈善和商业原本处于两条平行的轨道，各行其是。然而，随着社会的发展，慈善和商业的界限不再那么泾渭分明，商业组织开始涉足社会公益事业，企业社会责任（Corporate Social Responsibility，简称 CSR）的表现成为企业竞争力评价的组成部分，而慈善组织则开始借用企业管理模式，并尝试各类商业活动。在全球视野下，慈善商业化是国际上慈善现代化转型的重要表现之一。伴随着慈善与商业双向跨界式的发展，慈善与商业相互交织的高级混合体——社会企业（Social Enterprise）也在全球掀起发展热潮。

关于慈善商业化的争论如火如荼，支持、反对的声音此起彼伏，莫衷一是。支持者以乐观的态度描摹慈善商业化的美好前景，指出商业化能够为慈善组织注入新鲜血液，提高慈善组织运作效率，有助于慈善组织获取更多的资源，因此慈善组织需要商业化，可以商业化，而且是一种必然的发展趋势；反对者则认为慈善本身应该是一种既纯粹又无私的奉献行为，而慈善商业化动摇了慈善行为的独立性和无私性，让这项高尚的事业受到污染，因此慈善不能也不该商业化，应抵制商业化的诱惑，决不卷入任何商业性活动。随着社会企业掀起发展热潮，慈善商业化的争论也延伸至社会企业，一派认为社会企业是慈善商业化的典型代表，可以实现企业营利与公益价值的完美融合；另一派则认为社

① 相关成果《慈善商业化：国际经验的考察及中国的发展路径设计》已发表在《山东大学学报（哲学社会科学版）》2015 年第 8 期。

会企业即企业，做慈善是企业的“负担”，会对社会企业形成道德绑架，公益应当免费，不能与商业挂钩。

显然，当前人们对慈善商业化还没有形成统一的认知，很多针锋相对的观点其实并没有站在统一的基础上，而是处于不同的轨道。慈善商业化现象为什么会产生？它经历了怎样的发展演变，背后的内在驱动力和外部影响因素是什么？慈善商业化的现实形态有哪些？未来如何发展？目前现有文献多是从慈善组织自身面临的财务困境以及竞争压力对慈善商业化进行分析和阐述，对慈善商业化的理论基础缺乏深入分析，对慈善商业化的发展演变和外在形态缺少全面认知，对中国慈善商业化未来发展的路径及政策研究还比较零散。本书试图从慈善属性寻找慈善商业化的源起，从国际慈善事业发展变迁中梳理慈善商业化的演进及形态，总结国际经验，以期在更深入和全面解析当代中国慈善商业化现象的基础上，探讨其未来发展的路径设计。

一、慈善的经济属性对慈善商业化的影响

属性是指事物本身所固有的性质。通常，慈善的道德属性为人们所熟悉和重视，它们强调慈善的道德基础（慈善之心）和帮助弱势群体、关爱人类共同福祉等社会目标。而中华慈善思想源远流长，“慈者爱，出于心，恩被于物也”[①]“上善若水”“守望相助”等关于慈善的精辟论述恒河沙数。传统慈善旨在对穷人进行救济。随着社会的发展，慈善不再局限于对社会弱势群体的无偿救助，开始涉及教育、科研、文化、卫生、环保等更为宽广的领域。然而，不论慈善事业如何发展，慈善外在形态如何变化，慈善的仁慈、善良和关爱的道德属性始终是慈善区别于其他范畴的标志，是慈善事业的灵魂和根基，也是社会公众对慈善事业最基

① 张岱年：《中国哲学大辞典》，上海辞书出版社 2011 年版，第 363 页。

本的认知。

事实上，慈善也有经济属性，尽管这一点常常被忽视或回避。[①] 首先，从微观层面看，追根溯源，自利和理性是人的本性，捐赠可被视为捐赠者（包括个人和企业）最大化自身偏好和需求（物质或精神的回馈）为取向而作出的一种理性盘算[②]，是利己和利他的混合[③]。“来自个人或机构的资金捐赠，包含着需要得到报偿的意图，捐赠者必须从受赠的机构中获得与所给出价值相应的价值作为交换。”[④] 有研究表明，无论个人捐赠，还是企业捐赠，都对捐赠的税前扣除优惠（可被视为捐赠的价格）具有较充分的弹性。比如 Feldstein 等（1976）测算出个人捐赠的价格弹性是−1.15，Nelson（1970）测算企业捐赠的价格弹性区间为（−1.03，−1.18），Carroll 等（2005）测算企业捐赠的价格弹性区间是（−1.51，−2.08）。[⑤] 其次，从资源配置的宏观角度看，相对于广泛的慈善需求，慈善资源是稀缺的。将有限的资源配置到

---

① 黄春蕾：《我国慈善组织绩效及公共政策研究》，经济科学出版社2011年版，第27页。

② 马克斯·韦伯放弃了以对物质利益的单纯追求来定义经济行为，而是从更加普遍的意义上将经济行为界定为“目的上合乎理性的行为”：一是满足某种现存的自己的需求，从食物的需求到宗教的修身，与需求相比，“短缺在主观上是前提条件，而行为是以此为取向的”。另一种行为方式是赢利经济。见［德］马克斯·韦伯：《经济与社会（上）》，商务印书馆1997年版，第375页。

③ 王绍光（1999）归纳了非营利团体或个人的三类动机：一是以非营利活动牟取个人和团体私利（金钱、地位、荣誉、权力等）。二是混合利他主义，即动机中既带有利他主义的成分，也希望获取某种回报，包括精神上的慰藉以及温暖和愉悦的感觉等。第三类动机是纯粹利他主义的。参见王绍光：《多元与统一：第三部门国际比较》，浙江人民出版社1999年版，第41页。

④ ［美］P.B.弗斯顿伯格：《非营利机构的生财之道》，科学出版社1991年版，第23页。

⑤ 南锐、翟羽佳：《中国地区慈善捐赠水平差异实证研究——度量、趋势与政策建议》，《经济经纬》2013年第5期。

最需要它的地方，慈善可被视为一项“生产”活动。追溯慈善发展史可以发现，为了提高慈善的“生产”效率，慈善方式经历了从个体到组织，从不分工到分工，以及分工与专业化程度逐渐提升的过程。①第三，慈善与经济的联系密切。慈善不仅受制于经济发展和收入水平，而且还具有广泛的经济结果和经济影响。一些学者从弹性角度对捐赠数额的收入弹性进行了测算，比如 Feldstein 等（1976）测算出个人捐赠的收入弹性是 0.87，Nelson（1970）测算企业捐赠的收入弹性区间为（1.05，1.43），Carroll 等（2005）测算企业捐赠的收入弹性区间是（0.49，0.73），②这些表明慈善捐赠水平对个人收入和企业所得的变化具有一定的灵敏度。高勇强等（2011）以国内民营企业为样本的研究发现，企业家的经济条件对企业慈善捐赠有显著影响，个人收入水平高、个人权益额大的企业家，其企业越可能进行慈善捐赠，并在慈善方面捐赠更多。③南锐、翟羽佳（2013）对国内区域捐赠水平的测算，也初步得出中国区域慈善捐赠水平与区域经济增长水平、人均可支配收入密切相关。④Lilly 学院的跟踪数据表明，百万美元级的捐赠受股票市场的市值波动影响极大。⑤根据萨拉蒙所做的 36 国的跨国研究，公民社会部门是一支相当强的经济力量，在国内支出和就业上占有重要比例，是世界上第七大经济体。⑥

---

① 黄春蕾：《我国慈善组织绩效及公共政策研究》，经济科学出版社 2011 年版，第 38 页。

②④ 南锐、翟羽佳：《中国地区慈善捐赠水平差异实证研究——度量、趋势与政策建议》，《经济经纬》2013 年第 5 期。

③ 高勇强、何晓斌、李路路：《民营企业家社会身份、经济条件与企业慈善捐赠》，《经济研究》2011 年第 12 期。

⑤ ［美］尤金・巴达赫：《跨部门合作：管理巧匠的理论与实践》，北京大学出版社 2011 年版。

⑥ ［美］萨拉蒙等：《全球公民社会：非营利部门国际指数 2》，北京大学出版社 2007 年版，第 19 页。

由此可见，慈善除了具有道德属性外，还在客观上具有以上三个方面的经济属性。本书认为，慈善经济属性对慈善商业化行为的影响主要遵循以下两种基本路径。

路径一：经济属性使得慈善商业化成为一种必要和可能。首先，人具有自利和理性的动机，决定了其通过慈善行为追求个人利益甚至逐利的可能性。以慈善募捐为例，传统募捐依靠道德宣讲和人们的道德自觉，而商业化募捐恰恰是利用人的自利动机，主动以各种形式的回报来激励企业或个人捐赠，或激发其捐赠热情。通过慈善捐款减少纳税，甚至以商业利益作为交换也是不可避免的。其次，慈善是一种稀缺资源的配置活动，尽管慈善组织不是以营利为首要取向的经济组织，但同样面临如何扩大筹资、提升管理效率的难题。为此，借用成熟的商业管理模式，吸引、动员、运营和管理稀缺的慈善资源，降低慈善的“生产”成本，评估慈善投入的实际效果，甚至开展自己的营利行为①成为一种必要和可能。另外，通过承接政府购买合约，慈善机构也可以获得稳定、可靠的资金来源。第三，慈善活动创造出大量的商业机会，慈善品牌对商业企业而言具有经济效益，这使得商业机构加入慈善活动成为可能，包括企业创办慈善机构、设立公益基金、慈善机构与商业机构开展各种形式的合作等。

路径二：经济属性对慈善商业化的影响效果还要依赖于外在环境。在这些环境因素中，人们的慈善理念、经济政治环境、慈善组织自身变革最为关键。②慈善理念是人们对慈善的普遍的看

---

① 马克斯·韦伯认为，经济行为是否以及在多大程度上与组织结构相辅相成，或者相互阻碍或排斥不能泛泛而谈，需要具体讨论。[德]马克斯·韦伯：《经济与社会（上）》，商务印书馆 1997 年版，第 378 页。

② 杨方方（2004）把影响慈善事业发展的因素概括为“人的慈善意识”“经济政治环境”及“自身组织建设”三个层面，本书认为这种因素划分同样适用于分析慈善商业化的演进。见杨方方：《发展现代慈善事业应该认识的几个基础性问题》，《社会科学》2004 年第 3 期。

法、认识和思想，它是驱动慈善商业化萌发较深层次的因素，事实上，慈善理念本身是受思想、道德、宗教、科技、文化等多重因素综合和长期影响的结果；经济、政治等因素是促进慈善商业化发展的中间层因素；随着慈善组织成为现代慈善最主要的媒介，慈善组织自身因素成为推动慈善商业化发展最直接、最表层的因素。随着外在环境的变化和发展，慈善商业化的现实形态也会不断变化和向前发展。

总之，从理论上看，慈善的经济属性和外在环境共同决定了慈善商业化的产生、发展及现实形态。下面以英美等西方发达国家为考察对象，追溯国外慈善商业化现象产生与发展的轨迹，分析国际上当代慈善商业化的各种外在形态及其影响。

二、国外慈善商业化现象的历史考察与现实形态分析

（一）国外慈善商业化现象的历史考察

1. 慈善商业化的萌芽（19 世纪后半叶至 20 世纪初）

19 世纪后半叶以来，寻求解决社会问题的“治本”方法的科学慈善运动（scientific philanthropy movement）为慈善商业化的萌芽打开了通道。发轫于 18 世纪的工业革命，在推动社会财富快速增加的同时，也导致贫富愈加分化和社会矛盾不断加剧，传统的救济式的慈善受到越来越多的批评。[①]科学慈善运动的核心思想就是“把探索社会问题的根源和辅助弱势群体更多地建立在科学的、理性的基础上而不是诉诸仁爱和利他主义”。[②]伴随着

① 批评者认为，救济式慈善只能解决社会的表面问题，甚至让接受帮助的人因习惯于依赖别人的恩赐而永远无法脱离贫困，基于志愿性的慈善本身因管理不善也存在不必要的重复和浪费。参见金锦萍：《科学慈善运动与慈善的转型》，《科学对社会的影响》2009 年第 2 期。

② 资中筠：《财富的归宿：美国现代公益基金会述评》，上海人民出版社 2006 年版，第 21 页。

科学慈善理念的兴起，也出现了慈善商业化的一些早期实践。比如，为了把认购的股份集中起来资助医院，[①]出现了“股份慈善”（Joint Stock Philanthropy）的捐赠方式。19世纪末至20世纪初，经济精英们掀起了创办现代基金会[②]的热潮，捐赠开始从相对零散走向组织化，促成了经济精英们便利地将市场运作的模式用于基金会的运作与管理。私人基金会“从其诞生之始，就注定了它与市场因素的不可分割性。因而，市场运作模式在公益领域有了生长的土壤”。[③]

2. *慈善商业化的发展（20世纪上半叶至20世纪60年代）*

进入20世纪，西方慈善事业已经从传统的扶贫救济转向越来越多的公共事业领域（卫生、教育、艺术、文化等）。尤其是第二次世界大战后，在福利国家的社会政策、遗产税及慈善捐赠税收优惠政策等因素的推动下，慈善事业进入繁荣发展阶段，慈善组织的规模越来越大，并呈现专业化和职业化的倾向。在美国，20世纪上半叶发展起来众多而庞大的基金会，慈善事业与其他非营利机构一起成为一个独立的社会部类（第三部门）。[④]独立的公益慈善学科开始建立。随着慈善事业的发展，慈善事业筹款活动最早开始走向职业化。20世纪20年代在美国出现了专业经

---

① 根据记载，西敏寺医院（1719年）、圣乔治医院（1733年）、温彻斯特医院（1736年）、伦敦医院（1740年）、密德萨斯医院（1746年）等都是通过股权认购建立的。见［美］马修·比索普、［美］迈克尔·格林：《慈善资本主义：富人在如何拯救世界》，社会科学文献出版社2011年版，第26页。

② 1867年和1882年成立的美国皮博迪教育基金（Peabody Education Fund）和斯莱特基金（Slater Fund）代表了现代基金会的早期雏形，19世纪末20世纪初，在美国以洛克菲勒为代表的经济精英们掀起了建立私人基金会的热潮。见资中筠：《财富的归宿：美国现代公益基金会述评》，上海人民出版社2006年版，第21页。

③ 王名、朱晓红：《社会组织发展与社会创新》，《经济社会体制比较》2009年第4期。

④ 资中筠：《财富的归宿：美国现代公益基金会述评》，上海人民出版社2006年版，第22页。

营性的筹款公司或募捐人员，在纽约就有20多家专业筹款公司，他们协助顾客（大学、教会或社区基金）申请资助，并收取固定的代理费或佣金。① 为提高慈善资金运营管理水平，慈善组织开始委托专业金融机构进行运营管理。20世纪中期掀起的企业社会责任运动，将企业社会责任关注的范围扩大到自然资源和环境保护问题，② 这为慈善商业化的发展注入了新动力。

3. *慈善商业化的升级（20世纪70年代之后）*

随着20世纪70年代福利国家纷纷陷入赤字危机，在新自由主义思潮和现实压力的共同影响下，政府开始着手推动社会服务私有化的步伐，③ 以发挥包括非营利部门在内的私人部门在社会服务供给中的效率优势。社会服务外包政策不仅使得慈善组织有机会参与更多社会服务的生产，增加了其服务性收入，而且强调竞争、注重绩效的政策导向也无疑促进了商业机制在非营利部门的进一步推广。进入20世纪80年代，一场以电子信息技术的广泛应用为核心的科技革命预示着“后工业社会”的到来，但各阶层间因教育、信息、知识、技术等鸿沟而引发的不平等问题也由此凸显，加之气候变化、健康与安全、环境保护等新挑战，现代慈善事业关注的领域和对象得以进一步拓宽。慈善组织需要开拓更多资源，并“把每一分公共支出和慈善捐款都用到实处，使其产生最佳社会效果”。④ 与此同时，从实践看，借助信息技术

---

① 高鉴国：《美国慈善捐赠的组织运行机制》，《学习与实践》2010年第4期。

② 企业社会责任运动的前奏是从18世纪到20世纪初期为维护劳动者权益而开展的大规模的工人运动。欧阳峣：《跨国企业的社会责任》，中国经济出版社2009年版，第3页。

③ 1967年美国联邦政府修改《社会保障法案》，首次允许与非营利组织签订购买社会服务合同。始于20世纪70年代末的英国大规模私有化浪潮，发展到20世纪80年代末开始扩展到社会福利领域。

④ ［美］史蒂芬·戈德史密斯：《社会创新的力量：美国社会管理创新启示录》，新华出版社2013年版，第3页。

和政策推动，慈善事业的专业化、职业化程度不断提高，慈善商业化不断升级。首先，在社交媒体时代，企业对社会责任的重视程度更高，“创造共享价值”（Creating Shared Value，简称CSR）成为企业社会责任的升级形态。[①]慈善组织如果具有足够的品牌吸引力，就能获得更多的企业合作。其次，信息和科技为慈善事业拓展慈善资源，发展人人公益，提供了更加便捷的新渠道和新工具。而企业是拥有海量用户、拥有新技术可借力的资源，慈善事业可以借助商业资源和商业创新更好地实现慈善目标。第三，在社会创新浪潮的推动下，公益创投和社会企业（Social Enterprise）开始兴起并快速发展。同时，“慈善商业（Charity Business）”[②]“社会企业家（Social Entrepreneur）”等新概念纷纷涌现。

（二）国外慈善商业化的现实形态分析

时至今日，西方国家的慈善商业化已经展现出丰富多样的外在形态。从功能上看，基本上可以归为开源型商业化、增效型商业化和盈利驱动型商业化。前两种类型是为了保障社会使命的可持续性，以开源或增效为直接目标驱动，借用某些商业化的方法或手段，这时商业化的地位仍然是辅助性的。相比之下，盈利驱动型则是将经济可持续性放在首要位置，以盈利目标为驱动，

① CSV可被视为企业社会责任的升级形态。哈佛商学院迈克尔·波特教授在2011年提出创造共享价值（CSV）理论，以替代传统的企业社会责任（CSR）。CSV战略旨在引导企业采取更加主动、系统化的构想产品市场、重新界定价值链生产率和促进当地产业集群发展等方法，让企业社会责任与竞争力、与利润最大化更好地融合，为企业和社会同时带来价值。

② 目前在英国，已经有两所大学——英国南岸大学和英国城市大学的商学院将“慈善商业”在MBA课程的基础上发展为了另一门学科—“MVA（Master in Voluntary Administration）”，其中包括慈善会计和财务管理、慈善市场和慈善管理等专门的慈善课程。参见《慈善商业》，《互联网周刊》，http://www.enet.com.cn/article/2005/1205/A20051205479587.shtml。

盈利是前提和基础，再通过盈利资金的转移或返还的纽带，用于支持或实现特定公益目标。此类商业化以公益创投和社会企业[①]为代表。同时，慈善商业化也出现了许多异化形态。

1. 开源型

当慈善变得越来越专业化和职业化之后，如何筹集更多的资金成为慈善组织的头等大事，而商业企业的融资模式和盈利模式成为可资借鉴的重要工具。

（1）慈善营销

20 世纪 80 年代末在西方慈善营销（Charity Marketing）的实践越来越普遍。慈善营销的本质就是以慈善能够带给捐赠人的价值[②]与潜在的“顾客”（包括捐助人、志愿者和受益者）做“交换”。比如，事业关联营销（Cause-Related Marketing）[③]、慈善机构许可商业组织使用其名称和商标开展商业宣传等是常见的形式。为达到最大化吸引潜在捐赠者的目标，一些慈善组织也会通过搜集市场信息，为不同的特殊捐赠者“量体裁衣”，进行战略性慈善产品规划。许多先进的市场营销方法和工具也被引入

① 目前学术界比较认同 J. 格雷戈里 · 迪斯提出的“社会企业光谱”（social enterprise spectrum）的分析框架。从目标取向看，光谱从左至右意味着对社会价值的重视不断降低，对经济价值的重视不断升高。本书此处讨论的盈利驱动型慈善商业化指的是处于光谱偏右端（即对经济价值的重视已经超过对社会价值的重视）的一类社会企业。见 Ken Peattie, Adrian Morley, *Social enterprises: diversity and dynamics, contexts and contributions*. London: Social Enterprise Coalition, 2008, p.8。

② 比如，政府的某些机构期望推进某一项计划以增进它的政治利益；某些基金会要寻求某些能够帮助他们实现各自目标的机构；某些公司希望达到改进他们的公共关系的目的；私人捐赠者则谋求扩大他们自己的影响以获得尊敬。[美]P · B. 弗斯顿伯格：《非营利机构的生财之道》，科学出版社 1991 年版，第 28 页。

③ 它是慈善营销最常见的形式，是将企业捐赠行为与产品销售联系起来，消费者每完成一次产品消费，企业就会将销售收入中的一定比例捐赠给某慈善组织。

慈善领域，比如内容营销、体验营销[①]、事件营销、众筹[②]、讲出你的故事、向手机转移等等。[③]

（2）商业化运营和投资

提供有偿服务。慈善组织向受益人收取部分服务费，而不使受益人产生依赖心理。1974年穆罕默德·尤努斯在孟加拉创立小额贷款银行，通过贷款而不是捐款的方式，支持贫困家庭中的妇女致富脱贫的成功实践，已被视为以有偿方式行善的经典模式。

商业销售相关产品或服务。慈善组织开发并销售与其主要业务活动相关的产品或服务。比如，国外的博物馆往往会开发出许多衍生文化产品或体验服务进行销售，一些慈善机构通过开设慈善商店等商业性附属企业，销售捐赠品和各类公益商品（比如吸纳残障人士进行加工生产）进行筹资等。

承接政府采购合同。许多慈善组织通过承接政府采购合同，为享受福利的人群开展社会服务项目获取收入。根据萨拉蒙的跨国比较研究发现，来自公共部门的收入占慈善组织收入的16%。[④]

商业投资和资本运作。在西方，慈善组织利用自身的资金、技术或其他资源（如机构名称、商标或名声等）从事商业投资和资本运作已经非常普遍。比如，1998年美国罗伯特基金会的调

---

① 2014年风靡全球的“冰桶挑战”就是在让公众体验到全身被“冰冻”的感觉，关注渐冻人这一病患群体，并为其募集善款。

② 近年来，公益众筹受到追捧。它是借助商业众筹（Crowd Funding）这一中小微企业筹款营销模式，专门针对喜欢在平台上关注非常有创意的项目的年轻人进行产品设计，利用社交媒体、在线社区和微支付技术的低成本优势，通过具有商业背景的众筹平台进行产品展示和传播，从而吸引这部分群体的小数目捐赠，达成积少成多的募捐效果。

③ 世青创新中心：《NPO不可忽视的五个市场营销趋势》，《世青公益周报》2014年第1期。

④ ［美］莱斯特·M.萨拉蒙等：《全球公民社会：非营利部门视界》，社会科学文献出版社2002年版，第31页。

查报告就记载了一系列慈善机构通过经营面包店、冰淇淋店等企业的方式，为弱者提供大量的就业机会。①

2. 增效型

21世纪以后，西方慈善组织为提升管理效率全方位引入商业管理模式已成为一种普遍的趋势。增效型慈善商业化主要着眼于以下方面：

（1）制定战略规划

战略规划是商业领域常见的管理工具。在慈善事业发达国家，战略规划也被作为实现善款善用的有力工具而得到应用。它体现为制定清晰的慈善目标、选择慈善项目和执行组织、选择赠款形式、监督项目的执行以及衡量项目的成效等一系列相互关联的管理策略。②

（2）完善组织治理

20世纪80年代中期以后，借鉴商业模式建立内部治理结构，在慈善组织建立理事会（董事会）制度成为一种趋势，③许多国家将其上升至法律层面。比如，在美国，基金会的最高决策机构是董事会，行政首长负责日常管理，监事会监督行政工作。实践证明，这种权责明确和相互制约的治理结构在帮助慈善组织防范权力滥用行为，加强内部监督，预防组织运行风险，提高慈善公信力方面发挥了重要作用。

---

① ［美］J.格雷戈里·迪斯：《非营利组织的商业化经营》，［美］里贾纳·E.赫茨琳杰等：《非营利组织管理》，中国人民大学出版社2004年版，第134页。

② 不过，对于慈善组织而言，完成一项成熟的战略规划往往花费不菲，而且如果组织缺乏对相关慈善领域的长期参与和经验积累，也难以完成有价值的战略规划。参见［美］保罗·布雷斯特、何豪：《善款善用：聪明慈善的战略规划》，中国劳动社会保障出版社2013年版，第1页。

③ 田凯：《中国非营利组织理事会制度的发展与运作》，《经济与社会体制比较》2009年第2期。

（3）加强绩效管理

借用企业管理模式形成一整套的慈善绩效管理制度，其中包括：建立薪酬与绩效挂钩、内部岗位竞聘等企业化管理机制；实行项目负责制，提高管理人员积极性；按照投入—产出分析，进行慈善项目设计预测和评估，加强资金流全过程管理；实施项目投入和成本之间的绩效评估；实行全面预算管理和透明的财务管理制度。

3. 盈利驱动型

如果说开源型和增效型商业化的目的在于实现慈善组织社会使命的可持续，那么盈利驱动型商业化则是将实现组织在经济上的可持续（或能够自我运转起来）作为首要目标。盈利驱动型慈善商业化在美国得益于公益创投的推动，在英国则以社会企业作为典型代表。公益创投是将商业领域的风险投资模式应用于公益领域，将慈善捐赠视为一项社会投资，像企业家重视投资效率和效果那样重视社会投资的有效性。在美国公益创投通常由企业或基金会运作，向公益机构提供长期的资金、管理和技术支持，关注其运作业绩。在以英国等为代表的国家，“用商业模式实现社会目标”的社会企业同样贯穿了商业投资的理念，体现了慈善与商业的高度融合。

（1）商业运营，财政自主

与其他的慈善商业化相比，社会企业更具有“充足的开发产品、开拓市场、促进消费的动力”，① 自负盈亏。经营性收入对社会企业而言不再是一种补充，而成为重要的收入来源。在英国，社会企业 82% 的营业额来自商业收入。② 社会企业的财政自主

① 舒博：《社会企业的崛起及其在中国的发展》，天津人民出版社2010年版，第53页。
② 同上书，第 54 页。

减轻了慈善活动对捐赠或政府资助的过度依赖，使得慈善活动更加独立和可持续地开展下去。

（2）组织形式更加灵活多样

社会企业除传统的慈善法人组织外，还有股份有限公司、有限责任公司等与企业组织无异的商业企业，以及合作社、信托基金等，不一而足。在有些情况下，也会采取商业组织和社会企业的合营或合资。从这一点看，社会企业通过创新慈善的组织形式，使慈善的触角有机会进入更多的领域开展活动。

（3）有限的利润分配

利润分配是社会企业区别于其他慈善商业化最重要的标志。如何保持社会企业的公益使命，避免利润最大化行为，有的国家严格限制社会企业的利润分配行为。比如在英国获得慈善机构的身份就必须同意全部利润返还公司而不是分给股东。在意大利，以合作社形式成立的社会企业分配的利润不得超过总利润的80%，而且当合作社终止时所有资产不得分配。①

（4）全薪人才比重高

社会企业更加注重全薪人才的作用，使用社会工作人员和技术人员以提高组织竞争力和运行效率。聘请专业经理人是许多社会企业的普遍做法。根据调查，我国香港社会企业聘请专业经理人的比重达到七成，我国台湾这一比例达到六成。②

4. 异化型

（1）公益腐败

慈善的宗旨和使命在于维护弱势群体或更大范围的公共利

---

① 舒博：《社会企业的崛起及其在中国的发展》，天津人民出版社2010年版，第232—233页。

② 官有垣等：《社会企业：台湾与香港的比较》，巨流图书股份有限公司2012年版，第166页。

益，公共性是慈善存在的基础。如果借用慈善的公共性作为个人私利的谋取工具，则应当纳入腐败的范围。① 而慈善商业化为公益腐败现象的发生提供了更多的空间，从商业化募捐到商业运营、投资和管理，再到与商业企业的合作，都为腐败的滋生提供了“温床”。比如，2008 年德国社会福利问题中央研究所在审查中发现，联合国儿童基金会德国委员会自 2005 年起一直向募捐广告商支付回扣以换取捐款数量的大量增长。②

（2）过度商业化

由于对商业管理与运作方法不熟悉、不了解，将本不适合志愿公益特质的管理方法直接移植到慈善组织，或在缺乏基本的运作能力和风险防范能力的情况下使用商业化的手段，会致使慈善活动偏离预定轨道，导致组织运作陷入困境。在慈善商业化过程中也出现了唯利是图，为了追求商业利益，背离公益宗旨的现象。

慈善异化是慈善商业化导致的负面影响，不仅破坏了慈善组织自身形象，更危及慈善事业整体公信力。因此，在慈善商业化快速发展的过程中，预防惩治公益腐败和防止过度商业化变得尤为严峻。从国外看，慈善丑闻的爆发往往会促成政府强化慈善监管的转折点，其中财务信息公开透明是一个利器。比如，在 1992 年美国联合劝募丑闻发生后，1996 年美国国会通过法案规范慈善组织主管人员的薪资津贴和关联交易行为，强化财务信息披露，要求慈善组织向社会大众公开机构前 5 名收入最高成员的名单、前 5 名支付最高的合同名单以及与所有董事会成员有关的金融交易记录。与此类似，2005 年新加坡最大慈善机构——肾脏基金会（NKF）丑闻也促使政府于 2007 年推出对慈善机构的监

① 陆明远：《公益社团腐败的治理路径研究》，《学会》2009 年第 12 期。

② 白晓威：《国外四大慈善毁誉事件》，《公益时报》2008 年 6 月 18 日，http：//www.chinanpo.gov.cn/100003/39364/preindex.html。

管守则，2011年经过修订实行更严厉的慈善机构职责与薪金的监管守则。

综观国外慈善商业化产生与发展的历史进程和现实形态，可以发现慈善商业化现象源起于西方从传统慈善事业迈向现代慈善事业的变革时代，并随着现代慈善事业的发展而发展。影响和推动国外慈善商业化产生与发展的因素很多，其中慈善理念的变革、雄厚的经济基础、现代慈善组织的发展、有利的政策环境是重要因素。第一，慈善商业化现象是以慈善理念的变革为先导，以追求科学、专业、透明、效率的现代慈善理念为根基。第二，市场经济长期发展所积累起来的巨额社会财富和发达的市场经济体系为慈善商业化提供了重要的经济基础。第三，慈善组织的专业化和职业化及其社会创新是慈善商业化发展最直接的推动和影响因素。历史上现代基金会的蓬勃发展为现代商业管理模式引入慈善领域提供了重要契机，进入21世纪后社会企业的创新发展则促进了慈善商业化的加速升级。慈善组织自身的商业化运作能力和自治水平是防范过度商业化等不良倾向的第一道防线。第四，有利的政策环境和信息技术的快速发展是慈善商业化发展的重要推动剂。其中，既包括鼓励性的税收优惠政策、社会福利私有化和社会服务外包政策，也包括严格的监管法规和清晰便利的政策实施程序。

应当看到，国外慈善商业化的发展经历了较长的波动起伏的历史过程，人们对慈善与商业结合的大量质疑和激烈争论一直伴随其中，但慈善商业化的趋势和潮流不可阻挡。综观世界，慈善商业化没有统一和固定的发展道路和发展模式，而是基于各国本土的创新和实践。而且，慈善商业化本身是一把“双刃剑”，利弊并存，因此积极引导和发挥其对慈善事业乃至全社会有利的影响，促进慈善事业的健康发展，成为各国慈善商业化发展道路选择和政府相关公共政策制定的共同标准和目标。

三、全面解析当代中国慈善商业化现象

把握中国慈善商业化现象产生的现实背景与发展的阶段特征，是探索中国慈善商业化未来发展方向的重要基础。如前所述，从国际经验看，慈善商业化的发展演进离不开慈善理念、经济基础与现代商业管理模式、公共政策、信息技术以及组织革新等内外部力量的推动。显然，从这些内外部因素出发全面解析中国慈善商业化现象具有参考价值，也具有现实意义。

（一）从经济社会转型期看中国慈善商业化现象的产生与发展

当前伴随着中国经济体制改革和社会体制改革的不断发展，中国慈善事业已经进入从传统慈善向现代慈善的重要转型期。中国慈善商业化现象正是在这一转型期逐渐产生与发展起来的。

1. 传统慈善理念受到冲击，现代慈善理念孕育发展

伴随着中国工业化和城镇化的快速发展，巨大的社会慈善需求浮出水面，而公办慈善民间性不足，透明度差，效率低下，民间传统慈善活动则多停留在应急性救济，组织化程度低，管理粗放，缺乏“延续性和可持续性”。[①] 社会呼唤运作可持续、管理更规范、信息更透明、技术更专业和行动更高效的慈善组织，重拾慈善公信力。同时，国外慈善商业化理念、方法和技术被大量引入，并得到广泛传播。[②] 然而，长期形成的传统慈善理念仍然根深蒂固，现代慈善理念的社会认同度仍比较低，人们对慈善与商业的结合心存疑虑。可见，慈善商业化仍然缺乏广泛而稳固的理

---

① 刘振杰:《社区化是慈善事业转型新方向》,《中国社会科学报》2014年11月14日。

② 根据北京市倍能公益组织能力建设与评估中心的统计，截至2012年年底该中心已经开展过300余次的各类培训、评估、战略规划和组织发展辅导等活动，直接参与倍能活动的机构有3000多家，受益人数36000多人次。见中心网站 http: //www.cbac.org.cn/。

念根基。显然，中国现代慈善理念的孕育发展还将经历一个接纳、学习、本土化和再创新的渐进过程。

2. 财富快速累积，现代商业管理模式日趋成熟

近年来企业家进入公益界成为国内一种趋势。公益基金会尤其非公募基金会的设立突飞猛进，由商业精英发起和运营的公益机构越来越多，商业领域的管理和资源利用方式被带入慈善组织，推动了商业管理模式在慈善组织中的应用。以国内逐渐发展起来的资助型基金会为例，商业精英被聘请对需要支持的慈善组织进行个性化辅导，将商业管理的成熟经验应用到这些慈善组织的日常管理之中。然而，如何将现代商业管理模式和人才培育模式更广泛地应用于中国本土慈善商业化的过程，还需要大量的实践创新和理论总结。

3. 政府加大培育扶持政策，但监管体系严重滞后

国家将慈善事业作为中国特色社会主义事业和社会保障体系的重要组成部分，制定并实施了非营利组织和公益性社团的免税政策、公益性捐赠税前扣除的税收优惠政策，2012 年之后中央财政已连续四年以专项资金支持社会组织参与公共服务，并带动了地方对慈善事业多种形式（包括公益孵化、公益创投和政府购买服务①等）的投入。根据《慈善蓝皮书：中国慈善发展报告（2014）》的统计，2013 年各级政府购买社会组织（包括慈善组织）的服务共计 150 多亿元。②近年来国家积极鼓励公益基金会的发展，取消了双重登记管理制度、下放了基金会登记管理权限，降低调整登记门槛。2014 年国家开始“推进股权捐赠、慈善

① 2014年以后，残疾人就业保证金、福彩公益金等公共预算资金逐渐向慈善组织开放。

② 杨团主编：《慈善蓝皮书：中国慈善发展报告（2014）》，社会科学文献出版社 2014 年版，第 6 页。

信托等试点”。在一系列公共政策的激励下，商业资本进入慈善领域的积极性不断提高。但是，当前国内慈善立法严重滞后，慈善综合监管体系薄弱，政府监管乏力。慈善事业发展缺乏严格和有力的外部监督，为慈善过度商业化和公益腐败提供了温床。同时，当前慈善募捐市场高度垄断的格局没有根本改变，税收优惠资格获取门槛过高，财政资金向民间慈善的开放度低，也阻碍了慈善商业化的普及和更快发展。

4. 信息技术的快速普及和公益基金会突飞猛进的增长加速了中国慈善商业化的进程

信息技术尤其是移动互联网技术的快速普及为中国慈善商业化注入了巨大活力，催生了大量慈善营销和网络募捐活动，而且也吸引了阿里巴巴、新浪、腾讯等多家互联网公司积极参与慈善事业，它们将互联网的运营模式和经验与慈善活动相互结合，创造出许多新的慈善商业化形态，使得慈善与商业在互联网平台上实现了更有力的融合。公益基金会是中国慈善商业化的先导，是加快中国慈善商业化进程的一支重要力量。2004 年《基金会管理条例》发布以后，尤其是 2008 年以后，国内基金会取得了突飞猛进的增长，基金会数量①尤其是非公募基金会的数量急剧增长，并进入规模化发展阶段，活动领域进一步扩大，专业化水平提高，并带动整个国内慈善商业化的进程。

（二）从现实形态看中国慈善商业化现象的阶段特征

从整体上看，与国外相比，中国慈善商业化发展尚处于初级阶段，慈善领域的开放度不够，慈善与商业跨界合作意识比较

① 根据民政部统计，国内基金会总数从 2003 年年底的仅 954 家增长至 2008 年 1597 家、2013 年 3549 家；其中非公募基金会 2011 年首次超过公募基金会，仅 2011—2013 年两年间非公募基金会的数量就增加了 781 家，超过 2008 年年底非公募基金会的数量（643 家）。参见 2004—2013 年各年份《中国民政统计年鉴》。

低，但近年来慈善商业化理念孕育发展，慈善商业化实践形态已经初露端倪，“公益创投”“社会影响力投资”“公益信托”“互联网公益”等概念层出不穷，发展空间巨大。本书着重结合中国慈善商业化实践中几种主要形态来分析其阶段特征。

1. 慈善营销大量出现

2010 年以后冠名慈善基金的成功推广可被视为国内慈善营销的典范，其设立灵活、门槛低、捐赠者与受助对象的有效对接以及资金能够更加透明使用是主要吸引力所在。利用网络技术开展慈善营销成为一种明显趋势。近年来公益众筹作为一种公开和门槛低的募资方式在国内开始流行。根据统计，截至 2014 年 9 月，众筹网公益项目总数为 170 个，其中已经众筹成功的是 85 个，涉及金额达 300 万元。① 与冠名基金和网络营销等慈善商业化形态相比，在中国慈善机构注册商标的理念还不足，慈善商标的商业授权行为还只是个案，② 近年来红十字冠名机构问题频发，也暴露出国内在慈善商标管理方面的软肋。作为国外慈善商业化的一种主要形式，股权捐赠在中国自 2009 年实现合法化 ③ 的成功案例还不多见，在实践中股权捐赠还面临股权评估、股权捐赠程序以及慈善抵扣等诸多障碍。④

2. 商业化运营和投资在某些领域初露端倪

当前国内慈善组织商业化运营和投资在基金会和公益创投

① 游玉华:《公益机构试水“众筹”掀起全新融资风潮》,《南方日报》2014 年 11 月 25 日。

② 比如2008年青岛市红十字会“微尘”注册商标正式获批，通过此商标的联合使用、许可使用和冠名使用，青岛市红十字会尝试开展了一系列社会合作，并取得了较好的社会和商业效益。

③ 参见《财政部关于企业公益性捐赠股权有关财务问题的通知》(财企〔2009〕213 号)。

④ 葛伟军:《论股权捐赠的法律规制》,《清华法学》2014 年第 2 期。

等领域已经初露端倪。基金会是中国慈善商业化发展的先导。根据基金会中心网的数据统计，2010年近2000家基金会中有666家参与了一定规模的投资活动，占基金会总量的38%，有投资收益的基金会有412家，而在2009年，参与投资活动的基金会有513家，有投资收益的基金会有323家。[①] 但相比而言，国内基金会已有的投资资产占总资产的比例以及投资收益率都较低，投资方式、投资渠道亟待规范，相应的信息披露和风险防范亟待加强。近年来公益创投在国内开始兴起，政府和资助型基金会成为两类发起和运作主体，重点支持初创期和有一定规模的慈善组织。实践中，公益创投尽管取得一定效果，但缺乏公益组织的选拔、支持、评估等行业标准。另外，国内慈善信托处于试点阶段，仍然面临相关税收优惠政策等配套制度不健全的障碍。

3. 社会企业正在崛起

近年来，伴随着国际上社会企业的发展热潮，在国内的教育、环保、扶贫济困等领域，将自己定位为社会企业的多样化组织也快速崛起，一些社会投资通过公益创投的平台支持社会企业的创立和发展。然而，根据《中国社会企业与社会影响力投资发展报告》的观察，相比于国外，中国社会企业相当一部分由原来的社会组织转型而来，分配模式不清，大多规模较小。[②] 目前社会企业相关法律制度建设滞后于实践，社会企业的法律地位尴尬，难以享受政府的政策支持。究其原因，主要是因为注册形式过于单一（主要是办公室项目、社团、民办非企业单位），限制了其融资能力、治理结构和经营风险控制能力，但注册为股份公

① 参见张木兰：《基金会投资：风险和收益的较量》，《公益时报》2012年3月21日，http：//gongyi.sina.com.cn/gyzx/2012-03-21/102832843.html。

② 上海财经大学社会企业研究中心等：《中国社会企业与社会影响力投资发展报告》，https：//wenku.baidu.com/view/0bf173483169a4517623a314.html。

司，则无法享受税收减免和财政补贴。

4. 慈善商业化异化现象快速增长

随着人们对慈善关注度的上升，社会上出现了不少借着慈善名义开展商业活动的现象，公益腐败和过度商业化现象快速增长，慈善丑闻不断。比如，有的在募款过程涉嫌非法集资、非法放贷；有的挪用慈善物资从事违规商业化活动谋取私利；有的慈善组织借慈善之名从事商业活动偷逃税款等，严重损害了慈善公信力。

四、未来中国慈善商业化健康发展的路径设计与政策选择

未来中国慈善商业化的健康发展，应从中国现实国情出发，借鉴国际经验，围绕实现慈善的民间化、专业化、法治化、国际化和普及化[①]，选择和创新适合本土的慈善商业化发展道路，激发社会活力，提高慈善公信力，繁荣慈善事业，推动中国慈善事业的转型发展。这是选择未来中国特色慈善商业化发展路径的出发点和落脚点。为此，本书着重从治理的角度，从现阶段国内慈善商业化面临的现实矛盾与问题出发，提出如下政策建议：

（一）积极引导和促进慈善组织的专业化和职业化

从国际经验看，慈善组织的专业化和职业化是慈善商业化最直接的推动力量。在中国，加快政社分离，取消慈善组织行政编制，消除对慈善事业的行政干预，让慈善真正回归社会，是慈善组织实现专业化和职业化的前提和基础。为此，政府应从直接的行政干预捐款市场回到激励和引导慈善事业发挥作用，为慈善专业化和职业化创造条件，以及加强立法和监督的本位上。通过简政放权，降低准入门槛，简化登记手续，落实公益慈善组织直接登记，完善备案制度，提高慈善活动的组织化，促进慈善组织活动领域的拓展；打破慈善垄断，放宽公益性捐赠税前扣除资格获

① 周秋光、曾桂林：《中国慈善简史》，人民出版社2006年版，第404—406页。

取门槛，健全面向公益组织的免税政策，加强对公益组织的事后监管；加快公益专业人才的教育和培养，为公益人才成长提供资助，培育公益人才市场的发展，引导和鼓励公益人才就业创业；加快政府公共预算资金向慈善组织开放步伐，完善财政补贴和政府购买服务的制度规范，引导慈善组织专业化发展；完善公益创投机制，推动社会创新和慈善组织创新。

（二）加快培育现代慈善理念

如前所述，现代慈善理念是慈善商业化产生与发展的根基。在培育现代慈善理念方面，政府具有不可替代的作用。中国传统慈善中包含着仁爱、互助等优秀思想，倡导乐善好施、扶贫济困，应加大对这些传统慈善文化的宣传和弘扬。同时，加强中国传统慈善文化与国外现代慈善理念的交流，增强公民公共意识和社会责任意识，树立理性财富观[①]，传播和推广志愿服务精神，普及科学慈善、专业慈善的现代公益理念，为中国慈善商业化注入良性发展的内在驱动力。

（三）构建一套综合有力的现代慈善监管体系

从国际上看，慈善商业化是一把“双刃剑”，其健康发展离不开有力的政府监管。近年来中国公益腐败和慈善过度商业化现象时有发生，其背后折射出慈善监管体系的缺失、漏洞和无力。中国慈善事业要想利用好慈善商业化这把“双刃剑”，就必须构建一套由政府监管、行业自律和社会监督组成的慈善事业的综合监管体系。

1. 改革和优化政府监管

加快慈善立法，为慈善商业化行为划定底线，即非营利性及

① 高红、窦正斌：《中国社会现代慈善理念的匮乏与培育》，《东方论坛》2007年第6期。

非分配原则；细化基金会投资行为规范，明确投资风险控制措施；细化和强化慈善组织信息公开制度，对于其开展的商业收入、关联交易等关键信息建立更严格的信息公开标准；健全完善差别化的税收优惠政策，根据慈善组织商业活动与公益宗旨的相关程度，划定享受税收优惠的合理范围，细化股权捐赠和公益信托法规，推进开征遗产税；研究出台社会企业相关认定标准、注册形式和相关政策措施。在健全责任追究机制的同时，着力提高对慈善组织的政府监管效能，改被动监管为主动监管，增强行政执法能力。尽快建立慈善组织的跨部门综合监管机制，对于日益增多的慈善与商业的跨界行为以及慈善组织的跨国活动，亟须民政、工商、财税、金融、公安等多部门联合，建立一套责权明晰、交流互动和协同配合的综合监管体制。

2. 强化社会监督

充分调动民间专业审计机构的力量，补充政府审计的不足；大力发展慈善组织第三方评估机构，提高评估的独立性、专业性和公信力；畅通社会公众对慈善活动中不良行为的投诉举报渠道；继续发挥媒体等社会舆论监督的优势和影响力，提高社会问责能力。

3. 加强行业自律

推动建立慈善领域联合型、行业性组织，针对慈善商业化行为，通过制定行业性标准和行为准则，加强行业自我约束、自我管理和自我监督能力。

4. 健全慈善组织内部治理，提高慈善组织自身商业化运作能力

从国际经验看，慈善组织自身的商业化运作能力和自治水平是防范过度商业化等不良倾向的第一道防线。近年来，与国际上风起云涌的慈善商业化浪潮相比，中国慈善组织自身的商业化运作能力明显滞后。良好的组织治理结构是慈善组织能够有效、有

度地开展慈善商业化，推动组织不断发展必不可少的重要基础。当代中国慈善组织内部治理普遍比较弱，部分组织即使建立了相关的治理架构，也并未真正落实到位，这是慈善组织内部治理亟须解决的弊病。优化慈善组织内部治理结构首要的是清晰地界定组织的决策由谁来制定，责任如何承担。权责对应、落实责任是实现慈善组织治理效能的基本原则。同时，慈善组织应依据商业化要求考虑设立必要的分工明确的部门，以实现商业化运作的专业性。

为提升慈善组织商业化运作能力，还应注重完善慈善组织内部治理的微观基础。慈善组织商业化对慈善组织内部各项制度带来挑战，其中对人力资源和财务运作的挑战尤甚，因此应从人事制度和财务管理制度方面进行改造。慈善组织架构依据商业化而改革，其内部的人事管理制度也要顺应组织架构而改革，慈善组织人员的招聘、绩效管理、考核、激励等都要与部门权责衔接，优化组织的人力资源结构以适应商业化发展。慈善组织商业化对组织财务的规范性要求更高，慈善组织的财务信息应当更加透明，提升财务人员的专业性。慈善组织应当制定更加规范的财务管理制度，做好资金的预算管理，对资金的审批、使用更加严格，对项目的执行进行资金跟踪、监管，确保安全。

第二节　网络募捐与政府监管改革①

据中国互联网络信息中心（CINIC）第42次中国互联网络发

---

① 相关成果《协同治理视角下我国网络募捐监管体系研究》已发表在《东岳论丛》2017年第10期。

展状况统计报告的数据显示，截至 2018 年 6 月，中国网民规模达 8.02 亿，中国手机网民规模达 7.88 亿，网民中使用手机上网人群占比上升至 98.3%。科学技术飞速发展的今天，网络正悄然改变着我们的生活方式，也深刻地改变着公益领域的筹资方式，传统慈善募捐渠道单一，慈善组织数量不足，不能满足公众多样化需求，而互联网的便捷、低成本、强互动等特性吸引了越来越多的慈善组织和社会公众，通过互联网进行筹款。网络募捐自 2008 年汶川地震以来广泛兴起，“互联网 + 慈善”的理念为众多公益人所推崇，这为网络募捐的发展提供了扎实的社会基础，为慈善事业的发展提供了新的发展机遇和挑战，网络募捐也成为社会公众求助和部分慈善组织筹资的重要方式之一。

然而，与网络募捐如火如荼发展相伴的还有一些网络募捐乱象。从 2005 年陈某在天涯论坛发帖“卖身救母”求助十余万元，到 2015 年 12 月佛山夫妇通过互联网平台筹款救女再到 2016 年中山大学教师为早产女儿众筹，获捐近百万元引发网友质疑，乃至此后的“义工李白”事件、河南“小凤雅”事件等等，都直指网络募捐的监管问题。

一、研究回顾

目前学术界对于网络募捐现象的专门研究还比较少，回顾已有的研究，大致可以归纳为以下三大部分：

（一）早期对“网络求助”现象合理性和规范性的关注

伴随社会弱势群体的“网络求助”案例频频出现，这类行为的合理性和规范性问题吸引了部分学者的关注。张北坪（2006；2012）认为网络求助弥补了其他救助方式的不足，具有一定的合理性。他建议建立“网络求助”制度，包括求助信息的权威发布制度，引导通过慈善组织实施救助以便于监管，加强对当事者的信息保护。① 张敏（2007）关注到网络求助案例中的“网络暴民”现象。“网民高举着‘道德监督’的大旗，闯入了求助者的私生活，使受助者的隐私权和名誉权受到极大侵害。”他认为应从法律和道德两个层面加强网络监管，而媒体应发挥舆论监督的优势，对网民行为进行积极引导。②

（二）近年法学界对个人网络募捐合法性的讨论

法学界对于个人网络募捐是否合理合法形成正反两种观点。反对的观点认为，个人募捐是私益募捐，不符合现代慈善的要求，应予以禁止。支持的观点认为，个人求助是公民的一项正当权利，得到《中华人民共和国宪法》的确认和保护。对于是否需要对个人网络募捐给予特别规制也有正反两种观点。一种观点认为，与组织机构募捐不同，个人的求助行为属于一般民事赠与行为，构成平等主体间的民事法律关系，适用《中华人民共和国民法通则》《中华人民共和国合同法》等民事法律规范即可；③ 另一种观点认为，个人网络募捐的捐赠方是不特定的大多数人，涉及募捐主体资格的规定属于公法范畴，适用“法无授权即禁止”的一般原则，不能将其完全与民法上的赠与合同混为一谈，政府应对其进行规制。④2016年颁布实施的《中华人民共和国慈善法》只是禁止不具有公开募捐资格的组织或者个人开展公开募捐，对个人求助采取不禁止也不提倡的态度。

---

① 张北坪：《大学生“网络求助”时尚背后的困境——以某大学学生“卖身救母”事件为例》，《青年研究》2006年第11期；张北坪：《网络求助的结构性缺位探究》，《新闻战线》2012年第7期。

② 张敏：《透视“网络求助心理代价”——兼议报纸对网络道德监督偏差的修正》，《东南传播》2007年第5期。

③ 郑功成：《慈善事业立法研究》，人民出版社2015年版，第76页。

④ 冷传莉：《社会募捐中捐款余额所有权的归属问题探析》，《中外法学》2006年第2期。

（三）对网络募捐监管对策的初步探讨

郑功成（2015）认为应给予网络募捐足够的发展空间，要对其制定特殊规则，包括凸显新介入主体即网络服务提供商和劝募人的职责义务、线上与线下监管相结合。① 褚蓥（2015）强调国家应加强对网络募捐平台的管理，对网络平台开展分类登记，并重点审查网络平台是否具备开展网络募捐以及避免网络欺诈行为的能力，审查募捐活动的“时间、地点、方式”以及言论内容。② 叶托（2016）认为应及时跟进对信息平台的监管，进一步理清民政、互联网信息内容管理、电信管理等各个部门的职责。③ 陈婉璇（2017）强调政府是网络募捐最为主要和重要的监管主体之一，应当更多承担起引导、指导和营造网络环境的角色，引导出更多的监管主体，对网络募捐组织和平台进行定期第三方评估。④ 徐琴（2015）认为政府要分类监管，抓大放小，重点监管草根公益慈善组织的网络公开劝募行为、慈善信息的真实性和信息的公开透明性。⑤ 柯湘（2016）则认为公益众筹是新生事物，政府太急于对其进行监管是不可取的，更多地应该依赖于公益众筹平台基于对自身风险控制考虑而形成的行业惯例及行业自律。⑥

综上，目前研究者多从理清监管职责、明确监管重点和完善监管方式等方面进行分析，对加强网络募捐监管作了初步探讨。但总体来看，与网络募捐这一社会现象的复杂程度相比，这些研

① 郑功成：《慈善事业立法研究》，人民出版社2015年版，第88页。

② 褚蓥：《网络募捐应该怎么管》，《中国青年报》2015年8月19日。

③ 叶托：《网络募捐平台发展亟待监管跟进》，《光明日报》2016年10月3日。

④ 陈婉璇：《论个人网络募捐的法律规制》，《法制博览》2017年第1期。

⑤ 徐琴：《公益慈善组织网络募捐模式及其监管对策研究》，中国社会组织网，http：//www.chinanpo.gov.cn/700104/92471/newswjindex.html。

⑥ 柯湘：《我国互联网公益众筹平台的运作及其风险自控机制探析》，《海南金融》2016年第11期。

究数量偏少，而且受发表文章的媒介（多是在报纸和网络上发表）所限，学者们只就网络募捐某一方面的监管进行研究，很少提及多元主体及其协作协同机制。基于此，本书试图探索并回答三个问题：我国网络募捐的发展特点和现状如何？监管存在哪些困境？国内外有哪些实践经验可供借鉴？如何构建网络募捐的综合监管体系？

二、我国网络募捐的发展特征与现状

（一）网络募捐的发展特征

网络募捐是指个人或组织基于某种需求，通过网络（含移动网络）途径，向特定或不特定对象传递信息来筹集资金或物资，并进行反馈的过程。它既有传统募捐的特征，又有着基于网络交互性强、社会性广、信息传递速度快等独有的优势和特点。[①] 综合而言，网络募捐的特征主要体现为虚拟性、空间跨越性、信任基础脆弱。

1. 虚拟性

网络募捐基于网络技术链接了募捐人、捐赠人等主体，实现了资源的转移与共享，整个募捐过程能够在网络技术构建的虚拟空间中完成，网络的虚拟性赋予了网络募捐更大的可能性。同时，也正是由于网络的虚拟性，其更多地表现为不确定性和隐蔽性，不确定性体现在捐赠人做出捐赠行为之后，募捐人对于捐款的使用存在多种可能结果，要么合理使用捐款并公开信息，也可能私吞、挪用善款等。隐蔽性很大一部分表现为信息的不对称，募捐人与捐赠人之间的沟通交流基本通过网络来进行，而捐赠人对于募捐人信息的理解更多的是通过捐赠人所展示的信息来

---

① 汪丹、于立平：《网络募捐：时尚背后的困境——以宁波市为例》，《宁波大学学报（社会科学版）》2014 年第 4 期。

获知的，对于信息的真伪、有无夸大等情况，普通网友很难进行考证。

2. 空间跨越性

基于通过网络能够连接各个网络终端进而能够连接网络用户，募捐人通过一个网络终端就能够连接全国各地乃至世界的每个角落的网络用户，从而实现善款从分散到集中于募捐人手中，其跨越了地域和国别的限制，募捐信息能够传播和影响的范围是传统募捐无法比拟的。同时在网络募捐中，捐赠人对于募捐人的募捐信息作出的响应能够通过网络快速传递给募捐人，而募捐人需要付出的仅仅是流量费用或者电费，而这成本相较于传统募捐的人力、物资等消耗而言，几乎是“零成本”。

3. 信任基础脆弱

网络募捐能够顺利进行的基础是人与人之间的信任，不同于现实社会中熟人之间的信任关系，网络社会更像一个陌生人社会。由于网络的虚拟性表现出的不确定性和隐蔽性，网络社会中的信任关系相对比较脆弱，很多时候，网友在作出捐赠决定时，更多的是基于对募捐机构的信任或者是其他捐赠人作出捐赠决定的信任，当然，也不排除跟风从众的情况。而由于信息的不对称和网络的隐蔽性，很多时候网友并不能实时或者方便地获取或辨别信息真伪，而一旦募捐人的信息真伪、募捐资金使用等被披露出现问题，不管真伪，都有可能导致信任关系的破裂，如 2016 年 3 月份佛山夫妇在女儿去世后晒出国旅游照片引众议，甚至于这种不信任的状态会迅速蔓延整个网络，并反映在现实社会，影响整个慈善募捐的信任基础。

（二）我国网络募捐的参与主体与运作流程

网络募捐相较于传统募捐，在整个募捐过程中，不再主要是募捐人与捐赠人之间形成的双方关系，而是变成包含募捐人、募捐平台、捐赠人的三方关系，主体数量的变化，主体关系的丰富意味着网络募捐的运作机制将更加复杂。同时，网络募捐也更加强调互动和信息反馈，如何在募捐过程中通过互动，让捐赠者参与其中，增加捐赠者的黏性，提高“复捐率”；通过公开相关信息并解答捐赠者的疑问提高用户对慈善组织和募捐平台的信任水平，是网络募捐成功与否的重要的衡量指标。

在综合参考国内现有研究成果[①]的基础上，结合调查访谈，本书梳理了几类主要的网络募捐的运作流程，见图 8-1。

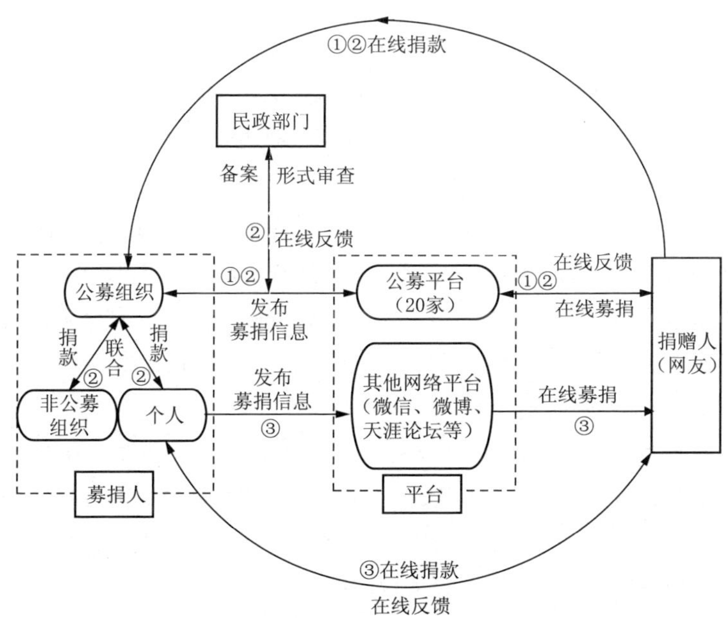

图 8-1　网络募捐运作流程

① 侯江红、徐明祥、张侃侃：《基于网络的非营利组织募捐模式研究》，《四川行政学院学报》2010 年第 6 期。汪国华、张晓光：《中国网络慈善运作模式比较研究》，《社会科学研究》2014 年第 3 期。

目前网络募捐的参与主体主要包括募捐人（个人、组织—公募组织和非公募组织）、募捐平台（公募平台和其他网络平台）、捐赠人、民政部门，而在具体的实践中，主要存在三种募捐流程。

流程1（即①）：具有公开募捐资格的慈善组织在发起慈善项目进行网络募捐时，首先报民政部门备案，民政部门审查通过后，慈善组织可在互联网募捐平台发布募捐信息，进而可在其他网络平台（门户网站、微博、微信等）发布募捐信息。而网友通过互联网募捐平台或其他媒体接收相关募捐信息，作出捐款、转发或者不捐款等行为。而相应的反馈信息则经由募捐平台或者其他媒体流向慈善组织，捐款则直接进入慈善组织账户。

流程2（即②）：联合募捐流程，根据《中华人民共和国慈善法》第二十六条，《慈善组织公开募捐管理办法》第十七条的相关规定，不具有公募资格的组织（含慈善组织和其他组织）和个人可以与具有公募资格的慈善组织合作进行联合募捐。在该流程中，与流程1的不同之处在于，具有公募资格的慈善组织申领不具有公募资格的组织或个人的项目，募集的资金由具有公募资格的慈善组织进行管理并根据事先签订的书面协议进行资金的全额或分阶段按比例拨付。

流程3（即③）：在该流程中，主要是不具有公募资格的个人，通过微博、微信等网络平台直接发布募捐信息向网友进行募捐，并且在该流程中，还存在不具有公募资格的个人经由募捐平台（如腾讯公益平台）发起项目进行募捐的情况。

而流程3的问题还在于不具有公募资格的个人基于个人或近亲属需要帮助的原因，通过网络途径进行募捐，属于个人求助行为，不纳入《中华人民共和国慈善法》管理，而是由《中华人民共和国民法》等进行规范，而该流程善款筹集与使用方面存在的信息不对称等问题则为众人所诟病。

（三）我国网络募捐存在的主要问题

通过对网络募捐运作流程的分析，我们理清了各主体间的资源流向和互动，在具体分析三个流程的基础上，联系网络募捐的实践，可以发现，网络募捐存在的问题主要表现在以下几个方面：

1. 信息辨识、反馈与效果评估层面

在网络募捐过程中，募捐信息真实性难以保障，缺乏信息把关，这是目前存在的最大问题，这直接导致诈骗信息充斥网络。同时信息反馈不及时，反馈渠道单一，致使社会公众很难对募捐人善款使用情况进行监督。如“陈易卖身救母”事件中，由于信息的不对称和信息反馈不及时，在有网友质疑信息的真实性时，陈易并未及时恰当地进行信息反馈，进而引发更大争议，陈易也被迫休学，并最终把善款全部捐了出去。再者，我国相应的评估机制并不健全，独立的第三方评估机构欠缺，网络募捐的效果也较难把握。

2. 互联网募捐平台层面

互联网募捐平台作为对接捐赠人与募捐人的枢纽，其存在的问题主要体现在两个方面：一个是公平性方面；另一个是收费方面。

公平性方面：目前公布的20家互联网募捐平台中，有的募捐平台所属公司旗下也有基金会，如腾讯公益网络募捐平台和腾讯基金会。在这样的情况下，腾讯基金会在腾讯公益网络募捐平台上发起项目与其他慈善组织在该平台上发起项目的机会是否对等、是否会区别对待或者有优先级值得考虑；同时随着项目数量的增多，各项目在网络募捐平台上的展示位置、排序等是否构成实质上的不平等也是值得深究的。

收费方面：目前民政部门虽然公示了指定的20家互联网募

捐平台，并颁布了《公开募捐平台服务管理办法》等法规，但是具体到网络募捐平台是否收费，如果收费，费用标准如何，并没有相关规定。据轻松筹联合创始人、副总裁于亮先生介绍，轻松筹平台的服务费用经由 1.5% 变为 2%，最终于 2015 年末 2016 年初调整为 1%，用于支付员工成本、服务器运营等费用，而其成为指定的互联网募捐平台之后，收费标准是否改变犹未可知。此外，腾讯公益、淘宝公益等平台免费，但却可以通过捐赠者导流到其相应的产品实现盈利，而广州市慈善会慈善信息平台既是免费的又无法导流，就可能存在有的收费有的免费的情况，标准不统一。再者，如果都实行免费，那么平台的运营费用等由谁来承担也是值得考虑的一个问题。

3. 慈善组织层面

慈善组织作为网络募捐的重要主体，其网络募捐能力较为欠缺，其在网络募捐的过程中存在的问题主要体现在如下方面：一是对官方网站和互联网平台的应用不足，由 NGO2.0 发起，中国科学技术大学知识管理研究所执行的《中国公益组织互联网使用与传播能力》第四次调研报告显示，被调研的 547 家公益组织中，约有 47.98% 的公益组织没有使用过互联网众筹平台或者线下募捐来获取资源；二是专业人才相对缺乏，由于培养慈善人才的高等院校缺乏，同时慈善组织人员收入水平较低等原因，慈善行业不仅缺乏人才的内部培养机制，也缺乏对外部人才的吸引力，尤其是项目运营人才和网络技术人才；三是由于专业人才的缺乏，慈善组织的项目设计和运营、品牌管理等方面仍有待加强。

三、我国网络募捐监管的现状与问题

网络募捐发展中出现的问题与相关的监管存在很大关系，唯有对网络募捐实施有效的监管，建立网络募捐综合监管机制，方能趋利避害，促进网络募捐的良性发展。2016 年以后，我国对网络募捐问题的重视程度不断提高，国家相关部门已陆续出台一系列监管制度和规范，现梳理如下：

（一）我国现行网络募捐监管制度与规范

1.《中华人民共和国慈善法》及其配套法规

最早对网络募捐进行引导和规范的是2014年国务院下发的《关于促进慈善事业健康发展的指导意见》，首次规定了互联网信息服务提供者、电信运营商在为慈善组织募捐活动提供平台服务时应当承担的责任。随着《中华人民共和国慈善法》及其配套法规如《慈善组织认定办法》《慈善组织公开募捐管理办法》《慈善组织信息公开办法》等的颁布和实施，我国慈善发展的法律环境更加完善。《慈善组织信息公开办法》明确规定了慈善组织应当在民政部门提供的统一的信息平台向社会公开组织章程、机构设置与人员等基本信息，以及年度工作报告和财务会计报告、公开募捐情况、慈善项目有关情况等信息，并对民政部门的人员履职进行规范，指出民政部门工作人员在工作中滥用职权、徇私舞弊、玩忽职守的，由上级机关或者监察机关依法责令改正；依法应当给予处分的，由任免机关或者监察机关对直接负责的主管人员和其他直接责任人员给予处分。

2. 行业标准

2017年8月1日《慈善组织互联网公开募捐信息平台基本管理规范》《慈善组织互联网公开募捐信息平台基本技术规范》两项行业标准的正式颁布与实施，弥补了网络募捐行业规范的空白，为互联网募捐平台的功能设计、服务建设、运营维护等提供了统一标准。《慈善组织互联网公开募捐信息平台基本技术规范》主要从运营主体条件、系统硬软件要求方面作出规定。对互联网募捐平台的运营主体条件进行了明确，指出需要具备独立法人资格，其中，企业需取得《中华人民共和国增值电信业务经营许可证》(ICP证);事业单位、社会团体、基金会等非营利性法人,应进行非营利性互联网服务备案,取得ICP备案编号和电子证书。其还对平台的功能开发、硬软件安全、运营维护等进行了具体规定。《慈善组织互联网公开募捐信息平台基本管理规范》则具体到对接平台的慈善组织的资格、项目信息发布与监管、平台责任等内容,并指出平台每半年需接受全国慈善工作主管部门考核一次,未达标或日常运营出现违规行为的,予以约谈;限期整改;一年内未达标或违规处理累计两次、或产生重大社会负面问题、或出现重大网络安全事故的,取消指定,两年内不得重新申报。

3. 其他相关规范

与网络募捐相关的其他法律法规还包括《公开募捐平台服务管理办法》《互联网信息服务管理办法》等。当前,两批互联网募捐平台经过遴选共计20家获批,民政部门相应的平台遴选标准也在一定程度上成了互联网募捐平台建设的参照。平台遴选主要采取形式审查与专家评审。形式审查采取一票否决制,主要审查申报材料的完备性、运营主体的合法性与信用记录。专家评审则根据捐款是否直接进入慈善组织银行账户或第三方支付账户设置一票否决项,并主要考察往期募捐业绩(仅作为首次遴选使用)、募捐技术与募捐管理。

(二)我国网络募捐的监管困境

尽管国家出台了相关政策法规,但从实践来看,这些规范尚不足以消除网络募捐中的乱象,网络募捐监管仍然面临诸多困境,主要表现在以下几个方面:

1. 监管漏洞

从基础法规看,目前针对慈善组织开展网络公开募捐的规范基本到位,但个人网络求助行为没有被纳入公开募捐之列,因此不受慈善法规的监管，只能纳入互联网法律和民法的约束规范。如前所述，除数额巨大的个别案例才可能进入民法处罚，甚至司法程序外，大多数个人网络求助不规范案件诈捐、骗捐活动难以纳入民法惩戒之列。加之，民法没有针对慈善捐赠民事法律关系的专门规范，对网络募捐难以起到有效约束。另外，社交媒体在网络募捐过程中应承担的责任与义务也缺乏明确的法律规范。

2. 监管失灵

针对网络募捐的特殊性，传统监管手段已经严重滞后。首先，长期以来，公开募捐权高度垄断在少数公益组织（主要是公募基金会）手中，政府依靠公募权审批实现对慈善募捐行为的入口管理。然而，网络为没有公募权的公益组织甚至其他组织和个人打开了方便之门，公募权的严格审批反而促使一些民间慈善组织转向网络募捐。当网络募捐活动大量进入慈善市场的时候，公募权审批这一监管工具已经失灵。其次，民政部门实行慈善组织分级登记和属地管理，网络募捐从根本上打破了募捐活动的地域性，许多募捐活动都是跨地域甚至跨国界开展的，仅靠某地或某级政府无法对其进行有效管理，传统的属地监管方式也失灵。第三，《中华人民共和国慈善法》实施后，具有公募资格的慈善组织发起慈善项目时，需报民政部门备案，民政部门更多是形式审查。如果缺乏事后监管和其他监管主体的配合，备案手段也将失灵。

3. 监管乏力

这主要表现为大量网络募捐违法行为得不到应有的惩戒。“一些在网络上已经高度发酵的违法募捐行为，相关部门缺乏必要作为或无力作为，甚至根本未启动相关执法调查程序。”当前我国民政部门执法能力不强，监管不力。根据笔者的访谈，山东省民政厅社会组织管理局有正式编制的员工 13 人，具有执法权的员工为6人，省属社会组织1800家，其中慈善组织约900家，平均来看，山东省民政厅社会组织管理局的正式员工每人负责69家慈善机构，而每一位执法人员则负责150家慈善机构的监管工作，显然执法人员很难全面顾及，导致监管乏力。根据笔者对多地调研发现，许多地方民政部门的日常监管仍以年检年报、举报线索为主，缺乏主动监督，“两随机、一公开”制度落实不理想，社会公众举报渠道单一。

4. 监管缺乏合力

网络募捐监管相较于传统募捐，增加了互联网平台这一参与主体，需要民政、公安、电信等多部门协作，单靠哪一个部门都无法实现监管责任的真正落实。网络募捐尽管募捐的渠道是线上，但募捐项目的前期调研，募捐资金的发放、使用及反馈等环节，都需要线下的配合和运作，因此网络募捐的良性发展需要线上与线下监管的联动。但目前相关法规对各部门监管职责划分仅停留在原则性的规定上，部门间协调机构不到位，信息共享、联查联办、联合惩戒等协同机制尚未得到落实，不可避免地带来监管的碎片化。

四、国内外网络募捐监管实践与经验借鉴

（一）国内实践和经验借鉴

近些年我国网络募捐发展中涌现出一些具有开创意义的地方实践和慈善项目。与此同时，一些地方也在因势利导地采取多项措施，加强对网络募捐的规范和监管。通过对这些网络募捐管理实践的梳理和分析，能够把握当前网络募捐的发展现状和趋势，为全国网络募捐管理发展提供借鉴。

1. 广州市

广州市慈善事业的发展一直居于国内领先，广州市慈善会慈善信息平台也成功入选民政部首批互联网募捐信息平台。广州

市无论慈善立法还是具体实践都为我们提供了有益借鉴，而具体到网络募捐方面，广州市的实践经验主要体现在以下几点：

（1）立法方面

早在2012年，广州市就颁布了《广州市募捐条例》，规定募捐组织可以“通过广播、电视、报刊、网站等媒体募捐（第十三条）”，承认网络募捐的合法性。同时，其对民政部门的职责也进行了相关的规定，并强调募捐信息的留存“募捐信息在市民政部门网站公布的，市民政部门应当保留三年以上，方便公众查询（第三十四条）”。规定募捐信息的留存时间，以备公众查询，这在国内地方性法规中是较为少见的。

（2）平台建设方面

2015年5月14日，广州正式启动“慈善信息平台”和“慈善地图”，有逾230个慈善组织进驻慈善微信平台。[①] 社会公众通过微信平台（公众号“广州慈善通”）可以了解相关的政策法规、最新活动等，同时社会公众可以通过微信平台对存在公布虚假信息、违规使用善款等行为的慈善组织进行在线投诉，并且在在线投诉页面还设置了“照片证据”和“文字描述”功能栏，以保证投诉有理有据。通过“慈善地图”，社会公众可以一键查看广州市所有慈善组织在地图上的分布，而点击其中一个慈善组织，则能够查看慈善组织的详细信息和项目信息。同时，其依托百度地图，通过点击“到这里去”功能键则能够规划到该慈善组织所在地的路线。

2016年8月22日，广州市慈善会慈善信息平台入选民政部首批网络募捐平台之一，平台经过2016年12月1日与2017

① 广州市慈善服务中心：《广州市公益慈善事业发展报告（2016）》，中国社会出版社2016年版，第11页。

年7月1日两次升级改造，于2017年10月31日由民政部正式批复更名为广益联募，并于2018年9月4日正式上线启动“广益联募”平台。[①]广益联募规划善捐（项目募捐）、善助（爱心求助）、善行（公益活动）、善品（慈善义卖）、善知（慈善行业能力支持）五大模块，前四个模块目前已上线，其中善行模块页面显示的活动数量、参与人次、筹款金额为零；善品模块尚未正式开通启用；善捐模块核心功能为慈善项目在线公开募捐，通过页面“捐赠项目”“信息公开”“问题答疑”等栏目，可以随时查看在线项目、项目进展、捐赠记录、基础问题如信息辨伪、开具发票等答疑等信息；善助模块的核心功能为个人求助，进入页面，于页面底部会有醒目提示“为个人求助信息发布，不属于慈善信息公开募捐，真实性由信息发布者与认领组织负责”，通过“信息发布”页面可以查看每位捐赠者的微信或支付宝昵称、捐款金额、所支持求助人等信息。

（3）监督机构方面

2013年，广州市民政局成立了全国首个第三方社会专业监督机构——广州市慈善组织社会监督委员会（下称“慈监会”）。首届慈监会15名监督委员分别来自人大代表、政协委员、专家学者、律师、会计师、媒体人和知名慈善人士七个界别，实现了专家学者的跨界合作。慈监会的主要职能包括：一是对广州地区各类慈善组织的慈善募捐活动、慈善资金使用管理以及信息公开等情况独立进行监督；二是为政府有关部门开展慈善监管、慈善组织开展活动提供咨询意见。此外，慈监会还可作为面向全体社会组织的沟通交流平台，促进资源与需求的对接。根据慈监会2015年的工作总结，其2015年全年共对5个慈善组织和承接政

---

① 广益联募：https：//www.gyufc.org/home/about/index.html。

府购买服务的社工机构进行了监督，涉及金额 4770.44 万元，与专业机构合作完成了 3 个研究项目，《广州市慈善组织发展研究报告》《广州市慈善募捐制度研究报告》《广州市慈善组织监督审计指引》。①

2. 腾讯公益平台

腾讯公益平台作为腾讯公益基金会的品牌产品，同时作为民政部指定的首批 13 家慈善组织互联网募捐信息平台之一，在慈善组织发展和管理中扮演着重要角色。腾讯公益“99 公益日”连续举办四届，引发了社会的广泛关注，撬动了大量的社会资源，逐渐形成了全民参与的态势。根据腾讯公益网的数据显示，2018 年“99 公益日”活动筹款总额 8.3 亿元，超过 2000 家企业共捐出 1.85 亿元，参与总人次达 2800 万。加之腾讯基金会配捐的 2.9999 亿元以及 1 亿元慈善组织成长基金，此次活动善款总额超过 14.14 亿元。② 腾讯公益发起的“99 公益日”，为中国公益组织提供了一套“互联网 + 公益”行业方案。尤其值得注意的是，2018 年“99 公益日”开始倡导“理性公益”，让每一份善念都能发于真心、成于理性、恒于透明。③

腾讯公益平台在准入管理和信息披露管理等方面的做法如下：

（1）准入管理

腾讯公益平台在准入方面，针对不同的主体（个人、公募机构和非公募机构）要求也不尽相同，其中，对公募机构的审查最为严格，公募机构需要在线填写或提交诸如机构的名称、规模、

① 广州慈善信息网：http：//gzcs.gzmz.gov.cn/csxxw/dtxw/201605/7ca50938e7684146a43d89cd2182b6cf.shtml。

② 腾讯公益网：http：//gongyi.qq.com/a/20180911/065924.htm。

③ 腾讯公益网：http：//gongyi.qq.com/a/20180911/064392.htm。

联系方式、主页等机构信息，机构负责人和主要联系人的姓名、身份证、联系方式等联系人信息，机构开户银行、资质证件扫描图片等证明材料以及组织机构代码证、法人登记副本等募款资料。这样，从“入口”就对募捐主体进行了初步审查和筛选。

（2）项目管理

公募机构发起的项目，经过乐捐平台工作人员的审核，审核通过后即可开始募款。而个人或非公募机构发布的项目，先由公募机构进行项目评估，项目获得公募机构支持后，由乐捐平台工作人员审核项目。同时，对于在筹项目，腾讯公益平台采用筹满自动下线的设置（若想要继续筹款，则要么发起新的项目，要么对原项目进行更改，但需要进行相应的说明），可以有效避免项目筹款远远超过目标款项，在一定程度上能够缓解后续资金管理和应用上的混乱和问题。

（3）信息反馈

腾讯公益平台规定在项目执行过程中，项目发起者需要及时更新项目进展，如项目最新动态、执行情况等；若不能及时执行，要说明原因及计划执行的时间及安排，以便网友及时掌握项目的相关信息，并对项目进行监督。再者，在项目结束之后，项目发起者需要在线提交结项报告，详述项目进展和善款使用情况，经乐捐平台审核后向网友公示，接受监督。2018 年产品透明组件升级，上线“冷静器”功能，鼓励用户捐款前，多想一秒，查看项目具体情况，[①]“99 公益日”期间，平台向社会公众实时展示了募捐机构榜单、项目流水等信息。同时，2018 年，腾讯公益还发布“回响计划”，通过走访“小朋友画廊”“爱的分贝”“阿拉善荒野新疆”“春蕾计划”等九个过去受较大关注、具典型意义的公益

① 腾讯公益网：http：//gongyi.qq.com/a/20180911/065924.htm。

事件，让资助人用最直观的方式看到公益资金流向及其如何通过“99 公益平台”让善款转化成效果。[1]

（4）独立审计

腾讯公益平台联合发起的“99 公益日”创新了公益参与方式，使得公益能够触及人们生活的方方面面，其在项目审计方面的举措也值得借鉴。2016 年“99 公益日”结束后，所有参与的公益项目存在 10 天的公示期，接受来自全网用户的监督，邀请独立的第三方审计机构，面向所有公益项目进行随机抽检，评估其善款使用情况，并根据审计结果，采取相应的后续措施。[2] 而在 2017 年“99 公益日”上，腾讯基金会邀请第三方独立审计机构“北京中证天通会计师事务所”对“99 公益日”期间，平台每分钟捐款超 5 次、被投诉、人均捐赠异常的项目进行了审计，并将结果进行公布。2018 年“99 公益日”，腾讯公益也将根据筹款金额排名分梯度分领域，随机抽取一定比例的公益项目开展独立审计，其中“99 公益日”期间筹款金额排名前 5 名的项目将直接纳入独立审计对象范畴；腾讯公益还计划联合有关主管部门、行业专家、第三方机构随机开展对公益项目的独立评估。[3]

3. 全国慈善信息平台（“慈善中国”）

全国慈善信息平台（下称“慈善中国”）于 2017 年 9 月 4 日正式上线启用，由民政部社会组织管理局主办，基金会中新网运用，截至 2018 年 9 月 20 日已公布 4847 家慈善组织信息可供查询，其中公募慈善组织 1320 家；公布慈善信托 104 单，财产总规模 16.4 亿元；募捐方案备案 6928 个，其中有效期内的 3256 个；慈善项目 5205 个，其中有效期内的 3802 个。

---

① 腾讯公益网：http：//gongyi.qq.com/a/20180823/035163.htm。

② 腾讯公益网：http：//gongyi.qq.com/a/20160918/035289.htm。

③ 腾讯公益网：https：//gongyi.qq.com/a/20180823/035163.htm。

（1）功能设置

“慈善中国”设置慈善组织查询、慈善信托查询、募捐方案备案、慈善项目进展、慈善组织年报、慈善信息平台、慈善数据统计共计七项核心功能菜单。通过相应功能菜单，社会公众能够查询相应慈善组织信息、慈善项目进展情况等信息，能够直观了解全国慈善组织规模与变化情况、各省市慈善组织分布数据等，能快速链接20家互联网募捐信息平台，并查看相应平台上的项目信息。通过七项核心功能的设置，“慈善中国”已成为全国慈善组织募捐、项目备案、信息披露、数据统计与发布的综合性信息平台，成为连接社会公众、慈善组织与网络募捐平台的枢纽。

（2）募捐备案

慈善组织发起的项目须在“慈善中国”进行募捐方案备案，然后才能在指定的20家互联网募捐平台发布相应的募捐信息，实施网络公开募捐。备案时需提交《慈善组织公开募捐方案备案表》，载明相应慈善组织名称、类型、法人、组织机构代码、业务范围与住址等基本组织信息，公开募捐活动的名称、目的、起止时间、负责人、办公场所、开户行、募捐成本与剩余财产处理等活动基本情况以及慈善组织承诺等其他信息。

（3）信息披露

“慈善中国”募捐方案备案、慈善项目进展、慈善组织年报等菜单均具有信息披露功能，通过募捐方案备案菜单能够查看方案备案编号、慈善组织、项目起止时间、捐赠目的等基本信息，同时页面还实时显示项目进展情况与活动相册，社会公众还能够详细查看项目的电子版募捐方案；通过慈善项目进展菜单，能够查看慈善组织名称、项目状态、服务领域、项目介绍等基本信息，以及项目实施过程进展、活动相册与项目具体收支情况；通过慈善组织年报菜单，能够通过检索功能查找意向慈善组织，下载其电子版年报并进行查看。

（二）国外实践和经验借鉴

1. 英国

作为全世界最早出台慈善法的国家，英国慈善事业的发展一直受到世界的关注，而随着互联网的快速发展，英国的慈善筹款方式也在发生改变，越来越多的慈善组织由街头募捐、挨家挨户筹款转向网络募捐。在具体的网络募捐实践中，英国的实践经验主要体现在以下几点：

（1）法律制度

英国目前的法律法规以及慈善委员会对于利用互联网发起的网络募捐活动，尚未有明确的法律规定，对于网络募捐的主体资格也未进行相关规定。[①]同时，英国有统一的公开募捐证书审核以及地方募捐活动审批，但都是对募捐活动筹备阶段进行监管，具体到获得募捐资格后募捐过程的监管则相对缺失，基本依靠自律。

（2）监督机构

在英国，网络募捐的管理主要依靠自律。英国有三个非政府性机构致力于行业自律，第一个是募捐标准委员会，职能是监测并评判公众投诉，同时协同慈善部门提高募捐行为标准；第二个是募捐协会，即由职业募捐人组成的协会，主要是编写并出版募捐行为准则，同时对募捐标准委员会作出的评判进行评估；第三个是公开募捐监管协会，主要是对公共场所募捐及上门募捐进行监管。[②]它们作为非官方性的组织，其本身并没有具备法律效力

---

① 公益慈善论坛：http：//mp.weixin.qq.com/s? _biz=MjM5ODM2NDc0MQ==&mid=2649961761&idx=2&sn=c07b5291d90abf54a484471c71079406&mpshare=1&scene=1&srcid=1005w6T3eGConGuHArRjF8yi#rd。

② 公益时报网：http：//www.gongyishibao.com/html/yaowen/9375.html。

的监管权利，但也能够在一定程度上对网络募捐的有序开展提供保障。

（3）网络募捐平台

目前比较知名的有Justgiving、Mydonate等十多家。Justgiving作为英国首家网络募捐平台，自2001年成立之后，已经募集善款33亿美元，帮助了164个国家，有超过2400万人加入该平台支持慈善事业并向其捐赠。在这个平台上，个人或者慈善组织可以发起项目，捐赠者挑选感兴趣的项目进行捐赠。同时，该平台2011年与英国移动运营商沃达丰（Vodafone）合作推出了一项免费手机短信募捐服务，捐赠者只需要发送其想资助的慈善项目的慈善编码加上捐款金额到70070即可完成捐赠，但捐赠者则要承担短信费用。而在Mydonate募捐网站上，捐赠者可以通过信用卡和借记卡向慈善组织进行捐赠，网站根据协议帮助慈善组织向英国税务慈善总署索要GiftAid（类似于我国的捐赠税收抵免凭据）。同时，捐赠者不仅可以通过Mydonate网站直接捐款，也可以通过发起的慈善项目捐款网页捐款，抑或是在Mydonate网站上直接向慈善机构所在地捐款。

2. 美国

美国的网络募捐始于20世纪90年代，并自此成为非营利活动的重要资源支持途径。① 美国红十字会在1999年科索沃战争时期就通过其网站募得130多万美元，国际救助贫困组织（CARE）也在1999年在线募捐50万美元，其中30万美元用于科索沃战争救助。②

---

① Putnam Barber. *Regulation of US Charitable Solicitations Since 1954*[J]. Voluntas: International Society for Third-sector Research.(2012)23: 737—762.

② NickAllen. *Fundraising on the Internet—Using Email and the Web to Acquire and Cultivate Donors*[J]. Grassroots fundraising Journal. 2000(3).

美国的网络募捐存在直接和间接两种情况，直接网络募捐主要是慈善组织通过向互联网服务商支付一定的费用（一般每月10—30美元外加交易费用），在服务商的网站上发布募捐信息，或者在自己网站上设置链接服务商的捐赠按钮，服务商负责运营维护和募捐交易的所有事务，并向慈善组织提供捐赠者相关信息，但是服务商一般会收取每笔交易的5%—10%作为交易费用。间接网络募捐主要通过慈善组织与在线慈善超市合作进行，慈善组织鼓励其支持者在在线慈善超市消费，而慈善超市则把销售收入的5%捐赠给慈善组织。①

纵观美国网络募捐监管的发展，主要有以下几点可供借鉴：

（1）通过州立法或者指导意见等对网络募捐进行规范

美国马萨诸塞州、康涅狄格州、宾夕法尼亚州的州政府在1995年便对网络募捐采取了这样的态度，认为在线募捐包含于它们各自的关于救助的法律定义中，自然需要登记。②美国国家慈善协会（NASCO）则颁布了《网络和社交媒体募捐：明智捐赠的建议》，明确了募捐平台的权利和义务，同时该文件还指出线上募捐，尤其是点对点的线上募捐是慈善募捐的一种新方式，慈善组织可以通过多种线上方式进行慈善募捐，包括其网站、社交媒体、电子邮件、第三方募捐平台。③而在2001年，美国国家慈善协会（NASCO）还颁布了《普尔斯顿原则：应用网络进行慈善募捐指南》，指出互联网是开展慈善募捐的一种有价值和效率的

---

① NickAllen. *Fundraising on the Internet—Using Email and the Web to Acquire and Cultivate Donors*［J］. Grassroots fundraising Journal. 2000（3）.

② Ali Woolwich. *Review of an Internet Fundraising Seminar*［J］. Nonprofit. Online News，2000（1）.

③ 美国国家慈善协会官网：http：//www.nasconet.org/internet-and-social-media-solicitations-wise-giving-tips/。

平台，进而对网络募捐的登记注册、豁免登记等情况进行了规范。①

（2）规范成熟的行业管理

美国的行业协会组织和公益组织比较规范、成熟，如1954年成立的基金会理事会（Council of Foundation）、民间自发成立的基金会评估机构“美国慈善信息局”（NCIB）等，都是为了促进信息公开，加强自律而形成的行业组织。这些组织的出现一方面能够研究慈善组织的发展走向，维护慈善组织的利益，另一方面也能制定行业发展规范，加强组织之间的沟通合作。②美国政府则对其采取较为宽松的管理态度，给予这些行业组织较大的自主权，很少干涉其内部管理。

（3）发达的公众和媒体监督

美国的慈善组织数量庞大，无论联邦政府还是州政府相关部门的力量有限很难全面顾及，基于此，大量的慈善组织监督工作需要依靠社会公众和新闻媒体来负责。也正是基于社会公众和新闻媒体的监督压力，促使慈善组织更多地把财务信息上网以便供社会公众查询和监督，也正是这种社会舆论和大众传媒所形成的监督机制，促使美国慈善组织的活动趋于规范合法。

五、我国网络募捐监管体系的构建

网络募捐作为当前我国网络时代一项典型的公共事务，深刻影响着整个公益环境、慈善公信力和社会公共利益。加强对网络募捐的监管，促进其健康有序发展，维护社会公共利益是国家社会治理的基本内容之一。如前所述，面对日益复杂的网络募捐问题，政府单独进行监管的效果十分有限。来自互联网平台、慈善组织以及社会大众等多元主体的协同和参与，对于发挥多主体的

---

① 美国国家慈善协会官网：http：//www.nasconet.org/？ s=Charleston+Principles。

② 公益时报网，http：//www.gongyishibao.com/html/yaowen/9375.html。

信息、技术、知识和资源优势，以协同治理方式搭建网络募捐监管体系是实现有效治理的必然要求。从国际上看，英美等国家在网络募捐管理方面也遵循了协同治理的观点，政府加强相关立法、建立募捐资格审核或登记制度以及明确信息公开要求，同时慈善组织及其行业组织较为成熟和规范，行业自律的作用非常突出，公众及社会监督也比较发达。换言之，发达国家实行的慈善组织监管体系是一个政府监管、慈善组织内部治理和社会监督之间相互联系、相互作用的有机整体①，这对我国构建网络募捐监管体系是有益的借鉴。

在协同治理理念指导下，网络募捐监管体系既包括政府部门对网络募捐活动开展的具有强制力的法律和行政监管，也包括互联网平台、利益相关者、社会公众及中介机构等对网络募捐主体的外部监督，还包括慈善组织、互联网平台及社会公众等的自律。监管体系建设的最终目标是通过营造良好的外部环境，鼓励网络募捐有序健康的发展，有效防范各种风险，着力促进网络募捐各参与主体的行业规范及自律机制，推动我国现代公益慈善事业朝着更加专业和高效的方向发展。构建我国网络募捐综合监管体系，首要任务在于明晰政府、互联网平台、慈善组织、利益相关者、媒体和社会公众等多元治理主体差别化的角色和作用。在此基础上，针对不同的网络募捐管理事项或环节，探索建立多主体间协同治理的运行方式和机制。具体来说，主要包括如下内容：

（一）应突出政府的主导作用，加强内部协调及多元主体培育

政府是网络募捐协同监管最关键、最重要的主体，这不仅体现为政府自身的立法和执法行为在监管中的基础性作用，而且还体

---

① 陈为雷、毕宪顺：《美国慈善事业监管体制及其对中国的启示》，《东岳论丛》2015年第7期。

现为政府的监管理念对整个网络募捐监管体系的先导性作用，以及政府在培育和鼓励其他监管主体方面具有不可替代的主导性作用。

1. 完善政策法规，做到依法监管

为网络募捐制定应遵循的基本法律、法规和规范，保障公民和各类机构的合法权益。目前网络募捐基本的法律规范框架已经形成，但针对问题较多的个人网络募捐行为，现行法律规范明显不足。在网络社会人与人之间沟通交流的方式变得越来越多样化的背景下，个人网络募捐的发展空间依然很大，对此不宜加以禁止，而应进行正面引导和有序规范，制定针对性的专门法规予以规范，采取包括网上募捐者个人身份信息实名制并事前认证、善款使用和余额信息披露等在内的规制措施。进一步明确互联网信息平台准入门槛，对平台的权利义务应通过专门的立法予以规范。同时，随着社交媒体的快速普及，并在网络募捐中发挥越来越大的作用，应参照对互联网信息平台的监管法规，制定针对社交媒体的监管办法。

2. 加强内部协调，增强监管合力

网络募捐具有跨地域、跨行业和综合性强等特点，而以“专业分工、功能分割、层级节制”为特征的传统监管体制，暴露出部门壁垒、信息孤岛、协调成本高和监管漏洞等诸多弊端，逐级审批的行政流程和层级信息传递的管理方式，也难以适应快速多变的信息化社会的监管需求。顺应信息化时代要求，强化政府部门之间和不同层级之间的合作和协调，构建无缝隙、一体化的“整体型政府”已成为当前公共行政改革的新趋势（谭海波、蔡立辉，2010）。[①] 网络募捐监管也应顺应这一趋势，在进一步细化

① 谭海波、蔡立辉：《论“碎片化”政府管理模式及其改革路径——“整体型政府”的分析视角》，《社会科学》2010 年第 8 期。

部门监管职责的基础上，着力构建跨部门和跨地区的协同监管体制。在《互联网信息平台服务管理办法》的基础上，进一步明确以民政部门为总的业务牵头部门，协同公安、电信、金融、工商等多个相关部门，尽快设立部际联席会议，建立健全信息沟通共享机制、信用信息披露机制和违法违规行为协查机制，开展跨地区和跨部门综合执法，形成监管合力。

3. 转变监管理念，优化监督手段

转变长期以来以限制和控制为取向的社会组织管理观念，坚持对社会组织的培育与监管并重、寓培育于监管之中，明确细化有关慈善组织内部治理结构的规范要求，引导慈善组织建立内部监督机制，提高慈善组织网络募捐的自主治理能力。转变政府监管重点，实行简政放权，降低公募权资质门槛，稳妥有序地放开公募权，让更多的公益组织有权直接开展网络募捐。同时，以信息公开和财务监督为重点，以随机抽查和严厉惩戒为手段，强化对网络募捐活动的事中和事后监管。充分利用信息化手段，简化和优化监管程序，发挥第三方中介机构在司法、审计、评估等方面的作用，提高政府监管能力和效率。

（二）强化互联网信息平台的渠道监管作用

在网络募捐过程中，作为第三方网络服务提供者，互联网信息平台是链接募捐方和捐赠方的中介和纽带，也是我国网络募捐兴起和发展的重要“催化剂”。发挥互联网信息平台的渠道管理作用，是网络募捐监管体系不可或缺的重要内容。

与政府监管角色相比，互联网信息平台的协同监管作用更多体现在对网络募捐过程的微观监管上。结合柯湘（2016）对六大公益众筹平台的调查研究[①]和笔者对腾讯公益等平台的调研访

① 柯湘：《我国互联网公益众筹平台的运作及其风险自控机制探析》，《海南金融》2016年第11期。

谈，我们认为互联网信息平台应结合自身情况，重点加强主体准入管理、项目审核和信息反馈等关键环节的风险控制机制。**其一，建立对募捐主体的“入口”管理**。建议针对不同的募捐主体实行差别化准入管理。个人应用平台需要提交身份证等证件；非公募机构需要提交登记证书等；公募机构的准入最严格，需要在线填写或提交机构信息，机构负责人信息，证明材料以及募款资料等。在必要的时候平台应与政府部门合作，进行相关信息的收集和审查。**其二，建立对募捐项目的规范管理**。平台应对公益项目的质量进行初步的审核和把关。对于在筹项目，平台可采用筹满自动下线的设置（若想要继续筹款，则要么发起新的项目，要么对原项目进行更改，但需要做相应说明），从而规避后续资金管理问题。**其三，注重募捐信息的及时更新和反馈**。借助网络技术可见可传播的优势，在项目执行过程中，平台应要求项目发起人及时更新项目进展。若不能及时执行，应说明原因及计划执行的时间及安排。项目结束之后，项目发起者需要在线提交结项报告，详述项目进展和善款使用情况，经平台审核后向网友公示，接受监督。**其四，邀请公众监督和第三方开展项目审计**。活动结束后，所有参与的公益项目都应设定一定时间的公示期，接受来自全网用户的监督。同时，为了确保项目及筹款的真实性，平台可邀请第三方审计机构，面向所有公益项目进行随机抽检，评估其善款使用情况，并根据审计结果，采取相应的后续措施。

为了营造平台服务机构间的良性竞争环境，可参照国家层面的互联网金融行业管理协会，尽快成立国家层面的网络募捐行业管理协会，将平台评选的事项委托给行业协会，动员网民和慈善组织参与投票和监督，以此推动良性竞争机制的形成。

（三）培育和发挥慈善组织的自主治理能力

当前我国个人网络求助与慈善组织网络募捐并存。但从未来发展趋势看，随着慈善组织的不断发展以及公募权的有序开放，个人网络求助的比重将降低，慈善组织通过互联网平台开展网络募捐将成为主流。自律与他律相辅相成。他律的根本落脚点在于有效地促进自律[①]，缺乏他律的自律难以持久。因此，培育和发挥慈善组织的自主治理能力是网络募捐协同治理作用发挥的内在基础和前提。

慈善组织的自主治理能力主要体现为完善的法人治理结构、健全的项目管理能力、财务监督能力和信息公开水平。针对当前我国慈善组织能力建设方面存在的不足，培育和发挥慈善组织的自主治理能力应首先完善其内部治理结构。为顺应网络募捐的现实需要，慈善组织应考虑适度扩大外部理事的比例，完善监事会制度，在监事会中纳入更多利益相关方的代表，提升外部理事和监事会对信息披露的监督效果。[②]其次，在发展网络募捐过程中，慈善组织应加强内部从业者的培训，吸引优秀人才加入慈善活动中来，实现慈善组织管理的专业化和职业化发展。第三，慈善组织应加强公益项目文案写作能力和项目执行能力，重视项目质量管理，以财务监督和信息公开为重点，提高网络募捐透明度和复捐率。比如，2011 年邓飞发起的“免费午餐”项目就是一个经典案例，“资金的进出、流向在网上都查得到，每一个接受免费午餐的学校校长，每天都要用微博报告午餐情况。不能发微博的可以发短信，我们有专门的团队帮助他们把其中的信息变成微博，接受全体网友的监督”。[③]

---

① 参见周志忍、陈庆元:《自律与他律：第三部门监督机制个案研究》，浙江人民出版社 1999 年版，第 105 页。

② 华若筠、邓国胜:《治理结构对慈善组织透明度的影响——基于中国公募基金会的实证研究》,《公共管理评论》2015 年第 20 期。

③ 参见周明杰、邓飞:《每天微博说清楚每笔钱去向》,《北京晚报》2011 年 11 月 4 日。

（四）引导利益相关者、社会公众及媒体的理性监督，鼓励中介机构的有效介入

捐赠者、受益者和志愿者等是与网络募捐关联最密切的利益相关者，是网络募捐天然的监督主体。而社会公众是网络募捐现实和潜在的利益相关者，是一类最广泛的监督主体，具有举足轻重的作用。[①] 正如孙懿（2016）所说，“当公众一旦参与到公益项目中，就具备了多重身份：既是捐赠人，也可以是项目的志愿者、信息提供者和监督者”。[②] 应引导社会公众积极参与网络募捐的监管，在参与和互动的同时，关注项目本身运作的规范性，行使法律赋予的知情权、诉讼权等监督权。媒体为公众监督提供了平台和载体，媒体应自觉承担社会责任，加大宣传，弘扬慈善精神，发挥自身资源优势，加大对网络募捐活动的监督，如实报道，对其中的违法违规及不良现象及时曝光。随着我国公益慈善事业的快速发展，全社会对相关的法律咨询和法律诉讼、会计核算和财务审计、项目评估和组织评估等中介服务的需求与日俱增。法律、会计、审计、评估等各类市场中介机构应发挥其独立、专业、权威和高效的优势，积极参与网络募捐监督的相关环节和领域，政府可通过购买服务的方式予以鼓励，共同服务于网络募捐监督。

（五）建立网络募捐各监管主体间的协同机制

网络募捐的协同治理不仅需要多主体各司其职，共同参与，更需要各主体之间围绕共同目标凝聚共识，依托统一的监管和服务平台，互联、互通、互动、互助，形成有机的监管体系。**第一，建立多种形式的交流协商机制。**转变依靠命令——控制式的传统

---

① 关于非营利组织的利益相关者从广义到狭义的三种界定，参见刘春湘：《非营利组织治理结构研究》，中南大学出版社 2007 年版，第 183—184 页。

② 劳佳迪：《从“信任黑盒子”走向“透明口袋” 互联网推动公益捐赠透明度90后渐成“指尖公益”主角》，《中国经济周刊》2016 年第 44 期。

监管模式，通过多种形式的对话和协商，政府、慈善组织、行业协会、互联网平台及公众等社会各界共同商讨网络募捐发展中遇到的矛盾与问题，研究宏观策略，促进网络募捐监管各主体间的充分沟通，彼此尊重，凝聚共识。**第二，搭建信息沟通平台。**政府应积极筹划和推进统一的大数据平台的建设，将数量巨大而发布零散的网络募捐信息进行整合、加工和利用，使其具备信息收集、信息传递、信息查询、信息交换、反馈互动以及信用评价等综合功能。在信息收集方面，应利用信息技术手段实现政府部门内部的信息数据化和公开化，并推进政府数据对社会开放。建议实行募捐项目网上备案，并将其与互联网募捐平台的项目管理平台实现关联对接；实现全国民政社会救助信息系统与互联网募捐平台的关联对接与数据交换共享，方便网络募捐信息的准确核实。**第三，加强具体监管工作的互动互助。**通过大数据信息平台，实现政府部门监管与网民反馈举报的有效互动，为政府部门监管执法提供有价值的线索，帮助其提高监管执法的精准度，对网络募捐的热点问题给予及时回应，化解网民情绪，消除社会疑虑，保护慈善事业使之免受网络恶意炒作的伤害；在网络募捐个人身份或组织信息审核、背景筛查，以及查处网络募捐违法行为等方面，加强政府监管部门与互联网信息平台间的互动和互助，通过建立黑名单、诚信档案等制度，对网络募捐违法行为给予有力惩戒，推动网络募捐的持续健康发展。

第三节　社会企业认证中的政府角色探究：以慈展会为例

近年来，社会企业由于融合了公益与商业的优势，集社会理想、企业家精神和创新思维于一体，成为公益界关注的焦点。引发的关注越多，引起的思考便会越多，争议也就不可避免。比较有代表性的是围绕“摩拜单车入围社会企业奖事件”引发的争论以及受到广泛关注的“两光之争”等，此外还有围绕我国社会企业涵盖范围的争论、围绕社会企业是否能进行利润分红的争论，等等。其实，归根结底，这些争议主要是因为社会企业的定义不一致、缺乏一个固定统一的标准而产生的，而社会企业认证的实施恰好能够解决社会企业定义多样化、边界模糊的问题。慈展会认证是我国最早开始实施，也是最大规模的社会企业第三方认证体系，2015 年至 2018 年 7 月，慈展会已组织了 3 次认证，但实施效果欠佳。无论申请认证的组织数量还是通过认证的社会企业数量都比较少，且在地区、服务领域上的分布差距比较悬殊，认证工作较难开展；认证的合法性和公开性不足；认证后的扶持和后续追踪不到位，许多组织通过认证后发展状况依然不容乐观等。

面对社会企业这一新生事物，社会企业认证的价值和意义何在？对于像慈展会这样的社会企业第三方认证行为，政府的角色应该如何定位？本书希望从我国国情出发，借鉴国际上的先进经验，对社会企业第三方认证中的政府角色展开探讨，对社会企业未来发展的相关公共政策进行展望，以此带动和促进社会企业的健康发展。

一、相关概念界定

（一）社会企业

由于经济、政治等发展环境的不同，社会企业的概念在各个国家和地区是不同的，比较有代表性的是欧美国家的定义。英国贸工部（DTI）将其定义为“追求社会目标，主要根据社会目标将所得利润再投入其业务本身或所在社区，而非为企业股东或所有人赚取最大利润的企业”。① 英国社会企业联盟的定义是“追求社会目标的商业交易”。欧洲的经济合作与发展组织（OECD）于

① DTI. *Social Enterprise: a Strategy for Success* [R]. London: Department of Trade and Industry, 2002: 13.

1999 年提出“社会企业是指所有能够产生公共利益的私人活动，拥有企业精神策略，以达成社会目标而非利润最大化为主要追求，且有助于解决失业问题及社会排斥的组织”。[①]较之欧洲国家，美国的社会企业定义就相对宽泛些，最有代表性的学者是丹尼斯·杨（Denis Young）和格雷格里·迪兹（J. Gregory. Dees），两位学者关于社会企业内涵的学术成果为后来的一系列研究提供了重要的借鉴意义。丹尼斯·杨从社会企业的发展路径提出了两种社会企业界定方式，一种是非营利组织采取商业手段获得收入，一种是商业组织对于公共利益作出贡献。以此为基础，他提出社会企业是一个连续体，可分为三种组织形态：社会目的的组织、企业慈善以及位于两者之间的混合组织。[②]格雷格里·迪兹则直接提出了“社会企业光谱”的概念，这一概念指出社会企业有不同的选择，关于怎样去塑造组织的结构，有很多不同的选择，在光谱的两端分别是纯慈善组织和商业组织，位于两者之间的都属于社会企业。[③]概念上的差异增加了人们认识社会企业的难度，总体来看，一系列定义突出了社会企业的社会性、市场性和创新性三大特点，但这三大特点却都是难以量化、缺少精确判断依据的。

（二）社会企业认证

1. 认证的定义

ISO/IEC 17000：2004《合格评定　词汇和通用原则》（2006）的 5.5 中，对认证的定义为：“与产品、过程、体系或人员有关的

---

① OECD. *Social Enterprises*[R]. OECD publishing, 1999.

② Young, D.R. *Organizational Identity in Nonprofit Organizations: Strategic and Structural Implications*[J]. Nonprofit Management & Leadership, 2001, 12(2).

③ Dees, J. G. *The Social Enterprise Spectrum: Philanthropy to Commerce*[M]. Boston: Harvard Business School Press. 1996. Case No.9.396—343.

第三方证明。”[①]《中华人民共和国认证认可条例》(其后称《认证条例》)第一章第二条规定“本条例所称认证，是指由认证机构证明产品、服务、管理体系符合相关技术规范、相关技术规范的强制性要求或者标准的合格评定活动”。通过定义我们发现，认证包含不可或缺的四部分：一是认证主体，即认证机构，《认证条例》对认证机构进行了规定，必须满足经国务院相关部门批准获得认证机构资质、保持客观性和独立性等条件；二是认证对象，在我国认证对象主要包括产品(服务)、管理体系、人员三大类，但在《合格评定　词汇和通用原则》中也有提到“管理体系认证有时也称为注册”，本书使用的“认证”并不包含“注册”；三是认证标准，认证主体在进行认证的过程中，要依据一定的法规、标准和技术规范对认证对象等进行合格评定活动，只有符合了上述条件，认证对象才能通过认证；四是认证结果，经过整个认证流程，最终通过认证的对象会获得认证主体颁发的相关证明。

从认证发展史上看，先后经历了第一方认证、第二方认证和第三方认证，慈展会认证属于第三方认证。人们一般将交易中的双方即卖方和买方称为第一方和第二方，而第三方指的就是独立于交易双方的机构，它们可以为买方提供“产品值得交易信号”，是一种“信号甄别机制”，[②]能够减少交易成本，节省买方的时间和精力，是对传统认证方式的突破和改进。目前世界范围内普遍使用的认证方式是第三方认证。在认证中，认证结果的价值在于为交易提供所需要的市场信号，因此认证信息必须真实可信，这要求认证机构应保持独立，认证过程应公开、公正。同时，认证结果要被普遍认可和接受，则认证机构必须要具有公信力和权威

① ISO/IEC 17000：2004《合格评定　词汇和通用原则》，中国标准出版社2006年版。
② 樊根耀：《第三方认证制度及其作用机制研究》，《生产力研究》2007年第2期。

性，而在大部分国家，认证机构的公信力和权威性主要来源于法律的授权和机构自身的地位。

2. 社会企业认证的定义及意义

由于对社会企业认证进行研究的学者比较少，所以学界并没有对“社会企业认证”作出具体定义。根据“认证”的定义，本书尝试对“社会企业认证”作出界定：社会企业认证是指由政府相关部门或者具有相对独立性的第三方机构，按照社会企业认证标准对组织的各方面进行评定，对合格的组织给予“社会企业”证明的活动。虽然“社会企业认证”的定义仅界定了认证实施的过程，但是大部分国家围绕社会企业认证活动，又增加了两个环节，分别是认证前期培育和发展阶段，为社会企业认证积累足够的认证对象（也称“未来社会企业”）；其次是认证后对通过认证的社会企业进行扶持和追踪阶段，通过提供适当的扶持举措促进社会企业发展并对发展情况及时追踪反馈。增加两个环节的原因在于社会企业有重要的社会价值，但是“未来社会企业”存在的数量偏少，且大部分自身力量薄弱，所以前一个环节能够增加“未来社会企业”数量，为认证创造条件，后一个环节能够让社会企业借助他方提供的力量，进而快速发展壮大，为社会创造价值，所以这两个环节也可以包含在社会企业认证体系当中。目前，世界上已有多个国家或地区在实行社会企业认证，甚至有的国家有多个并行的认证模式，如英国社会企业标志（SEM）和社会企业徽章（SEB）。

在我国，按照认证对象划分，认证可大体分为产品（服务）认证、管理体系认证、人员的认证三大类，但社会企业认证与这些种类的认证是存在区别的，一方面社会企业认证要比其他认证多出一个环节，其他认证体系基本到了出示认证结果这一环节整个流程就算完结了，但是社会企业认证由于认证对象是社会企业，在认证机构颁发了认证证书之后，认证流程并没有结束，认证机构会为社会企业提供一定的扶持，如提供相关业务咨询服务、资源对接服务等，以促进社会企业健康发展，这是社会企业认证区别于其他认证体系的一个重要方面。而另一方面，按照各国各地的社会企业认证标准来看，主要是对社会企业的组织性质、组织目标、经营模式、解决社会问题的方法、创新方式等方面进行的认证，所以不能单纯地将社会企业认证归入某大类认证体系。

对于社会企业认证来说，其最大的意义在于能够借助第三方认证，解决定义模糊的问题。社会企业认证以“标准”的形式明确了社会企业的定义，使其涵盖的范围具体化、清晰化，凭借第三方机构的权威性和公信力，其通过机构认证给出的证明向需求方直接表明组织的身份，既能节省精力和时间，又能降低交易成本，这有利于更多的社会企业获得合作机会。其次，对于没有出台专门法规为社会企业注册提供依据的国家来说，认证可以为社会企业解决注册带来的难题，以中国为例，社会企业没有专门的注册形式，要想注册主要有两种登记方式，一种是在工商部门注册为企业，另一种是在民政部门注册为非营利组织，但是单纯的两种注册方式（还没有认证）都会阻碍社会企业的发展。如果以商业公司的身份注册，组织将没有权利进行募捐，而且接受的捐款也无法开具发票，捐赠企业还要缴纳企业所得税，从而打击了捐款的积极性；如果以非营利组织的身份注册，就不能进行商业活动、获得收入。社会企业认证是利用第三方作信任担保，即使社会企业暂时没有专门的注册类别，但是也具备了权威机构给予的“身份”，以上的问题也会迎刃而解。除此之外，社会企业认证标准的相对严格以及退出机制的建立，能够在一定程度上促使组织提高管理水平、选择适合的经营模式或调整原有的模式，以保证组织在发展的过程中符合社会企业的标准；同时，由于社会企业可以利用商业手段获取收入，对于公益和功利的把握难以确保是否会失衡，但是社会企业认证能够在一定程度上避免组织遭受功利主义的“稀释”和异化。所以说，社会企业认证对于社会企业的发展具有重要意义，必须采取有效措施促进认证的顺利实施。

（三）政府角色

学者彭澎认为“‘政府角色’是通过将政府人格化来定位其作用与功能”，“涉及政府的功能范围、权力界限、行为方式等”。其尤其强调“政府角色是在与其他社会主体的功能、作用区别中界定的”，①突出政府与国家、社会、市场、企业、政党等之间关系的研究，在关系的研究中对政府的角色进行定位。桑玉成对“政府角色”的定义则是“在一定区域内即一定国度内的作为与不作为”，②他强调了角色是有范围限制的，即在一定的国度之内，因为“超过了一定的区域，离开了它所在的国度，政府是难以发挥其功能的”；其次，他还强调了政府角色不仅包括政府能做什么，也包括政府不能做什么，权力的行使也是有限制的，这样才是一个完整的角色。实质上，两位学者的观点是相通的，正因为存在国家、政府、社会、市场等相互联系的主体，而且每个主体的能力都是有限的，所以才会对政府的行为有所限制。综观古今中外，对于政府角色进行研究的学者众多，所以对于政府角色的划分也存在多种方式：从行政改革实践来看，有“全能型政府”“小政府大社会”“强政府弱社会”“强中央弱地方”等；依据各种理论来分，有“政治人”“守夜人”“道德人”“经济人”“中心人”“社会人”等；按照作用方式来看，又可分为“划桨者”“掌舵者”“裁判员”“运动员”等。通过政府角色的不同定义，可以发现，不同的角色匹配不同的行为。一旦角色定位与政府行为不相匹配，就会

① 彭澎：《政府角色论》，中国社会科学出版社 2003 年版，第 2 页。

② 桑玉成：《政府角色——关于市场经济条件下政府作为与不作为的探讨》，社会科学院出版社 2000 年版，第 3 页。

产生角色缺位、角色越位、角色错位等问题。

二、慈展会社会企业认证现状及政府角色缺位问题

(一)慈展会社会企业认证现状

1. 慈展会认证基本情况

中国慈展会,全称是中国公益慈善项目交流展示会,由中华人民共和国民政部、国务院国有资产监督管理委员会、广东省人民政府、深圳市人民政府、中华全国工商联合会、中国慈善联合会共同主办,是一个展示优秀公益慈善项目、创新慈善资源交流的平台。从2015年开始,在深圳经济特区每年举行一届。中国慈展会社会企业认证是在学习、借鉴了英国和美国的社会企业认证以及ISO质量认证经验后,在中国大陆开展的首个,也是规模最大的社会企业认证服务。在慈展会召开期间,借助慈展会这一平台,由专门的执行机构对申请认证的组织进行认证、颁发证书并提供相应扶持。具体流程是按照组织提交认证申请、认证小组提前三个月收集整理和审核认证申请、召开评审委员会会议进行认证、公布和颁发《中国慈展会社会企业证书》、后期的扶持发展顺序推进的。该过程是免费的。慈展会认证专门成立了日常办公室作为固定认证机构,负责认证的日常事务;还成立了认证评审委员会作为决策机构,委员会由50个委员组成,包括主办单位负责人、行业专家、学者、政府官员、企业、媒体等,实行任期制,每次认证是由9人组成的评审小组负责,包括5个主办单位负责人和4个随机挑选的委员会成员组成。认证小组按照组织目标、收入来源、利润分配、注册信息和人员结构五个方面的标准对申请认证的组织进行认证审核,通过社会企业认证的组织可获得资金支持、孵化支持、人才支持以及其他支持。截至2018年7月慈展会共认证了3批社会企业,通过认证的组织共有129家。(详见表8-1)

表 8-1　三届慈展会认证情况比较

<table>
<tr><th colspan="2"></th><th>2015 年第一届</th><th>2016 年第二届</th><th>2017 年第二届</th></tr>
<tr><td colspan="2">施行文件</td><td>《中国慈展会社会企业认证办法（试行）》</td><td>《中国慈展会社会企业认证办法（试行）（修订稿）》《中国慈展会社会企业认证手册（2016）》</td><td>《中国慈展会社会企业认证手册（2017）》《中国慈展会社会企业认证办法（2017）》《中国慈展会社会企业认证评审手册（2017）》</td></tr>
<tr><td colspan="2">主办单位和执行机构</td><td>4 家主办单位</td><td>4 家主办单位</td><td>7 家主办单位
2 家执行机构</td></tr>
<tr><td colspan="2">评审委员会成员</td><td>9 名</td><td>9 名 +2 名独立监察员</td><td>10 名</td></tr>
<tr><td colspan="2">认证标准</td><td>收入来源包括商品销售、贸易或服务项目收入；认证过的组织可享受部分权益</td><td>收入来源增加了从政府购买获得的收入；
通过认证的组织可享受的权益增加了可使用慈展会社会企业标志</td><td>取消了以往对申请组织的分红限制和收入结构来源的限制，将分红规定作为加分项处理；
针对公司治理的规定又增加了“治理结构有社会目标优先的机制性设计”的相关内容；增加了“创新性解决社会问题清晰可测量”的认证标准</td></tr>
<tr><td colspan="2">认证方式</td><td>认证人员投票表决</td><td>认证人员投票表决</td><td>通过累计分数直接判定</td></tr>
<tr><td rowspan="2">认证结果</td><td>申请认证的组织数量</td><td>39 家组织通过初选</td><td>154 家组织提出申请</td><td>510 家组织提出申请</td></tr>
<tr><td>通过认证的组织数量</td><td>7 家通过认证</td><td>16 家通过认证分级认证，总共三级金牌社会企业 1 家中国好社会企业 15 家观察机构 1 家</td><td>106 家通过认证分级认证，总共四级金牌社会企业 10 家中国好社会企业 58 家社会企业 38 家观察机构</td></tr>
</table>

资料来源：作者整理。

2. 慈展会社会企业认证的实施效果有待提升

首先，申请认证和通过认证的组织数量偏少。有关调查数据显示，截至2012年年底，我国社会企业总数近2000家。根据估算，2018年我国社会企业数量将达到5000家。① 这里的社会企业指的是组织目标、运作模式等方面具有社会企业特征但没有经过认证的“未来社会企业”。每年申请慈展会认证的机构数量与我国的“未来社会企业”数量相比，所占比例还很小。因此，还有许多组织并没有认识到社会企业认证的意义，还未接触到社会企业认证。而就申请认证的组织数量和通过认证的组织的数量相比，也不到20%，这反映出还有许多组织未达到社会企业认证标准。

其次，在地区和服务领域分布不均匀。笔者通过对129家通过社会企业认证的组织的地区分布进行分析发现，这些组织在地区上的分布差异较大，主要集中在北京市、广东省、江苏省和四川省四个省份；对组织服务领域进行分析发现，分布差异也比较大，获得社会企业身份的组织主要分布在无障碍服务、青少年儿童、养老三个领域，② 其他领域虽然也有涉及，但是数量较少。

第三，认证为组织带来的价值不够。据了解，认证过的组织不仅可以获得慈展会颁发的认证证书、使用社会企业LOGO，还可以得到相关的咨询服务，并且会得到慈展会官网和官方公众号“社创星”的宣传，重要的是这些组织可以获得慈展会为其提供的资源对接服务。通过“社创星”发布的相关回访信息可以发现，通过认证的社会企业普遍认为认证并没有为其带来明显的实质性益处，且认证标志在国内的认可度并不高。此外，回访人员并没有公开所回访机构的经营收入的改善状况，而这并不是一个

---

① 李佳霖：《调查：我国社会企业发展势头良好》，《经济日报》2015年9月24日。

② 《2017年中国慈展会社会企业认证发布报告》，http：//www.chinadevelopmentbrief.org.cn/news-20637.html.2017年12月15日。

让人放心的现象，因为我国的社会企业能够真正实现营利的数量并不多。上述现象反映出慈展会认证在我国的普及度还需要提高，且慈展会对认证机构的扶持举措并没有落实到地，没有满足社会企业真正的需要，所以认证过的社会企业在我国发展依旧缓慢，并没有展现出认证对其真正该有的意义。

第四，认证的合法性和权威性欠缺。根据《中华人民共和国认证认可条例》第九条规定："取得认证机构资质，应当经国务院认证认可监督管理部门批准，并在批准范围内从事认证活动。未经批准，任何单位和个人不得从事认证活动。"但是据了解，无论慈展会还是其下属的认证办公室都没有得到认证认可监督管理部门的批准，即法律没有赋予其认证的权力，其认证行为得不到法律的支持和保障；而且，在我国的认证体系内，还没有适合社会企业认证的种类归属，所以，从法律方面来讲，慈展会认证缺乏法律保障。同时，作为第三方认证机构的慈展会认证办公室由于组织性质、缺乏认监委的认可等因素，认证并没有得到很多机构的认可，所以认证也缺乏权威性。

第五，认证工作严谨性和公开性不足。首先，慈展会认证缺少固定、有利的监督机构或监督人员，虽然从2016年第二届慈展会认证时设置了两名观察员，对认证流程进行监督，但是两名成员的来源、产生方式、是否每届固定等信息并没有进行公开说明，所以认证工作的严谨性、公正性并不能保证。其次，慈展会认证信息的公开是不完善的，例如2017年的相关文件在慈展会的官网上仅能找到《认证手册》的详细条文，对通过认证的社会企业提供的资源对接等信息几乎没有，这使得人们对于认证相关工作是否真正开展、开展的结果如何等存在疑问。

根据慈展会认证实施的效果来看，要想发挥社会企业认证对社会企业真正的意义，在全国范围内普及，还有很长的一段路要走。对慈展会认证体系进行研究分析，笔者发现慈展会认证中参与的主体主要是各类社会组织、社会企业家、社会工作者和学者。实施效果表明，仅仅依靠这些力量来推进社会企业认证事业的开展是不够的。

（二）慈展会社会企业认证中政府角色缺位的表现

首先，扶持政策明显缺乏。慈展会认证在认证中所支出的费用、对通过认证的社会企业后期的资金支持、孵化支持、资源对接等所需要的费用大部分来自基金会、慈善捐款、影响力投资等。深圳市民政局网站上公布了 2017 年度深圳市承接政府职能转移和购买服务社会组织推荐目录，部分通过认证的社会企业榜上有名。在深圳市人民政府办公厅公布的《2014 年全市社会建设工作要点》中提到要“探索研究对社会企业的培育办法，推动社会企业壮大发展”。这些行为传递出一个信息，即政府已将推动社会企业发展提上议程，但尚未出台具体的培育计划。在宣传、引导方面，深圳市民政局已经采取了一定的行动，在其官网上特地为每一次的认证都转载了相关的新闻报道，此外，还转载了许多关于“社会企业”的报道，在很大程度上为“社会企业”和“慈展会社会企业认证”做了宣传。但报道的内容还是仅限于对事实的描述，未能利用其舆论影响力来告诉公众社会企业认证是什么、进行认证的意义究竟何在，也未引导“未来社会企业”要进行认证，所以慈展会认证的工作还是很难开展，据了解很多“未来社会企业”不进行认证的主要原因便是不清楚认证带来的实际意义。在学术方面，目前仍然缺少研究社会企业认证的学术团队和研究中心，缺少社会企业认证的理论体系。慈展会认证只能一边实践、一边完善，认证人员的专业性缺乏相应支持。

其次，监督责任履行不到位。政府作为社会企业认证行为的重要监督主体尚未发挥作用。在慈展会认证体系中，仅设了两名独立观察员对评审的公正公开起监督作用，但是观察员是来自哪个组织、是如何选择的、每次认证观察员组成是否固定都缺少公开信息。在监督如此不足的情况下，政府一方却仅作为协助举办单位、颁发认证证书嘉宾、名誉嘉宾参与其中，并不发挥监督的作用。

三、社会企业认证中政府角色定位的国际考察

（一）韩国社会企业认证及政府作为主导者的角色

在1997年亚洲经济危机期间，韩国经济遭受了极大损失，导致大量结构性失业。在此之后，韩国经济增长缓慢，失业率不断攀升，弱势群体对于公共部门提供的社会服务需求集中爆发。政府也试图通过采取开展“社会就业岗位创业”、“自主事业”计划、“公共劳动事业”[①]等方式解决就业问题，但是由于经济危机的影响，政府要想完全依靠自身力量回应这种需求是存在困难的，并且当时韩国的非营利组织也面临运营失败、缺乏足够力量的窘境。[②]在此背景下，社会企业成为帮助解决就业问题的重要渠道，社会企业迎来发展的机遇期。2007年，韩国制定《社会企业育成法》，也有学者将其译为《社会企业促进法》，[③]社会企业认证制度通过法律的形式确立了下来。

根据法律规定，国家组织开展“社会企业促进项目”，由韩国的公共管理和安全部负责执行，鼓励符合标准的非营利组织参加为期一到两年的集训项目，以此培育“未来社会企业”。2009年，首尔市政府出台了《社会企业促进条例》，在此基础上，许多地方政府也颁布了相关法规，通过提供专业的工作坊和财政援助甚至创建一个独立部门的方式来推动“未来社会企业”的发展。此

---

① 金仁仙：《韩国社会企业发展现状、评价及其经验借鉴》，北京社会科学2015年第5期。

② Lee E（2012）Cases and Issues of Corporate Social Responsibility and Social Enterprise Establishment Support. Korean Social Enterprise Studies 3（1）：39—66.

③ 丁度源：《韩国社会企业促进法》，《中国第三部门研究》2013年第2期。

外，该项目还为“未来社会企业”提供相关教育和培训，通过设立社会企业学院为社会企业家提供教育课程；① 项目包括了 8 个商业管理项目和 12 个专业项目。通过教育培训，让缺乏社会企业管理经验的“未来社会企业”的领导者掌握如何利用商业策略来提供社会服务。

2007—2010 年韩国社会企业认证由雇佣劳动部和区域联合援助机构共同实施，后来为了让认证与扶持的相关策略联系更为紧密、更好地发挥作用，便改成了由韩国社会企业振兴院和区域联合援助机构共同进行认证，振兴院下属于劳动部。认证机构实施认证后需要将认证的相关内容刊登在官方报纸上。通过认证的社会企业需要每年向劳动部提交事业报告，劳动部对其提交的资料进行审查、指导、监督、评价，根据情况可责令社会企业进行整改（《社会企业促进法》第十七条）。法律还规定了认证撤销的相关条例，但是劳动部想要撤销认证，需要召开听证会（《社会企业促进法》第十八条）。只有通过认证的组织才能使用“社会企业”名称，其他机构不能使用（《社会企业促进法》第十九条）。

韩国对通过认证后的社会企业扶持策略较多，而且力度较大。首先，《社会企业促进法》第五条规定劳动部要系统的培育和支持社会企业，每 5 年制定一次社会企业培育计划，并且规定市级、道级政府也需要据此制定各级的社会企业支援计划。其次，《社会企业育成法》第十条至第十四条规定，通过认证后的社会企业可获得如下扶持：提供经营支援；提供教育训练支援；提供设施费等的支援；获得公共机关的优先购买；获得税收优惠以及社会保险支持；获得社会服务提供及财政支持。为了加深民众

---

① Jung K, Seo I and Jang HS (2013) Sustainability of social enterprise: An exploratory research and analysis using structural equation modeling. Korean Policy Study Review 22 (1): 171—202.

对于社会企业的理解并且激励社会企业家，韩国政府将每年的7月1日定为社会企业日，并把此后一周定为社会企业周，且在此期间，中央和地方要开展与社会企业相关的活动(《社会企业促进法》第十六条)。

可见，韩国政府在社会企业认证中发挥了主导作用。从前期为认证培育“未来社会企业”，到对社会企业认证具体内容和流程的规范，再到最后对通过认证的社会企业的大力度扶持。短期内韩国社会企业的数量实现了剧增，截至2016年韩国已认证1877家社会企业，[①]有效地解决了就业问题，应对了经济危机，唤醒了公众意识并传播了社会企业价值。但是政府的主导角色也带来了一系列问题：将社会企业认证局限于国内，无法与国际认证交流、接轨；社会企业规模普遍较小，收益状况普遍较差，据调查，43.6%的社会企业资产不足一亿韩元，25.3%的社会企业负债100亿韩元以上，有营利的社会企业仅占16.1%，69.5%的社会企业赤字额超过一亿韩元；[②]极度依赖政府；对“社会企业”名称使用的限制导致许多更有潜力和创新性小机构被忽略；社会企业主要集中于解决就业问题导致职能较为单一等。韩国政府已意识到这些问题，虽然角色依然不改变，但是在逐渐改变角色的实现方式，后期对社会企业的直接扶持开始慢慢向间接扶持转变。

（二）英国社会企业认证中政府作为全面支持者的角色

英国社会企业发展较早，20世纪70年代经济危机给国家带来了大量的贫困人口和严重的失业问题，由此导致国家的巨额福利支出，在这种情况下，英国的福利制度饱受质疑。于是，英国通过削减公共福利开支、推行社会福利私有化、福利责任主体的

① 韩国社会企业官方网站，http://www.socialenterprise.or.kr/。

② 金仁仙：《社会经济制度化发展——以韩国〈社会企业育成法〉为视角》，《科学学与科学技术管理》2016年第1期。

多元化等方式对福利制度进行全面改革，社会企业的公益理念和商业模式正好符合了国家的政策导向，由此社会企业在英国获得一次发展机遇。

在英国，有两个比较知名的认证体系，即社会企业标志（Social Enterprise Mark，简称 SEM）、社会企业徽章（Social Enterprise Badge，简称 SEB）。2010 年，一家名为 RISE 的社会企业开始实施社会企业认证业务，得到了英国内阁第三部门办公室和社会企业联盟的认可与支持，后来 SEM 从 RISE 中独立出来，注册为社区利益公司（CIC），性质是社会企业，完全负责社会企业认证。该认证不是政府的官方认证，而属于行业自愿行为，所以并不具备法律上的地位。SEM 所需资金主要来自大乐透基金、某些南部和西部合作社以及 Triodos 银行，而且该认证收取年度牌照费，机构收入越高，牌照费用越高。该认证每年需重申一次，三年需进行一次全面的严审。近年来 SEM 社会企业认证致力于拓展国际市场，2012 年 SEM 成功在欧盟进行注册，其成员国的国内社会企业都可以在此认证。SEM 社会企业认证对成立不同时间的组织要求满足的标准不同，成立不满一年的，仅需满足认证标准的第一、第二、第四条要求，在通过认证后的 18 个月内，必须达到第三条标准的要求，达不到的将会取消认证牌照。由于英国民众的公益倾向较强，所以 SEM 对于通过认证的社会企业的扶持主要在于利用“标签效应”为其宣传，从而带动社会企业的顾客数量。经过认证的社会企业名录及其地址会发布在 SEM 的官方网站上，借此人们可以查询到附近社会企业的相关信息，而且 SEM 允许组织在营销宣传材料中展示社会企业认证标识，由此顾客会优先从社会企业购买所需要的各种物品，客户多了，社会企业自然发展就快；另外 SEM 还致力于对接社会企业与私营企业业务，2011 年 SEM 发起了“50 in 250”活动，目的就是希望从50家企业获得承诺，在250天内至少与5个社会企业开展业务合作，以此来推动企业选择采购社会企业的产品及服务。[①] 在政府方面，SEM认证主要得到了欧洲社会基金和欧盟司法部的支持，其2012年"全国犯罪管理服务共同筹资计划"的项目招标文件便明确指出，应标者必须是通过SEM认证的社会企业，此举就是政府通过项目购买的方式间接扶持SEM认证的社会企业。

SEB是由社会企业联盟（Social Enterprise UK）发起，目的在于："一方面是为了阻止美国软件业巨头Salesforce向英国知识产权办公室申请将'社会企业'作为自己的注册商标，从而影响整个英国社会企业行业的发展，另一方面也是为了加强社会企业的内部团结并以更容易辨认的方式向社会公众表明社会企业身份。"[②] 事实上，除了SEB不要求认证机构实行"资产锁定"[③] 外，SEM与SEB的认证标准之间的区别很小。社会企业联盟是英国最大的社会企业组织，与政府和企业都有合作，且与六个政府部门是战略伙伴关系，影响公共政策十五年，实施SEB认证的实质是成为英国社会企业联盟（SEUK）的会员，会员费用取决于机构的营业额，营业额越高会员费越高。认证标准则是联盟对于会员资格的要求，通过SEB认证即成功加入社会企业联盟的组织能够获得社会企业徽章，获得此徽章有利于提高组织的社会地位，而且也可获得联盟提供的会员福利：搭建与其他企业合作的桥梁；对接政府部门的一些公共服务项目；获得投资和基金；大范围的宣传；会员折扣；享受免费的法律咨询服务；设置了社

① 王世强：《英国社会企业认证的经验与启示》，《河南广播电视大学学报》2012年第3期。

② 韩君：《英国社会企业的发展现状与认证标准》，《中国第三部门研究》2013年第2期。

③ 资产锁定，是指企业如果倒闭清算，需要将资产转移给其他社会企业或者慈善组织。

会企业奖等；参加招牌活动“购买社交”(Buy Social)① 和“社交星期六”(Social Saturday)②。政府在其中主要扮演支持者的角色：2014年的第一个“社交星期六”活动得到了跨党派的支持，并得到总理戴维卡梅伦的支持；主要与中央政府、地方当局、健康和社会保障局、临床调试团体、房屋协会、缓刑信托等开展项目上的合作。

在英国，社会企业认证是在社会企业发展到相当数量时出现的。政府对于社会企业的扶持早在社会企业认证出现之前就已经开始了。为了培育和发展“未来社会企业”，英国政府采取了多项有力的举措。(1)成立专门部门。2001 年成立社会企业司，下属贸易与工业部，专司社会企业的发展；2005 年，内务部社区司与社会企业司进行合并，成立第三部门办公室，在其之下设置社会企业团队，专司社会企业的发展；2010 年之后，将第三部门办公室改成公民社会办公室。除专门的政府部门负责社会企业发展之外，其他部门也通过其他方式为社会企业发展提供援助。(2)制定发展计划。2002 年，贸工部颁布首个社会企业扶持发展策略——《社会企业：一个成功的战略》，提出了政府扶持社会企业的总方针和具体政策，该战略的实施取得了显著成果，社会企业开始为人们所接受。2006 年，第三部门办公室又颁布了新计划——《社会企业行动计划——向新的高度进军》，是对 2002 年计划的延续和改进，包括培育和丰富社会企业文化、拓宽社会企业的信息渠道和融资渠道以及与政府合作等。(3)完善相关法规

---

① Buy Social，即购买社交，是社会企业联盟为开拓社会企业市场而组织的活动，它通过公布社会企业名录来鼓励人们优先从社会企业购买东西。数据来源：https://www.socialenterprise.org.uk/buy-social。

② Social Saturday，即社交星期六，社会企业联盟每年一次的大型活动，通过该活动促进消费者购买社会企业的产品。在该活动中，社会企业借此机会宣传自己所做的出色工作，宣传自己的产品和服务，提升社会影响力和知名度。据统计自推出该活动以后，公众对社会企业的知晓度已从 37% 上升至 51%。数据来源：https://www.socialenterprise.org.uk/social-saturday。

和政策。修改现有法律以适应多种社会企业法律形式，通过金融工具、政府拨款等方式进行大力度的财政扶持等。

（三）我国香港社会企业认证中政府作为有限支持者的角色

我国香港社会企业在社会企业认证出现之前已经得到一定程度的发展。2000 年以后政府在福利制度改革中削减对非营利组织的资金支持，导致慈善组织向社会企业的转型。① 在“未来社会企业”的培育阶段，政府发挥了较大作用。首先，实施专项培育计划。2001 年政府推出了“创业展才能”计划，② 拨款 5000 万港元成立专门的种子基金，资助非营利组织孵化、培育社会企业以为残疾人提供就业岗位，要求企业的残疾人雇员不得少于 60%。此后，政府又多次向该计划注资，以促使它持续推行和拓展。2006 年民政事务总署推出了“伙伴倡自强”社区协作计划 ③，该计划通过提供种子基金资助符合资格的机构，来成立社会企业，以推动可持续的地区扶贫工作，特别是协助社会上的弱势社群自力更生。根据我国香港《税务条例》，这些社会企业可以享受税收优惠权。其次，搭建资源对接平台。2002 年，政府出资成立了“社区投资共享基金”以建立官、商、民等不同群体的协作平台，凝聚社会资本，实现资源对接。2008 年，政府又推出了“社会企业伙伴”计划，包括“配对平台”和“师友计划”两个子项目，“配对平台”项目是搭建私营企业与社会企业的桥梁，而“师友计划”则是满足社会企业某些专业方面的需要，为其联系商界或其他界域的专业义务导师，为社会企业提供免费的咨询服务。再者，搭建经验交流平台，扩大宣传范围。政府为帮助社

---

① 陈雅丽：《香港社会企业的发展经验及启示》，《理论月刊》2014 年第 12 期。

② 《香港特别行政区政府—社会福利署：创业展才能计划》，https://www.swd.gov.hk/sc/index/site_pubsvc/page_rehab/sub_listofserv/id_employment/id_enhancinge/。

③ 《香港特别行政区政府—社会福利署：“伙伴倡自强”社区协作计划》，http://www.had.gov.hk/chs/public_services/en_self_reli/。

会企业家提高营运技巧，经常组织研讨会、讲座、考察团等活动，为社会企业家们进行经验交流创建平台；通过出版相关书籍来扩大宣传范围，民政事务局于2007年出版的《社会企业宣传册》、2010年出版的《社会企业营商二十式》等，既宣传了社会企业的营商策略和模式，也扩大了社会企业的知名度。第四，与高校合作培养人才。我国香港民政事务局分别与香港大学、香港中文大学进行合作推出管理与实务两个层面的社会企业课程，对于积极完成相关课程的学员政府会给予学费支持。政府还每年在大专院校举办“香港社会企业挑战赛”活动，鼓励学生运用商业思维解决社会问题，来撰写社会企业商业计划书。最后，开展业务监督。香港社会福利署既负责向合格的组织提供资助，也负责对这些受资助的组织进行监督，其中就包括社会企业，福利署每年都开展服务表现评估，组织需要向福利署提交自我评估报告，并结合面谈、突击检查、定期检查等形式进行评估。通过实施上述举措，政府为认证培育了大批“未来社会企业”。

为了促进社会企业可持续发展，鼓励公众认清和支持社会企业，香港社会企业总会于2014年正式启动社会企业认证。认证在初始时得到了民政事务局的支持、渣打香港150周年慈善基金的资金资助以及香港城市大学“火焰计划”对于“社会企业认证”系统的研究。认证系统由附属于社会企业总会的一个独立组织——社会企业认证独立委员会负责该项目。根据满足的标准不同，认证的企业分为创启级、创建级、创进级、创越级四个等级，通过认证的机构可获得机构颁发的“See”标志，享受的福利包括：标志的使用、出现在官网的认证查询名单中、免费咨询服务、个别指导服务、参加伙伴联系分享会、承接资源等。[①]2012年，由

① 《福利与服务》，http://www.seemark.hk/Benefits/。

社会企业总会、社联、香港公平贸易联盟等联合倡办了“良心消费月”，“鼓励市民将平日10%消费开支，或每月选择3日帮衬社会企业、公平贸易及有机食品商店，做个良心消费者”，[①] 此活动宣传了社会企业，首次举办便为社会企业带来了134万港币的额外收益。

我国香港政府对于社会企业认证的支持主要集中在对于“未来社会企业”的培育，提高认证对象的增量，但是对于认证系统的支持、对“未来社会企业”进行认证的引导以及对通过认证的社会企业的扶持是比较缺乏的，所以理大第三部门教研中心成员梁家伟认为香港的社会企业认证影响力不大，社会企业总会理事吴宏增也指出政府在推动社会企业认证的角色中，仍然停留在提供社会企业启动基金的层面上，认证过程中的相关扶持是缺失的，认证系统对政府的扶持还存在着较大需求。针对该问题，香港社会企业总会就2015年施政报告及2015—2016年财政预算案向政府提出了多项建议，希望政府通过不同途径协助推动社会企业认证制度的发展。从这一意义上，我们将香港政府在社会企业认证中的角色称为有限支持者，这里的“有限”含有不完全、不充分的意思。

（四）美国社会企业认证中政府作为协作者的角色

在20世纪80年代经济危机的影响下，里根政府大规模缩减开支，致使许多非营利组织开始以类商业化的方式来获取资金，维持发展，解决社会问题，于是社会企业大规模发展，而且法律形式多样。2006年，为了倡导公司符合环境、社会责任的要求，通过认证聚合成大规模的力量，然后利用这种力量来影响国家立法（推动了美国社会企业的“受益公司”法律形式的立法）、影响人们的消费观和价值观，引导社会企业浪潮等目的，宾夕法尼亚州的B Lab（共益实验室）发起了B Corp（B型企业）认证，B Lab属于非营利组织，而B Corp属于社会企业的一种形式。而

① 《良心消费月开幕记者会》，http：//www.sechamber.hk/zh_hk-news-details-44.html。

且 B Lab 为了建立 B Corp 群体，在全球许多地方建立起了分部，世界范围内的机构想要进行社会企业认证，都可以在其任何一个地方的 B Lab 完成。我国的救援保障机构“第一反应”成为国内首个认证为 B Corp 的社会企业。B Lab 发起社会企业认证的目的在于：在 2014 年的机构年报统计中，大约有 16000 多家公司进行了认证[①]，通过使用B型影响力评估来完善公司的经营模式。B 型企业认证体系之所以在全球范围内影响如此之广，是因为体系自身的完善和背后拥有强大的资源进行支持：（1）拥有丰富的 B 型企业影响力评估经验，包括认证机构的企业管理、环境影响、社区融合度等内容，且评估工具也在不断更新；（2）树立了正确的企业价值，公司全体都按照一个共享价值的基线来运作——以人为核心，而不只是财务盈余或产品；（3）庞大的融资渠道，B Lab 活动所需的资金主要来源于各大基金会、银行、企业家等的捐款，[②]部分来自认证机构缴纳的认证费用；（4）雄厚的教育资源支持，经统计，世界范围内有 500 多所学校、1000 多个学院在教授 B 型企业、B 型影响力评估等的相关知识，为 B 型企业认证储备人才；（5）全球认证网络的建立；（6）拥有强大的宣传力量，在 Tweet 和 Facebook 出现过 860 万余次；在 100 多种杂志中出现过，每种杂志约有 500 万的阅读量；在一些零售超市也出现过多次 B 型企业的标志；（7）活动不仅多样而且颇具规模。在仅凭足够强大的社会力量就可发展得如此迅速的情况下，B 型企业认证几乎不需要政府参与，政府在其中仅作为协作者身份与 B 型企业进行合作，利用它们的力量来协助解决各种社会问题。奥巴马上任后，成立了一个专门负责促进政府与私营企业、社会企业家和公众之

---

① 2014 年 B Corp 发展报告，http://www.bcorporation.net/sites/all/themes/adaptivetheme/bcorp/pdfs/BcorpAP2014_WebVersion.pdf。

② B Corp：Our Funders. http://www.bcorporation.net/what-are-b-corps/the-non-profit-behind-b-corps/our-funders.

间合作伙伴关系的部门——社会创新与公民参与办公室（SICP）。另外，要注意区分B型企业和“受益公司（Benefit Corpration）”，有相关法律保障的是受益公司，不需要进行认证，受州管理；而B型企业需要经过认证，可获得B Lab提供的支持和服务。

（五）借鉴与启示

1. 政府在社会企业认证中承担角色的选择

在对各国或地区的社会企业认证体系梳理的过程中，笔者发现影响各国或地区政府在社会企业认证中的角色主要有两方面的因素：一是认证发起机构的地位、自身力量；二是更深层次的因素——公民社会发展状况，如表8-2。

表8-2　各国认证发起机构的地位及公民社会发展状况

国家（地区）	认证发起机构的地位和实力	公民社会发展状况	政府扮演角色
韩国	政　　府	较弱	主导者
英国	SEM认证由RISE发起的，性质属社会企业，地位不是很高，所以需要社会企业联盟和政府的支持；SEB认证是由英国社会企业联盟发起的，是英国最大的社会企业组织，实力较强，能够凭借自身力量足以对认证的社会企业进行扶持	较强	全面支持者
中国香港	发起单位是香港社会企业总会下属的社会企业认证独立委员会，社会企业总会的地位相对较高，掌握一定资源	较弱①	有限支持者
美国	B型企业认证的发起机构是B Lab，性质属于非营利组织，虽然地位不高，但是社会影响力大，与多方主体合作，无论是掌握的资金、学术、宣传等资源还是渠道都非常丰富	成熟	协作者

资料来源：作者整理。

① 陈健民：《香港公民社会指数计划研究结果公布》，《21世纪中国公民教育的机遇与挑战——两岸四地公民教育研讨会论文集》，2006年。

通过上表对各国或地区社会企业认证发起机构的地位、力量以及公民社会发展状况的对比，可以发现，如果发起单位是非营利组织，且自身的地位比较高，掌握的资源比较雄厚，此外该国（地区）的公民社会发展比较成熟，如美国 B Lab 和英国的社会企业联盟，那么政府在社会企业认证中所扮演的就是合作者的角色；如果发起单位的地位不是很高，而且掌握的资源不是很雄厚，无论该国（地区）的公民社会发展是否成熟，如英国的 RISE 和香港的社会企业总会下属的社会企业认证独立委员会，那么政府在认证中所扮演的就是支持者的角色。韩国情况比较特殊，在决定要实行社会企业认证时，公民社会力量较弱，且韩国国内当时亟待解决的是公众就业问题，关注的焦点比较集中，所以通过法律的形式对社会企业认证进行了规定，由政府负责组织社会企业认证，因此韩国政府在社会企业认证中承担的是主导者角色。我国香港地区政府与英国政府（政府在 SEM 认证中的角色）在社会企业认证中扮演的角色是相似的，仅支持的程度不同。我国香港政府提供的扶持很大程度地聚焦在认证对象的前期培育上，忽视了认证过程的扶持和后期对通过认证的社会企业的扶持。

我国的社会企业认证是由慈展会发起的，其主要负责集中展示我国公益慈善的成果，搭建公益慈善项目交流、资源对接平台，推动我国公益慈善事业快速健康发展，同时推动慈善在扶贫济困中发挥作用。社会企业仅是慈展会涉及的一个版块，认证工作具体是由慈展会下设的认证办公室负责，权威性不足，掌握的资源有限，不足以满足社会企业认证的需求。但如果将认证权力从第三方认证机构处收回，由政府主导实施认证，则与我国大力推进的简政放权改革方向背道而驰，而且极易导致社会企业陷入缺乏自我发展能力的窘境。结合我国认证机构的地位和实力以及我国公民社会的发育情况，笔者认为我国更适宜将认证权力授予第三方认证机构，同时政府扮演有力支持者的角色，这也符合我国建设服务型政府的趋势。

2. 政府实现角色的具体途径分析

归纳起来看，各国或地区社会企业认证中的政府行为大体可以划分四种大类：直接管理类、制度保障类、引导扶持类、监督规范类。表 8-3 对比总结了社会企业认证中韩国、英国、美国、我国香港政府角色的实现途径。

表 8-3　各国政府或地区在社会企业认证中角色的实现途径

各国政府角色	角色实现途径	
韩国政府的主导者角色	直接管理类	政府相关部门作为认证机构，负责整个认证流程
	制度保障类	1. 颁布《社会企业育成法》，通过法律为社会企业认证提供制度保障 2. 颁布《社会企业促进条例》 3. 只有通过认证的组织才能使用“社会企业”名称
	扶持引导类	1. 引导慈善组织向社会企业转型 2. 成立专门的部门和专业坊 3. 财政援助：直接资金援助、优先购买、税收优惠、社会保险支持 4. 提供教育和培训 5. 官方媒体的宣传 6. 制定专门的扶持计划 7. 咨询服务 8. 设立“社会企业日”和“社会企业周”，举行相关活动
	监督规范类	1. 劳动部通过审核事业报告的形式对获得认证的社会企业进行审查、监督，有责令整改和认证撤销权 2. 劳动部在行使认证撤销权时要举行听证会

续表

<table>
<tr><th>各国政府角色</th><th colspan="2">角色实现途径</th></tr>
<tr><td rowspan="4">英国政府的全面支持者角色</td><td>直接管理类</td><td>—</td></tr>
<tr><td>制度保障类</td><td>1. 修改现有法律以适应多种社会企业法律形式
2. RISE 在实行 SEM 认证时得到了政府的认可和支持</td></tr>
<tr><td>扶持引导类</td><td>1. 成立专门的部门
2. 制定专门的发展计划
3. 财政支持：直接拨款、金融工具
4. 支持认证机构开展的品牌活动
5. 开展项目上的合作；项目招标要求应标者必须是通过认证的企业</td></tr>
<tr><td>监督规范类</td><td>—</td></tr>
<tr><td rowspan="4">我国香港政府的有限支持者角色</td><td>直接管理类</td><td>—</td></tr>
<tr><td>制度保障类</td><td>—</td></tr>
<tr><td>扶持引导类</td><td>1. 制定专门的发展计划
2. 财政扶持：直接拨款、税收优惠
3. 搭建资源对接平台
4. 搭建经验交流平台、扩大宣传
5. 与高校合作培养相关人才</td></tr>
<tr><td>监督规范类</td><td>香港社会福利署通过对受资助的组织提交的年报告进行审查的方式，对其进行监督和规范</td></tr>
<tr><td rowspan="4">美国政府的协作者角色</td><td>直接管理类</td><td>—</td></tr>
<tr><td>制度保障类</td><td>—</td></tr>
<tr><td>扶持引导类</td><td>1. 开展项目合作
2. 成立专门的部门</td></tr>
<tr><td>监督规范类</td><td>—</td></tr>
</table>

资料来源：作者整理。

注：表中的横线代表政府暂时未采取行动。

通过对各个国家或地区政府在社会企业认证中扮演角色的实现途径进行梳理，笔者发现主导者角色的特点是政府作为认证主体直接参与到认证过程中，同时又作为管理者负责认证体系的领导、组织、调控、监督等，认证机构几乎没有自主发挥空间；支持者角色的特点是政府让渡权力，由第三方机构负责社会企业认证事务，享有一定的自主权，政府提供各方面的支持，为认证机构的认证事务提供所需的服务；协作者的特点是认证机构在认证事务方面享有充分自主权，政府处于辅助地位，二者在项目、业务等方面进行合作。政府无论作为支持者还是协作者，都会采用购买服务等方式增加社会企业的收入，但是两者不同的是，在购买服务时，作为支持者的政府在选择提供服务的对象时会优先选择社会企业，给予社会企业一定的“特殊待遇”，但是作为协作者，政府在选择提供服务的对象时，社会企业没有任何“特殊待遇”，要与企业、其他社会组织等平等竞争该机会。

四、我国社会企业认证中政府的角色选择及实现途径

（一）政府应扮演支持者角色

我国目前正处于深化行政体制改革的关键时期，以转变政府职能为核心，优化组织结构、理顺与社会的关系、提高行政效能，把不应或不适合由政府直接管理的事项转移出去，把应该由政府管理的事项切实管好，加快推进政社分开，发挥公民与社会组织在社会事务管理中的作用，建设服务型政府，逐渐向“强政府、强社会”方向转变。本书认为我国政府应该在社会企业认证中扮演支持者的角色，这符合我国行政体制改革的要求，符合我国建设服务型政府的趋势，政府将社会企业认证权力让渡给独立的第三方机构，保持认证主体作为第三方的独立性和公正性，有助于提高社会组织的自治管理能力，培育社会力量，促进公民社会的健康发育，也能够减轻政府的行政压力，实现精简机构、提高行政效率的目标。

同时，应特别注意避免政府直接干预社会企业认证事务、发

生角色越位现象。应确保慈展会认证中的第三方认证机构拥有对认证流程、认证标准、认证结果等有关认证事务的自主决策权，保持地位上的相对独立性，而政府需要做的主要是为其提供制度保障、扶持政策以及监督，弥补第三方认证机构在力量、地位、资源等方面的不足。此外，应发挥我国中央政府与地方政府各自的优势，做好宏观布局与具体实施的职责分工。

（二）政府支持社会企业认证的具体举措

1. 建立健全相关法律法规制度

随着我国社会企业认证的发展，应通过建立社会企业认证法规，推进社会企业认证合法有序发展。一方面，通过立法保障第三方认证机构和社会企业的权益，增加第三方认证机构的合法性和权威性；另一方面，防止其出现滥用认证权力、贪污腐败等现象。

需要亟待解决的主要问题包括：一是将社会企业认证纳入我国现有的认证体系。明确社会企业认证机构的性质、地位、职能，明确其作为认证机构应满足的条件和监督办法，第三方认证主体应经过国务院认证认可监督管理部门批准获得相应的认证机构资质。二是鼓励地方探索创新，为国家出台相关法律积累经验。在条件成熟的情况下，国家应出台配套法律，包括针对社会企业的税收优惠政策、金融政策等。

2. 建立完善的扶持体系

（1）设立专门机构，制定发展计划。设立专门机构、制定发展计划有利于汇集人力、财力等资源，集中力量来培育更多的“未来社会企业”，也有利于明确部门职责，防止出现职能交叉、推卸责任、扯皮等问题。首先，将社会企业认证纳入我国的认证体系后，对认证机构的认可、监督和管理都可由中国认证认可监督管理委员会统一负责。需要设立的是专司“未来社会企业”和认证后社会企业管理的专门机构。笔者建议将此专门机构设在我国民政部社会组织管理局之下，直属社会组织管理局管理，这样可将社会企业认证纳入我国社会组织的管理体系之内，便于管理局的统一管理。其次，制定专项发展计划。政府应该发挥资源配置优势，着重在经济不发达地区和农业、养老、助残、环境保护等公共服务领域培育“未来社会企业”。

（2）扩大宣传力度，引导组织申请认证。政府要利用自身优势，通过多种形式，扩大对社会企业和社会企业认证及意义的宣传和普及，开展“良心消费月”或者参考韩国设立“社会企业日”等类似活动，鼓励人们优先购买社会企业提供的产品或服务；组织民众到社会企业进行参观、学习，近距离了解社会企业的运营模式、企业宗旨等，加深社会公众对社会企业的认识和了解。同时，注重盘活存量，引导更多符合标准的组织进行社会企业认证，走“持证”发展道路。

（3）提供财政扶持，组建人才队伍。无论认证机构还是社会企业，都需要政府在财政方面施以援手。从资金的流向来看，政府可直接将资金流向社会企业对其进行扶持，也可以将资金投入认证机构，通过认证机构将资金分配给社会企业，或者两种方式相结合。从扶持方法来看，政府的扶持可以分为两大类：一类是以补贴、种子基金、项目拨款等方式为代表的直接财政扶持策略；另一类是通过优先购买、项目合作、税收优惠、信贷、社会影响力投资、发行债券等方式为代表的间接财政扶持策略。在人才建设方面，政府应推动技术开发、理论研究与社会企业认证实践的对接。通过科研项目资助、科技创新大赛等方式引导学术界展开对社会企业认证的研究，构建社会企业认证理论体系。

（4）搭建资源对接平台，推动认证国际化。利用政府力量搭建官方资源对接平台或者借助民间力量搭建对接平台，搭建针对社会企业与其他主体合作的桥梁，致力于资源对接工作常态化、信息化、公开化，打造全要素对接模式。细分性平台的创建有利于集中力量、资源发展社会企业，使社会企业家感受到足够的重视与尊重，提高工作的积极性与工作热情。同时，该平台的创建也会吸引更多组织进行社会企业认证。积极推动我国社会企业认证的国际化，争取其他国家对我国社会企业认证的认可和接受，努力促成我国认证机构与国际认证机构的合作。

3. 完善监督体系

应加强对认证机构和认证流程的监督。建立社会企业认证机构年报制度，加强政府行政监督抽查力度。建立社会企业认证机构的评价体系，健全认证机构信息公开制度。构建社会企业认证机构的退出机制。动员社会企业、公众、媒体等开展社会监督。

参考文献

著作

［1］［德］马克斯·韦伯:《经济与社会(上)》,商务印书馆1997年版

［2］［美］P.B.弗斯顿伯格:《非营利机构的生财之道》,科学出版社1991年版

［3］［美］保罗·布雷斯特(Paul Brest)、何豪(Hal Harvey):《善款善用:聪明慈善的战略规划》,中国劳动社会保障出版社2013年版

［4］［美］丹尼尔·F.史普博:《管制与市场》,上海三联书店,上海人民出版社1999年版

［5］［美］莱斯特·M.萨拉蒙等:《全球公民社会:非营利部门视界》,社会科学文献出版社2002年版

［6］［美］莱斯特·M.萨拉蒙:《公共服务中的伙伴——现代福利国家中政府与非营利组织的关系》,商务印书馆2008年版

［7］［美］莱斯特·M.萨拉蒙等:《全球公民社会:非营利部门国际指数2》,北京大学出版社2007年版

［8］［美］里贾纳·E.赫茨琳杰等:《非营利组织管理》,中国人民大学出版社2000年版

[9][美]马修·比索普、迈克尔·格林:《慈善资本主义:富人在如何拯救世界》, 社会科学文献出版社 2011 年版

[10][美]马秀·S. 胡兰德:《爱的纽带与美利坚的形成: 温斯罗普、杰斐逊和林肯的慈善观念》, 社会科学文献出版社 2018 年版

[11][美]玛丽恩·R. 弗莱蒙特-史密斯:《非营利组织的治理: 联邦与州的法律与规制》, 社会科学文献出版社 2016 年版

[12][美]史蒂芬·戈德史密斯:《社会创新的力量: 美国社会管理创新启示录》, 新华出版社 2013 年版

[13][美]尤金·巴达赫:《跨部门合作: 管理巧匠的理论与实践》, 北京大学出版社 2011 年版

[14][日]植草益:《微观规制经济学》, 中国发展出版社 1992 年版

[15][英]科林·斯科特:《规制、治理与法律: 前沿问题研究》, 清华大学出版社 2018 年版

[16][英]斯蒂芬·奥斯本:《新公共治理? ——公共治理理论和实践方面的新观点》, 科学出版社 2018 年版

[17][英]沃尔什(Walshe, K.):《卫生服务监管: 抑或是提高绩效的妙药良方》, 复旦大学出版社 2014 年版

[18]安建增:《自治的限度与控制》, 安徽师范大学出版社 2015 年版

[19]陈富良:《放松规制与强化规制: 论转型经济中的政府规制改革》, 上海三联书店 2001 年版

[20]陈金罗、刘培峰:《转型社会中的非营利组织监管》, 社会科学文献出版社 2010 年版

[21]程昔武:《非营利组织治理机制研究》, 中国人民大学出版社 2008 年版

［22］褚松燕:《中外非政府组织管理体制比较》, 国家行政学院出版社 2008 年版

［23］褚蓥、蔡建旺、余智晟:《改革慈善》, 社会科学文献出版社 2016 年版

［24］褚蓥、吕成刚:《欧亚三十二国基金会法律精义》, 知识产权出版社 2015 年版

［25］褚蓥:《美国公共慈善组织法律规则》, 北京知识产权出版社 2015 年版

［26］褚蓥:《美国私有基金会法律制度》, 知识产权出版社 2012 年版

［27］邓国胜:《非营利组织评估》, 社会科学文献出版社 2001 年版

［28］丁灿等:《银行监管治理: 理论与实践》, 南京大学出版社 2014 年版

［29］樊丽明:《中国公共品市场与自愿供给分析》, 上海人民出版社 2005 年版

［30］冯科:《金融监管学》, 北京大学出版社 2015 年版

［31］官有垣等:《社会企业: 台湾与香港的比较》, 巨流图书股份有限公司 2012 年版

［32］广州市公益慈善服务中心:《广州市公益慈善事业发展报告(2015)》, 中国社会出版社 2015 年版

［33］广州市公益慈善服务中心:《广州市公益慈善事业发展报告(2016)》, 中国社会出版社 2016 年版

［34］何增科:《公民社会与民主治理》, 中央编译出版社 2007 年版

［35］何增科等:《中国社会管理体制改革研究》, 法律出版社 2013 年版

[36] 黄春蕾:《我国慈善组织绩效及公共政策研究》,经济科学出版社 2011 年版

[37] 基金会中心网:《中国基金会透明度发展研究报告(2015)》,社会科学文献出版社 2015 年版

[38] 经济合作与发展组织:《OECD 国家的监管政策:从干预主义到监管治理》,法律出版社 2006 年版

[39] 康晓光、冯利:《中国第三部门观察报告(2014)》,社会科学文献出版社 2014 年版

[40] 康晓光、冯利:《中国第三部门观察报告(2017)》,社会科学文献出版社 2017 年版

[41] 康晓光等:《依附式发展的第三部门》,社会科学文献出版社 2011 年版

[42] 李德健:《英国慈善法研究》,法律出版社 2017 年版

[43] 廖鸿、石国亮、朱晓红:《国外非营利组织管理创新与启示》,中国言实出版社 2011 年版

[44] 廖鸿:《2011 年中国社会组织理论研究文集》,中国社会出版社 2012 年版

[45] 刘春湘:《非营利组织治理结构研究》,中南大学出版社 2007 年版

[46] 刘晓勇:《银行监管有效性研究》,社会科学文献出版社 2007 年版

[47] 刘亚莉:《慈善组织财务信息披露质量研究》,化学工业出版社 2013 年版

[48] 卢玮静等:《基金会评估:理论体系与实践》,社会科学文献出版社 2014 年版

[49] 卢宪英、韩恒:《非营利组织前沿问题研究》,郑州大学出版社 2010 年版

［50］陆明远:《培育与规制——中国政府的社会组织管理模式研究》, 天津人民出版社 2010 年版

［51］马庆钰、廖鸿:《中国社会组织发展战略》, 社会科学文献出版社 2015 年版

［52］毛寿龙:《中国政府功能的经济分析》, 中国广播电视出版社 1996 年版

［53］欧阳峣:《跨国企业的社会责任》, 中国经济出版社 2009 年版

［54］彭建梅:《中国慈善透明报告(2009—2014)》, 企业管理出版社 2014 年版

［55］彭澎:《政府角色论》, 中国社会科学出版社 2003 年版

［56］桑玉成:《政府角色——关于市场经济条件下政府作为与不作为的探讨》, 上海社会科学院出版社 2000 年版

［57］舒博:《社会企业的崛起及其在中国的发展》, 天津人民出版社 2010 年版

［58］苏力等:《规制与发展: 第三部门的法律环境》, 浙江人民出版社 1999 年版

［59］孙同全、潘忠:《社会企业道路——中国公益性小额信贷组织转制问题初探》, 社会科学文献出版社 2013 年版

［60］陶传进、刘忠祥:《基金会导论》, 中国社会出版社 2011 年版

［61］王名、刘振国:《示范与中国式治理》, 北京联合出版社 2015 年版

［62］王名:《中国民间组织 30 年: 走向公民社会》, 社会科学文献出版社 2008 年版

［63］王浦劬、臧雷振:《治理理论与实践: 经典议题研究新解》, 中央编译出版社 2017 年版

[64] 王浦劬等:《政府向社会组织购买公共服务研究: 中国与全球经验分析》, 北京大学出版社 2010 年版

[65] 王绍光:《多元与统一: 第三部门国际比较》, 浙江人民出版社 1999 年版

[66] 王振耀:《以法促善》, 社会科学文献出版社 2014 年版

[67] 王振耀:《中华人民共和国慈善法评述与慈善政策展望》, 法律出版社 2016 年版

[68] 肖兴志、宋晶:《政府监管理论与政策》, 东北财经大学出版社 2006 年版

[69] 谢志平:《关系、限度、制度: 转型中国的政府与慈善组织》, 北京师范大学出版社 2011 年版

[70] 徐麟:《中国慈善事业发展研究》, 中国社会出版社 2005 年版

[71] 徐晞:《我国非营利组织治理问题研究》, 知识产权出版社 2009 年版

[72] 杨道波:《公益性社会组织约束机制研究》, 中国社会科学出版社 2011 年版

[73] 杨团主编:《慈善蓝皮书: 中国慈善发展报告(2014)》, 社会科学文献出版社 2014 年版

[74] 杨团主编:《慈善蓝皮书: 中国慈善发展报告(2017)》, 社会科学文献出版社 2017 年版

[75] 杨团主编:《慈善蓝皮书: 中国慈善发展报告(2018)》, 社会科学文献出版社 2018 年版

[76] 杨永娇:《因信而生: 中国慈善组织的信任问题研究》, 社会科学文献出版社 2018 年版

[77] 叶常林等:《非政府组织前沿问题研究》, 中国科学技术大学出版社 2009 年版

[78] 殷昭举:《社会治理学》, 广东高等教育出版社 2014 年版

[79] 张清、武艳:《社会组织软法治理研究》, 法律出版社 2015 年版

[80] 张清:《非政府组织的法治空间: 一种硬法规制的视角》, 知识产权出版社 2010 年版

[81] 张维迎:《博弈论与信息经济学》, 上海三联出版社, 上海人民出版社 1996 年版

[82] 张亚维、魏清:《慈善的逻辑》, 中国商业出版社 2014 年版

[83] 赵泳:《民间组织评估的探索》, 中国社会出版社 2004 年版

[84] 周秋光、曾桂林:《中国慈善简史》, 人民出版社 2006 年版

[85] 周志忍、陈庆云:《自律与他律——第三部门监督机制个案研究》, 浙江人民出版社 1999 年版

[86] 资中筠:《财富的归宿: 美国现代公益基金会述评》, 上海人民出版社 2006 年版

学术论文

[87] 曹婉莉:《论英国慈善认定标准的演变》,《西华师范大学学报(哲学社会科学版)》2017 年 3 月

[88] 曾国安:《管制、政府管制与经济管制》,《经济评论》2004 年 1 月

[89] 陈为雷、毕宪顺:《美国慈善事业监管体制及其对中国的启示》,《东岳论丛》2015 年 7 月

[90] 陈晓春、肖雪:《非营利组织的法治化监管》,《上海师范大学学报》2017 年 9 月

[91] 陈雅丽:《香港社会企业的发展经验及启示》,《理论月刊》2014 年 12 月

[92] 党生翠:《慈善组织信息公开的新特征:政策研究的视角》,《中国行政管理》2015 年 2 月

[93] 邓国胜:《非营利组织 APC 评估理论》,《中国行政管理》2004 年 10 月

[94] 邓国胜:《民间组织评估的几点思考》,《学会》2009 年 2 月

[95] 邓正来、丁轶:《监护型控制逻辑下的有效治理——对近三十年国家社团管理政策演变的考察》,《学术界》2012 年 3 月

[96] 丁度源:《韩国社会企业促进法》,《中国第三部门研究》2013 年 2 月

[97] 董蕾红、李宝军:《论慈善组织的政府监管》,《山东大学学报(哲学社会科学版)》2015 年 6 月

[98] 樊根耀:《第三方认证制度及其作用机制研究》,《生产力研究》2007 年 2 月

[99] 高成运:《社会组织管理改革四题》,《社团管理研究》2011 年 12 月

[100] 高红、窦正斌:《中国社会现代慈善理念的匮乏与培育》,《东方论坛》2007 年 6 月

[101] 高鉴国:《美国慈善捐赠的外部监督机制对中国的启示》,《探索与争鸣》2010 年 7 月

[102] 高鉴国:《美国慈善捐赠的组织运行机制》,《学习与实践》2010 年 4 月

[103] 高勇强、何晓斌、李路路:《民营企业家社会身份、经济条件与企业慈善捐赠》,《经济研究》2011 年 12 月

[104] 葛伟军:《论股权捐赠的法律规制》,《清华法学》2014 年 2 月

［105］顾顺晓:《非政府组织失灵的机理探究及其矫治》,《理论与改革》2007 年 1 月

［106］顾昕:《能促型国家的角色: 事业单位的改革与非营利部门的转型》,《河北学刊》2005 年 1 月

［107］郭磊、陈立齐:《非营利组织的经济理论: 演进与评述》,《经济学动态》2012 年 6 月

［108］郭小聪:《中国地方政府制度创新的理论: 作用与地位》,《政治学研究》2000 年 1 月

［109］韩君:《英国社会企业的发展现状与认证标准》,《中国第三部门研究》2013 年 2 月

［110］侯春飞:《我国非营利组织监督的困境及其现实选择》,《中国行政管理》2004 年 10 月

［111］侯江红、徐明祥、张侃侃:《基于网络的非营利组织募捐模式研究》,《四川行政学院学报》2010 年 6 月

［112］胡税根、黄天柱:《政府规制失灵与对策研究》,《政治学研究》2004 年 2 月

［113］华若筠、邓国胜:《治理结构对慈善组织透明度的影响——基于中国公募基金会的实证研究》,《公共管理评论》2015 年 3 月

［114］黄春蕾、郭晓会:《慈善商业化: 国际经验的考察及中国的发展路径设计》,《山东大学学报(哲学社会科学版)》, 2015 年 4 月

［115］黄春蕾、刘君:《绩效视角下政府购买社会工作服务模式优化研究——基于济南市的经验分析》,《中国行政管理》2013 年 8 月

［116］黄春蕾:《我国政府购买公共服务中公开招标机制应用研究》,《地方财政研究》2015 年 1 月

［117］黄春蕾:《协同治理视角下我国网络慈善监管体系研究》,《东岳论丛》2017 年 10 月

［118］黄春蕾等:《政府购买公共服务绩效评估研究述评》,《山东行政学院学报》2013 年 6 月

［119］纪颖:《民间组织评估模式的国际比较及成因探析》,《学会》2008 年 6 月

［120］贾西津:《国外非营利组织管理体制及其对中国的启示》,《社会科学》2004 年 4 月

［121］贾西津:《资格还是行为: 慈善法的公募规制探讨》,《江淮论坛》2017 年 6 月

［122］姜晓萍:《国家治理现代化进程中的社会治理体制创新》,《中国行政管理》2014 年 2 月

［123］蒋建湘、李沫:《治理理念下的柔性监管论》,《法学》2013 年 10 月

［124］金锦萍:《〈慈善法〉实施后网络募捐的法律规制》,《复旦学报(社会科学版)》2017 年 4 月

［125］金锦萍:《对非营利组织进行分类甄别是税收优惠制度的前提》,《中国社会组织》2014 年第 15 期

［126］金锦萍:《科学慈善运动与慈善的转型》,《科学对社会的影响》2009 年 2 月

［127］金仁仙:《韩国社会企业发展现状、评价及其经验借鉴》,《北京社会科学》2015 年 5 月

［128］金仁仙:《社会经济制度化发展——以韩国〈社会企业育成法〉为视角》,《科学学与科学技术管理》2016 年 1 月

［129］柯湘:《我国互联网公益众筹平台的运作及其风险自控机制探析》,《海南金融》2016 年 11 月

［130］李芳:《慈善组织认定中的基本法律问题》,《北京航

空航天大学学报》2015 年 5 月

[131] 李芳:《慈善组织信息公开的法理基础》,《东方论坛》2009 年 6 月

[132] 李芳:《我国建立慈善组织认定制度的基本构想》,《山东社会科学》2015 年 3 月

[133] 李芳:《直接登记制后我国民间公益组织的行政监管问题》,《齐鲁学刊》2014 年 5 月

[134] 李汉卿:《社会组织直接登记管理制度的地方探索》,《党政论坛》2015 年 11 月

[135] 李秀梅:《第三方评估对财政透明度建设推动作用的研究》,《中国管理信息化》2013 年 12 月

[136] 李郁芳:《体制转轨期间政府规制失灵的理论分析》,《暨南学报》2002 年 11 月

[137] 李郁芳:《政府规制失灵的理论分析》,《经济学动态》2002 年 6 月

[138] 李政辉:《慈善组织监管机构的国际比较与启示》,《北京行政学院学报》2016 年 1 月

[139] 刘君:《政府购买社会工作服务文献综述》,《山东行政学院学报》2012 年 6 月

[140] 刘清洁、曹庆萍:《我国非营利组织评估指标体系探析》,《学会》2008 年 6 月

[141] 刘水林:《论政府规制的目标及实现方式》,《兰州学刊》2016 年 2 月

[142] 刘星:《日本教育非营利组织(NPO)研究及对中国的启示》,《日本研究》2012 年 2 月

[143] 刘亚莉、王新、魏倩:《慈善组织财务信息披露质量的影响因素与后果研究》,《会计研究》2013 年 1 月

［144］刘志明、张兴杰、游艳玲:《非营利组织在线信息披露质量影响因素分析——基于中国基金会的实证研究》,《中国行政管理》2013 年 11 月

［145］卢玮静:《基金会评估历程、开展状况与特点》,《社团管理研究》2012 年 2 月

［146］陆明远:《公益社团腐败的治理路径研究》,《学会》2009 年 12 月

［147］麻宝斌、贾茹:《管理与服务关系的反思与前瞻》,《上海行政学院学报》2016 年 1 月

［148］马庆钰:《改进社会组织监管的初探》,《中国机构改革与管理》2016 年 5 月

［149］南锐、翟羽佳:《中国地区慈善捐赠水平差异实证研究——度量、趋势与政策建议》,《经济经纬》2013 年 5 月

［150］潘旦、向德彩:《社会组织第三方评估机制建设研究》,《华东理工大学学报(社会科学版)》2013 年 1 月

［151］潘旦、徐永祥:《国际比较视野下的慈善组织监管机制研究》,《华东理工大学学报(社会科学版)》2015 年 1 月

［152］沈慎:《美国慈善组织评估机构概述》,《社团管理研究》2012 年 2 月

［153］石国亮:《通过第三方评估推动社会组织公信力建设》,《中国社会组织》2015 年 5 月

［154］史竞艳:《现代慈善的起源、发展及特征》,《思想战线》2012 年 3 月

［155］舒岳:《慈善组织内部治理机制与信息透明度研究》,《商业经济研究》2015 年第 17 期

［156］宋瑞琛、刘鹤影、胡仙芝:《社会组织监管:商事制度改革的经验与启示》,《新视野》2017 年 3 月

［157］孙丙耀:《非营利机构评估的几个理论问题》,《学会》2004年11月

［158］孙发峰:《信息公开：我国慈善组织公信力建设的突破口》,《理论导刊》2012年9月

［159］孙伟林:《社会组织管理体制改革势在必行》,《中国非营利评论》2013年2月

［160］谭海波、蔡立辉:《论“碎片化”政府管理模式及其改革路径——“整体型政府”的分析视角》,《社会科学》2010年8月

［161］陶传进:《控制与支持：国家与社会间的两种独立关系研究——中国农村社会里的情形》,《管理世界》2008年2月

［162］田凯:《发展与控制之间：中国政府部门管理社会组织的策略变革》,《河北学刊》2016年3月

［163］田凯:《中国非营利组织理事会制度的发展与运作》,《经济社会体制比较》2009年2月

［164］童潇:《直接注册时期社会组织管理模式创新——社会组织管理体制改革面临的新问题及应对》,《探索》2013年5月

［165］汪丹、于立平:《网络募捐：时尚背后的困境——以宁波市为例》,《宁波大学学报（社会科学版）》2014年4月

［166］汪国华、张晓光:《中国网络慈善运作模式比较研究》,《社会科学研究》2014年3月

［167］王国跃、杜征征:《金融监管治理进展研究》,《中央财经大学学报》2008年9月

［168］王名、孙伟林:《社会组织管理体制：内在逻辑与发展趋势》,《中国行政管理》2011年7月

［169］王名、徐宇珊:《基金会论纲》,《中国非营利评论》2008年7月

［170］王名、朱晓红:《社会组织发展与社会创新》,《经济

社会体制比较》2009 年 4 月

[171] 王世强:《日本非营利组织的法律框架及公益认定》,《学会》2012 年 10 月

[172] 王世强:《英国慈善组织的法律形式及登记管理》,《非营利组织管理》2012 年 8 月

[173] 王世强:《英国社会企业认证的经验与启示》,《河南广播电视大学学报》2012 年 3 月

[174] 王世强:《政府对非营利组织的分类管理研究》,《行政论坛》2013 年 3 月

[175] 王永奎:《社会组织评估需重点把握的几个原则》,《社团管理研究》2010 年 10 月

[176] 谢海定:《中国民间组织的合法性困境》,《中国法学》2004 年 2 月

[177] 谢琼:《立体监管:我国慈善事业发展的理性选择》,《国家行政学院学报》2015 年 4 月

[178] 徐家良、卢永彬、赵璐:《中国基金会治理核心评估内容研究》,《社会科学辑刊》2014 年 6 月

[179] 徐家良:《2014 年度社会组织评估工作的突破与困境》,《中国社会组织》2016 年 6 月

[180] 徐双敏:《政府绩效管理中的第三方评估模式及其完善》,《中国行政管理》2011 年 1 月

[181] 徐永祥、潘旦:《国际视野下第三方参与慈善组织评估的机制研究》,《江西社会科学》2014 年 8 月

[182] 杨道波、尹兆君:《国外非营利组织信息公开法律制度考评》,《聊城大学学报(社会科学版)》2009 年 3 月

[183] 杨方方:《发展现代慈善事业应该认识的几个基础性问题》,《社会科学》2004 年 3 月

[184] 杨思斌:《慈善事业立法的基本理念与重点问题》,《北京行政学院学报》2014年4月

[185] 杨思斌:《慈善组织财产的法律定位及立法规范》,《华东理工大学学报(社会科学版)》2016年5月

[186] 杨思斌:《慈善组织的概念界定、制度创新与实施前瞻》,《河北大学学报(哲学社会科学版)》2016年9月

[187] 俞祖成:《慈善组织认定:制度、运作与问题——基于深圳实践的观察》,《浙江工商大学学报》2017年5月

[188] 俞祖成:《日本非营利组织:法制建设与改革动向》,《中国机构改革与管理》2016年7月

[189] 俞祖成:《日本公益法人认定制度及启示》,《清华大学学报(哲学社会科学版)》2017年6月

[190] 张庆霖、苏启林:《政府规制失灵:原因与治理》,《经济学动态》2009年4月

[191] 张晓红:《公共治理视角下加强政府购买公共服务监管的思考》,《财政监督》2014年11月

[192] 赵峰、付韶军、杜雯翠:《中国的金融监管治理有效吗——基于中国银行业的问卷调查》,《财贸经济》2014年8月

[193] 仲伟周、曹永利、Shunfeng SONG:《我国非营利组织的绩效考核指标体系设计研究》,《科研管理》2006年5月

[194] 周燕:《政府监管与市场监管孰优孰劣》,《学术研究》2016年3月

[195] 朱恒顺:《慈善组织分类规制的基本思路——兼论慈善法相关配套法规的修改完善》,《中国行政管理》2016年10月

[196] 邹世允、吴宝宁:《扩大我国慈善透明度研究》,《财经问题研究》2012年2月

外文文献

[197] Adrian Sargeant, Douglas C.West, Elaine Jay. *The Relational Determinants of Nonprofit Web Site Fundraising Effectiveness*: *An Exploratory Study*[J]. Nonprofit Management & Leadership, 2010, 18(2):141—156.

[198] Ali Woolwich. *Review of an Internet Fundraising Seminar*[J]. Nonprofit. Online News, 2000(1).

[199] Anna K.Goatman, Barbara R.Lewis. *Charity Evolution? An evaluation of the Attitudes of UK Charitiestowards Website Adoption and Use*[J]. International Journal of Nonprofit and Voluntary Sector Marketing. 2007(12):33—46.

[200] Betsy Hill Bush. *Internet Solicitation*: *Registration Required*[J]. The Nonprofit Times, 1995(7).

[201] BOEDER P. *Nonprofits on E*: *How Nonprofit Organizations are Using the Internet For Communication*, *Fundraising and Community Building*[N]. First Monday, 2002.

[202] Dees, J. G. *The Social Enterprise Spectrum*: *Philanthropy to Commerce*[M]. Boston: Harvard Business School Press. 1996.

[203] Ditkoff S W, Colby S J. *Galvanizing Philanthropy*[J]. Harvard Business Review, 2009, 87(11):108—115.

[204] DTI. *Social Enterprise*: *a Strategy for Success*[R]. London: Department of Trade and Industry, 2002.

[205] Eikenberry A M, Kluver J D. *The Marketization of the Nonprofit Sector*: *Civil Society at Risk*? [J]. Public Administration Review, 2010, 64(2):132—140.

[206] Gandía J L. *Internet Disclosure by Nonprofit Organizations*: *Empirical Evidence of Nongovernmental Organizations for Development*

in Spain[J]. Social Science Electronic Publishing, 2011, 40(1): 57—78.

[207] Gibelman M, Gelman S R, Pollack D. *The Rredibility of Nonprofit Boards: a View from the 1990s and Beyond*[J]. Administration in Social Work, 1997, 21(2):21.

[208] INGENHOFF D, KOELLING A. M. *The Potential of Web Sites as a Relationship Building Tool for Charitable Fundraising NPOs*[J]. Public Relations Review, 2009, 35(1):66—73.

[209] Jung K, Seo I and Jang HS. *Sustainability of Social Enterprise: An Exploratory Research and Analysis Using Structural Equation Modeling*[J]. Korean Policy Study Review. 2013, 22 (1): 171—202.

[210] Kathleen Hale. *Understanding nonprofit transparency: the limits of formal regulation in the American nonprofit sector* [J], International Review of Public Administration, 2013, 18(3):31—49.

[211] Ken Peattie, Adrian Morley. *Social enterprises: diversity and dynamics, contexts and contributions*[J], London: Social Enterprise Coalition, 2008:8.

[212] Lee E. *Cases and Issues of Corporate Social Responsibility and Social Enterprise Establishment Support*[J]. Korean Social Enterprise Studies. 2013, 3(1): 39—66.

[213] María del Mar Gálvez Rodríguez, María del Carmen Caba Pérez, Manuel López Godoy. *Determining Factors in Online Transparency of NGOs: A Spanish Case Study*[J]. Voluntas: Voluntas: International Society For Third-sector

Research. 2012(23):661—683.

[214] Melissa. G. Liazos. *Can States Impose Registration Requirements on Online Charitable Solicitors*[J]. The University of Chicago Law Review, 2000, 67(4):1379—1407.

[215] Nick Allen. *Fundraising on the Internet—Using Email and the Web to Acquire and Cultivate Donors*[J]. Nonprofit World. 2003(1):27.

[216] OECD. *Social Enterprises*[R]. OECD Publishing, 1999.

[217] Putnam Barber. *Regulation of US Charitable Solicitations Since 1954*[J]. Voluntas: International Society for Third-sector Research. 2012, 23:737—762.

[218] SARGEANT A, WEST D C, JAY E. *The Relational Determinants of Nonprofit Web Site Fundraising Effectiveness: An Exploratory Study*[J]. Nonprofit Management and Leadership, 2007, 18(2):141—156.

[219] Susan D.Phillips. *Canadian Leapfrog: From Regulating Charitable Fundraising to Co-Regulating Good Governance*[J]. Voluntas: International Society for Third-sector Research.2012(23):808—829.

[220] Tamaki Onishi. *Philanthropy and the Media*[J]. International Encyclopedia of Civil Society, 2010:1181—1186.

[221] Waters R D. *Nonprofit Organizations' Use of the Internet: A Content Analysis of Communication Trends on the Internet Sites of the Philanthropy 400*[J]. Nonprofit Management & Leadership, 2010, 18(1):59—76.

[222] Windham, D.M. *Effectiveness Indicators in the Economic*

Analysis of Educational Activities[M]. Public Administration Review, 1988:575—660.

[223] Young, D.R. *Organizational Identity in Nonprofit Organizations: Strategic and Structural Implications*[J]. Nonprofit Management & Leadership, 2010, 12(2): 139—157.

后　记

近十年来，我国慈善事业进入快速发展的新时期，社会捐赠规模持续攀升，慈善组织数量快速增加，活动领域持续扩大，专业化程度逐步增强，社会创新热点增多，社会影响不断扩大，形势乐观。然而，我国慈善组织快速发展中还潜藏着一些矛盾与问题，尤其是慈善负面新闻和过度商业化等现象频发，社会自治能力弱，强化政府监管不仅重要而且日益迫切。同时，当前我国慈善组织尚处于成长期，需要更加宽松和有利的发展环境和政策支持。因此，以严控为导向、以双重管理为核心的传统慈善组织监管体系亟待改革。

我国慈善组织政府监管改革正是在全面深化改革和构建现代社会治理体系的时代背景下，顺应国内慈善事业从传统向现代转型发展的现实需求，借鉴吸收国际上慈善组织监管新理念和制度改革经验而实施的。2013 年社会组织直接登记制度的确立标志着我国慈善组织监管改革正式起步，2016 年《中华人民共和国慈善法》及相关配套法规的陆续出台，标志着此项改革进入全面法治化推进阶段。但改革的系统性和协调性有待进一步提升。本书站在我国慈善事业转型发展的历史节点上，从我国慈善事业健康发展的实际出发，回顾分析已有慈善组织政府监管改革的成效及困境，明确提出“有效监管”的基本理念，以放权、监管和服务的协调和统一作为整体目标，以健全现代慈善组织监管制度体系为重点，系统地研究我国慈善组织政府监管改革的推进路径和政策建议。

本书共分理论分析、改革总论和改革分论三部分。第二章是理论分析，借鉴吸收市场监管和社会组织领域的最新理论成果，结合慈善组织自身的属性和特征，构建慈善组织有效监管的理论基础，着力解答“为什么要对慈善组织实施监管”“对慈善组织应监管什么”“如何才能实现有效监管”等核心问题，对改革实践提供有力的理论支撑。第三章是改革总论，梳理回顾我国慈善组织政府监管改革历程，总结评价改革成果与不足，提出未来监管改革的战略重点。第四章至第八章是改革分论，分别从入口监管、过程监管和结果监管三个层面，对我国慈善组织政府监管改革的重点领域进行专题研究；同时，着眼近年来慈善领域的社会创新热点（包括慈善商业化、网络募捐、社会企业等），研讨政府监管改革前沿问题。

本书是国家社会科学青年基金项目“我国慈善组织政府监管改革研究”（12CZZ050）的结题成果，是项目课题组成员紧密合作的结晶。具体分工如下：第一章至第三章，黄春蕾；第四章，张阳阳；第五章，陈艳；第六章，张茜；第七章，刘文华；第八章，黄春蕾、郭晓会、邱习强、白梦。黄春蕾负责全书布局设计和统稿。在课题研究过程中，我们借鉴和吸收大量国内外理论研究思想和成果，开展广泛的社会调查研究，得到了来自民政部、山东省民政厅、济南市民政局、广州市民政局等政府部门，以及上海真爱梦想公益基金会、深圳市社会公益基金会、北京七悦社会公益服务中心、济南山泉社会工作服务社等慈善公益组织的大力支持和协助。研究生韩耀亭、邹晓璇、王美琳、牟林静承担了书稿的文字校对工作，上海人民出版社刘华鱼编辑为书稿编辑出版提供了高效的服务。本书的顺利出版得到国家社科基金、山东大学青年学者未来计划、山东大学政治学与公共管理学院高峰计划的资助。在此，对他们表达最诚挚的谢意！

慈善组织监管是一个世界难题。从历史上看，发达国家慈善事业的现代化及其新公益的发展始终离不开政府监管机制的改革和创新。我国慈善事业正处于从传统向现代转型的关键时期，政府监管改革将为此提供不可或缺的基础、环境和条件。未来我们将继续深化和拓宽对我国慈善事业监管体制和机制的研究。受制于作者的研究水平和能力，书中肯定有不足之处，恳请各位专家批评指正。

2019 年 11 月 29 日

图书在版编目(CIP)数据

我国慈善组织政府监管改革/黄春蕾等著. —上海：
上海人民出版社，2020
ISBN 978-7-208-16322-5

Ⅰ. ①我… Ⅱ. ①黄… Ⅲ. ①慈善事业-政府管制-
研究-中国 Ⅳ. ①D632.1

中国版本图书馆 CIP 数据核字(2020)第 024513 号

责任编辑 刘华鱼
封面设计 一本好书

我国慈善组织政府监管改革
黄春蕾 等著

出　　版 上海人民出版社
(200001 上海福建中路 193 号)
发　　行 上海人民出版社发行中心
印　　刷 上海商务联西印刷有限公司
开　　本 890×1240 1/32
印　　张 11.25
插　　页 2
字　　数 254,000
版　　次 2020 年 3 月第 1 版
印　　次 2020 年 3 月第 1 次印刷
ISBN 978-7-208-16322-5/D·3562
定　　价 68.00 元